严文明文集

（第2卷）

严文明 著

文物出版社

总　目　录

本卷目录

中国远古时代·中国史前艺术

上篇　中国远古时代·远古的北京

下篇　中国史前艺术

中国远古时代
远古的北京

中国远古时代

（节选）

第一章　我们的远古祖先*

（约 180 万年前至 1 万多年前）

一　远古时代的地理环境

　　我国位于欧亚大陆的东方，西部有世界屋脊帕米尔高原，西南有青藏高原和喜马拉雅山，西北有阿尔泰山，北部有蒙古戈壁沙漠，东北有兴安岭和长白山，东边和东南为海洋所环绕，形成一个相对独立的地理单元。在这幅员十分辽阔的地理大单元内，西部和北部高寒少雨，史前人类较难生存和发展，更难以与外界发生交往；中部偏东的黄河中下游和长江中下游气候适宜，土壤肥沃，是我国史前文化最发达的地区。这一情况决定了我国史前文化起源的土著性和在世界诸史前文化中的独特地位，决定了它在很长时期都基本上走着独立发展的道路。

　　我国的地势西高东低，山脉和河流的走向大多自西而东，形成四个与纬度大致平行的自然区域。从北往南算，第一个是塞北区，大致在长城以北，包括东北、内蒙古和新疆等地。属温带气候，年平均温度仅 0～10℃。除东北外，大部分地区年降水量不足 400 毫米，为草原和荒漠景观，年生长期一般低于 210 天。青藏高原纬度虽低，但因地势特高，故自然条件与本区基本相似，现均为我国的主要牧业区或农牧混交区。第二个是华北区，大致在长城以南和秦岭—淮河一线以北，主要是黄河流域。属暖温带气候，年平均温度约 10～15℃。年降水量约 400～800 毫米，是半干旱地区。年生长期约 210～270 天。现为我国旱地作物的主要产区。第三个是华中区，大致在秦岭—淮河以南和南岭山脉以北，主要是长江流域。属亚热带气候，年平均温度约 15～20℃，年降水量约 800～1500 毫米，年生长期约 270～300 天。温暖湿润，四季分明。现为我国水稻的主要产区。第四个是华南区，在南岭山脉以南，包括台湾、福建南部、广东、广西南部、云南南部、海南岛和南海诸岛。属热带气

---

　　*　原书《中国远古时代》（上海人民出版社，2010 年）与张忠培合著，全书共分四章，本人撰写其中第一、三章和第四章的三、四部分，收入本文集时顺序编为第一至第三章。

候，年平均温度约 20～25℃，年降水量约 1500～2000 毫米，全年都是生长期。现为我国水稻和热带作物的主要产区。各大区内的地形、气候、水文、土壤、植被等也不完全一致，因而还可细分为若干亚区。这种情况在很大程度上决定了我国史前文化起源的多元性和发展的不平衡性。

现代科学证明，在整个史前时期，我国的自然地理环境也同世界上许多地方一样，曾经发生过很大的变化。地质学者在全国范围内发现了许多古冰川遗迹[1]，它们大体可分为五期，即龙川冰期、鄱阳冰期、大姑冰期、庐山冰期和大理冰期，其年代约 300 万年前～1 万多年前。每次冰期都使气温大幅度下降，海平面降低，动植物群落发生很大变化，尤其是纬度较高的地区，其变化更为明显。而两次冰期之间的间冰期则气温明显上升，雨量增加，喜温动植物繁荣滋长。除了这种大幅度的气候波动以外，在每一冰期或间冰期也还有较小的气候波动。这种气候的波动和由它所引发的生态环境的变化，给史前文化的发展和迁徙带来巨大的影响。

二 最早的人类及其文化

考古发现证明，至少在 180 万年以前，在中国的大地上就已有了人类的足迹，其时正是地质史上的更新世早期龙川冰期以后的一个时期。

（一）西侯度文化

西侯度在山西省南部芮城县西北隅的中条山阳坡，黄河从西边和南边绕过。在村后的人疙瘩北坡，有广泛分布的河湖相砂砾薄层和交错砂层，其中发现了一批石制品、有切割痕迹的鹿角、烧骨和大量动物化石[2]。

石制品共 32 件，原料主要为各色石英岩，也有少量的脉石英和火山岩。石制品的类型包括石核、石片和石器。从石核和石片来看，打制的技术虽比较原始，但已有多种方法，包括锤击法、砸击法和碰砧法，这都是我国北方旧石器时代早期常用的几种方法。石器种类已初步有所分化，可大致分为单面或双面的砍砸器、凹刃、直刃或圆刃的刮削器和三棱大尖状器等。这些石器大多为石片加工而成，且以单面加工者为主。它们是直至目前为止在我国发现的年代最早的一批石器（图一）。

〔1〕 Sun Tienching & Yang Huaijen, 1963. *The Great Ice Age Glaciation in China*. The Ⅵth International Congress on Quaternary. Vol. Ⅲ, pp. 363 – 374.
〔2〕 贾兰坡、王建：《西侯度——山西更新世早期古文化遗址》，文物出版社，1978 年。

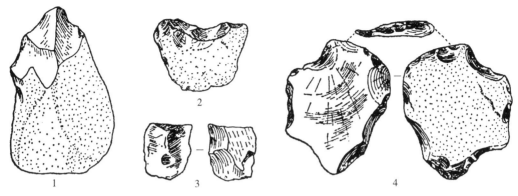

图一　西侯度石器
1. 三棱大尖状器　2. 凹刃刮削器　3. 直刃刮削器　4. 砍砸器

　　与石器共存的一些遗物中有带切割或刮削痕迹的鹿角，也有烧过的动物骨骼、角和牙齿，许多动物的头骨被砸碎。说明当时的人们猎取动物后，曾经肢解、烧烤，乃至砸开脑髓果腹，食余的碎骨随地抛弃，而长角则被加工为某种器具。

　　共存的动物化石种类颇多，主要有鸵鸟、大河狸、刺猬、兔、纳玛象、李氏野猪、双叉麋鹿、晋南麋鹿、山西轴鹿、平额象、鬣狗、山西披毛犀、古板齿犀、三门马、三趾马、古中国野牛、粗壮丽牛、步氏羚羊和步氏鹿等。其中绝属的占47%，绝种的占100%，并且有古老的种如步氏羚羊等，因而被定为更新世早期的西侯度组。根据古地磁法的测定，西侯度组的年代约为距今180万年。

（二）元谋人及其文化

　　如果说西侯度只发现人类的文化遗物而没有发现人类自身的遗骸的话，那么在云南元谋上那蚌则是两者兼有的一处遗址[1]。

　　上那蚌在云南北部元谋盆地的东缘，是一个由棕褐色黏土组成的小山丘，四周为冲沟所包围，南边有那蚌河流入金沙江的支流龙川江。在那里曾发现两颗人牙化石、石制品、带有人工痕迹的动物骨片、烧骨和大量动物化石。出土层位在元谋阶第四段下部的第25层，属更新世早期。据古地磁测量距今170万年左右。据说在这一层的下部更早的地层中也还发现有文化遗物。

　　两颗牙齿化石属同一个体的上中门齿，石化程度很深，并呈现浅灰白色。其形体粗壮硕大，磨蚀程度不高，切缘刚露出齿质，可能属于青年男性个体。这两

〔1〕　周国兴、张兴永：《元谋人——云南元谋古人类与古文化图文集》，云南人民出版社，1984年。

颗牙齿的特征是齿冠基部肿厚，底结节发达，呈圆丘状隆起，有发达的指状突，舌面有铲形舌窝。基本形态同北京直立人较接近而又具有一定的原始性，应为早期直立人或是由南方古猿纤细型向直立人过渡的一种形态，被命名为元谋直立人（*Homo erectus yuanmouensis*）。

石制品主要为石英岩打制的刮削器，也有尖状器和石片。主要用锤击法制成，加工方法粗糙。

化石产地中发现有许多哺乳动物肢骨碎片，有的碎片上有明显的人工切削等痕迹。伴随这些骨片还有一些烧骨和大量炭屑，看来元谋人和西侯度文化的主人一样都已懂得用火了。

元谋人化石产地中发现的大量哺乳动物化石中有云南马、爪蹄兽、野猪、水牛、纤细原始鹿、剑齿象、豪猪、竹鼠、鬣狗、斯氏水鹿、云南水鹿、山西轴鹿、最后枝角鹿等，其中以食草类动物为主。对植物孢粉的研究表明，松属占三分之一，桤木属占13%，草本植物则占40%，其中有禾本科、藜科和艾属等草甸植物。表明当时的自然环境是气候温和，呈森林—草原景观。

（三）阳原小长梁的石器

河北阳原小长梁的石器发现于历来被认为是华北更新世早期标准地层泥河湾组中[1]。原料以燧石为主，也有脉石英、石英岩和水晶。制法有锤击法和砸击法，不少石片未经加工即直接使用，上面有清晰的使用痕迹。石器种类有刮削器、尖状器、砍砸器等，形体普遍较小，个别器物似较进步。由于小长梁出石器的地层较厚，跨越的时间较长，遗物中也可能有较晚的成分。

与小长梁石器伴生的动物有鬣狗、三门马、三趾马、腔齿犀、古菱齿象、羚羊、牛类和鹿类等，多系已灭绝的动物，年代应为更新世早期。

继小长梁石器地点发现之后，1981年又在泥河湾对岸东谷坨西北侧发现了一处面积极大、遗物十分丰富的石器地点[2]。该处属湖相堆积，石器发现于距地表约40米深处的灰绿色砂质黏土和黄绿色粉砂互层靠下部的黏土层中，下与侏罗纪砾石不整合接触。据古地磁测定距今约100万年，可能属更新世早期到中期的交接点上。

在东谷坨发现的石制品有石核、石片和许多废弃的碎屑，石器中以刮削器最多，类型也很复杂，还有不少尖状器，砍砸器甚少。总体特征是个体较小，加工精细，并已分出明确的类型，显然不是最早的石器。与同时或稍早的石器相比，

---

〔1〕　尤玉柱：《河北小长梁旧石器遗址的新材料及其时代问题》，《史前研究》1983年第1期。

〔2〕　卫奇：《东谷坨旧石器初步观察》，《人类学学报》1985年第4卷第4期。

明显不同于西侯度和元谋上那蚌者，而与附近的小长梁石器十分相近。鉴于东谷坨石器最为丰富，故有人称之为东谷坨文化。

（四）　中国是人类起源的摇篮吗？

过去只知道中国最早的人类化石是距今约 50 万年的北京人。后来发现了蓝田人，据古地磁法测定距今约 100 万年。二者都属于更新世中期。早在 1957 年，贾兰坡就提出最早的人类足迹应到更新世早期地层中去追寻[1]。后来果然陆续在更新世早期的地层中发现了西侯度文化、元谋人和小长梁石器，其年代距今已达一百七八十万年。但是根据对西侯度石器的观察，尽管在打制技术和类型方面比较古拙而原始，但从其已注意选料并运用了不同的打击方法，制造出不同类型的石器来看，似乎已走过了相当漫长的路程。所以有的学者提出最早的人类遗骸还应到更加古老的地层中去寻求[2]。

人们注意到，目前在非洲已有更多和更早的古人类化石及文化遗存的发现，其中最著名者是在东非发现的能人，年代 200 万年以上；在埃塞俄比亚阿法尔地区发现的石器则达 260 万年以前。于是人们认为人类的起源地应在非洲和亚洲，而非洲的可能性似乎更大些。

学术界早已公认，人是由类人猿发展而来的，但究竟是由哪种类人猿演化而来，因为什么机制使类人猿向人的方向转化，是什么地方最具备从猿转化为人的客观条件，从而出现了最早的人类，则一直是学术界研究的课题而至今没有取得一致的结论。

在所有古代类人猿中，大约生活在 1500 万～1000 万年前的旁遮普腊玛古猿是较接近于人的，有的学者认为它是最早人类的祖先。这种猿发现于印度旁遮普等地，我国云南开远小龙潭及禄丰也发现了类似的化石。不过由于最近在禄丰石灰坝大量古猿化石的发现，学术界已将其重新定名为禄丰古猿禄丰种[3]，其所在地层属最晚中新世，距今约七八百万年。

禄丰古猿化石数量之多和形态之完整程度在同类古猿化石资料中是仅见的。据整理研究共有颅骨 5 个，下颌骨 10 个，颅骨和颌骨碎片 47 块，上下齿列 29 组和牙齿 650 颗，还有肩胛骨和锁骨各 1 根，指骨 2 根。其体征不但有雌雄之别，也有许多个体差异，呈现着相当复杂的情况。但从总体来说，有许多性状接近于南方古猿和非洲大猿，也有一些性状接近于巴基斯坦和印度的古猿和亚洲现代大

[1]　贾兰坡、王建：《泥河湾期的地层才是最早人类的脚踏地》，《科学通报》1957 年第 1 期。
[2]　贾兰坡、王建：《上新世地层中应有最早的人类遗骸及文化遗存》，《文物》1982 年第 2 期。
[3]　吴汝康：《禄丰大猿化石分类的修订》，《人类学学报》1987 年第 6 卷第 4 期。

猿，从而为探索人类起源的谱系提供了新的重要信息。

分子人类学的研究表明，人类不是从某一种古猿直接演化而来，而应是从某种人猿超科不断分化的结果。人类最早同古猿分开大约发生在四五百万年以前，那时已出现了南方古猿，其中一支被称为粗壮南猿，他们有的能制造石器，应该也是人，但因身体构造过分特化，终于在 100 万年前或稍晚一些时候灭亡了。另一支纤细型南猿则可能通过能人而发展到直立人，再发展到后来的智人。在这一过程中也并不排除继续存在着分化，不排除某些分支先后绝灭。这是一个很复杂的过程，目前的考古发现和研究虽已远远超出过去的水平，但仍然未能完全阐述清楚。现在我们只能这样说，要探索人类的起源，非洲和亚洲是最有希望的地区，其中也包括中国在内。因此有人提出中国（特别是中国西南地区）是人类起源的摇篮之一，并不是没有一些道理的。

三　从蓝田人到北京人

大约从距今 100 万年起，地质史即进入更新世中期。属于这一时期的人类化石及其文化遗存都十分丰富，表明这个时期的史前文化有一个较大的发展。在相当丰富的人类化石和文化遗存中，最重要的是蓝田人和北京人及其文化，并分别为较早和较晚时期的代表。

（一）蓝田人及其文化

蓝田人是 1963 年和 1964 年分别在陕西蓝田县的陈家窝和公王岭发现的。公王岭在蓝田县城东南 17 千米，是一个小土岗，前临灞河，后依秦岭。登上公王岭，即发现厚约 30 米的砾石层，上面覆盖着厚约 30 米的"红色土"。红色土的下部夹有两层埋藏土，就在这两层埋藏土之间发现了 1 个比较完整的人头盖骨和 3 枚牙齿化石，还有石器和许多动物化石。在陈家窝则发现了 1 个比较完整的下颌骨化石。

公王岭的头骨大约是属于一位 30 岁左右的女性。其特征是头骨壁极厚，额部明显后斜，前额低平，没有额窦，眶上圆孔硕大粗壮，在眼眶上方几乎形成一条横行的眉嵴。圆枕两侧向外延展，向后明显缩窄。头骨高度较小，脑容量为 778 毫升。比北京人和爪哇人都要原始（图二）。

陈家窝的下颌骨化石大概属于一位老年女性个体，其特征是具有多的颏孔，有明显的联合部突起和联合棘，下颌明显向后倾斜并有明显的颏三角。从整体看同样比北京人原始，但比公王岭的头骨所显示的要稍稍进步一些。尽管如此，由于二者的主要特征所显示的阶段性相似，故可定为同一类型，称为蓝田直立人（*Homo erectus Lantianensis*）[1]。其年代据古地磁法测定，分别为距今 98 万年（公王岭）和 53 万年（陈家窝）或 115 万～110 万年和 65 万年。

图二　蓝田人（复原）

在蓝田人产地发现的石制品仅 34 件。原料主要是石英岩和脉石英，有石核、石片和石器。石器种类有大尖状器、大型多边砍砸器、中小型多边砍砸器和单边砍砸器，还有刮削器和石球等。加工技术粗糙，有单面加工和交互加工者。器形多不规整，对原料的利用率也较低，表明当时的石器制作技术仍具有一定的原始性[2]。

与蓝田人伴生的动物有三门马、大熊猫、鼢鼠、李氏野猪、葛氏斑鹿、中国鬣狗、东方剑齿象、剑齿虎、中国獏、爪兽、硕猕猴和兔等，有明显的南方动物群色彩。根据动物群及其所在的地层判断，年代应属中更新世早期。

（二）匼河文化

匼河村属山西省芮城县，位于西侯度西南的黄河岸边。1959 年调查时发现若干石器地点，1960 年对其中几个点进行了发掘，总共在 11 个地点发现石制品 138 件，以及烧骨和许多哺乳动物化石[3]。除 6055 地点是发现于红色土之下的泥灰

〔1〕　吴汝康：《陕西蓝田发现的猿人头骨化石》，《古脊椎动物与古人类》1966 年第 10 卷第 1 期。

〔2〕　戴尔俭、许春华：《蓝田旧石器的新材料和蓝田猿人文化》，《考古学报》1973 年第 2 期。

〔3〕　贾兰坡、王择义、王建：《匼河——山西西南部旧石器时代初期文化遗址》，科学出版社，1962 年。

岩层中以外，其余都是发现于红色土之下的砾石层中。前者很少受水冲磨，后者则多有不同程度的冲磨现象。

　　石制品的原料除极少数为脉石英外，绝大多数是采自当地河滩的石英岩砾石，不少制品还保留有原砾石的岩面。匼河石器的制法主要是锤击法和碰砧法，也有砸击法，有的用原砾石的平面作台面，有的则用已打过石片的疤痕作台面。石片大多宽短。石器器形有砍砸器、刮削器、大三棱尖状器、小尖状器和石球等，多用石片加工而成，也有由石核制成者（如石球等）。砍砸器分单面刃和双面刃两种，刮削器则多为单面加工，即从劈裂面向背面加工而成（图三）。

　　匼河石器的特点是个体较大，类型比较明确，同蓝田人石器乃至西侯度石器有不少相似之处，应是同蓝田人一起继承西侯度而发展起来的石器文化。

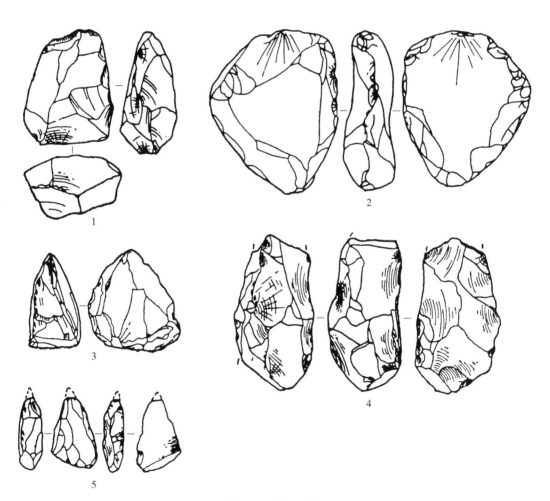

图三　匼河石器
1～3. 砍砸器　4. 大三棱尖状器　5. 小尖状器

在匼河发现烧骨一块，表面呈灰褐色，骨壁里面呈灰蓝色或黑色，应是用火的一个证据。

与石器伴出的动物化石有披毛犀、三趾马、肿骨鹿、斑鹿、剑齿象、纳玛象、水牛和野猪等，其时代应属中更新世早期，与蓝田人的年代接近。

（三）周口店和北京人

周口店位于北京市西南郊的西山脚下，从很早的时候起就有人在那里开采石灰，挖掘"龙骨"（即古动物化石）。1918 年，当时地质调查所的矿业顾问瑞典地质学家安特生（J. G. Andersson）来到周口店鸡骨山，发现有丰富的哺乳动物化石。1921 年安特生等又访问了鸡骨山，并由当地矿工引导在鸡骨山北约 2 千米的龙骨山找到了一个化石更为丰富的地点，并预言那里会发现人类化石及其遗物。1927 年正式组织发掘。1929 年 12 月 2 日由裴文中发现了完整的直立人头盖骨。那次发掘一直持续到 1937 年。中华人民共和国成立以后又多次进行发掘。前后发现了 6 个比较完整的人头盖骨化石及大量的头骨碎片、肢骨和牙齿化石等，代表 40 多个不同年龄和性别的个体。同出的石器和石制品数以万计，还有大量的烧骨，成堆的灰烬，被烧过的石头和朴树籽等，伴出的动物化石有 100 多种。这个被称为"北京人之家"的周口店第 1 地点，至今仍是我国发现资料最丰富的旧石器时代早期遗址[1]。

周口店第 1 地点所发现的人类化石的特点是颅盖低平，前额后倾，头骨最宽处位置偏低，眶上圆枕两侧端稍向后弯曲，眶上圆枕与额鳞之间出现明显的宽沟。头骨有矢状脊，鼻骨较宽，属阔鼻型并接近特阔鼻型，颧骨很高，颧面前突且较垂直。吻部略向前突出而没有下颏，下颌骨具有下颌圆枕。牙齿粗壮，门齿呈铲形。平均脑容量约 1075 毫升，1966 年发现于顶部堆积的 5 号头骨脑容量更达 1140 毫升，显然比蓝田直立人进步一些。但仍属直立人范畴，并被命名为北京直立人（*Homo erectus pekinensis*）（图四）。

北京直立人的肢骨部分呈现着与头骨不完全相应的特性，上肢骨已短于下肢骨，肱骨除骨壁较厚、髓腔较小外，已与现代人的相似，锁骨和月骨也与现代人的相近。股骨也接近于现代人，有股骨脊。但股骨干上半内侧缘显著隆起，这一特点和黑猩猩相似；股骨干最向前弯的部位在中部以下最细处，也和现代类人猿的相近。根据肢骨计算身长的方法，推知男性平均身高 1.62 米，女性 1.52 米，比现代中国人稍矮。

〔1〕　贾兰坡：《周口店——北京人之家》，人民出版社，1975 年。

图四　北京人（复原）

北京人头骨较为原始而肢骨稍较进步的现象，可能与肢骨构造比较简单因而难以做细致的比较研究有关，也可能是反映着人类体质进化过程中的一种镶嵌现象。这种情况不只在北京人身上有，在同一发展阶段的爪哇直立人和发现于坦桑尼亚奥杜威峡谷的直立人也有相同的情形。它不过是在动物进化中有时出现的镶嵌现象的一种新的表现。

北京人所用石器的原料有脉石英、绿砂岩、石英岩、燧石和水晶等，制法有锤击法、碰砧法和砸击法，并已懂得对不同的石料采用不同的制法。石器个体大多较小，仅少数为大型器，主要类别有刮削器、尖状器、砍砸器、端刮器、雕刻器和石球，以刮削器数量最多，尖状器次之，其他几类较少。大多数是石片石器，单面加工。其中以用砸击法制成的两极石片和用两极石片加工而成的两端刃器最富特色（图五）。

北京人遗址中发现有许多破碎的兽骨，其中有一些颇像有意制造的骨器，但绝大部分应是敲骨吸髓时砸碎的。

北京人居住的洞穴中有许多用火的痕迹，包括成堆的灰烬，烧过的骨头、石块和土块等。灰烬堆中还有烧过的朴树籽和紫荆木炭块。这说明北京人已会控制用火。虽然元谋人和西侯度文化的主人也可能已会用火，但不像北京人遗址中那种成堆灰烬等所表明的会控制火并保存火种。有了火不但可以熟食，还可御寒和抵御猛兽侵害，对于人类社会的发展具有重要的意义。不过北京人的生活还是十分艰苦的，据对40多个个体的年龄分析，大约有三分之一不到14岁就死了，其余的年龄也不很大，于此可见一斑。

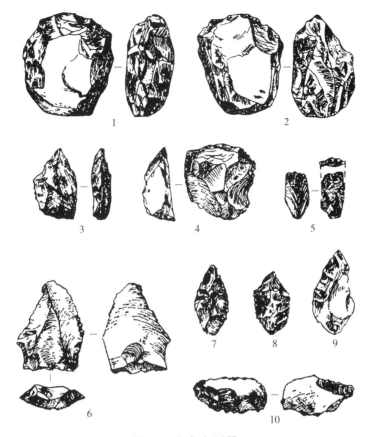

图五　北京人石器
1、2. 砍砸器　3、7、9. 尖状器　4~6. 刮削器　8. 雕刻器　10. 砾石石器

　　与北京直立人伴生的动物化石达 115 种，称为周口店动物群。其中有中国鬣狗、肿骨鹿、梅氏犀、水獭、剑齿虎、三门马、李氏野猪、硕猕猴、葛氏斑鹿、德氏水牛、居氏大河狸、转角羚羊和豪猪等，其中现已绝种的占 63%。这个动物群代表的年代，大体上相当于更新世中期。

　　我们应当注意的是，周口店第 1 地点的堆积厚达 40 米，按其质地和颜色可分 13 层，显然是经过很长时期才形成的。依据古地磁法、热释光法、裂变径迹法和铀系法等多种方法测试的结果，其年代约距今 71 万~23 万年。在这个长时期内，人类曾经历了三个主要的活动期，第一活动期的文化层主要在第 8、9 层，少量在第 10 层，第二活动期主要在第 4 层，第三活动期则只在表层的局部地方。每一个活动期也许还有几个小期，例如第一活动期显然还可细分为几个小期，而期与期间在年代上并不连续，很难说后来的北京人一定是此前居于同一洞穴的北京人的子孙。更不能简单地用洞穴中发现的全部人骨化石所代表的 40 多个个体，来估算北京人实际社会群体的大小。

由于时间很长，不但每次进入洞穴居住的人数和连续居住的时间都无从查考；而且每次居住的气候条件和自然环境也都有可能发生较大的变化。据刘泽纯的分析，从最初住人的约 70 万年前到最后住人的约 23 万年前期间，大致发生过四五个冰期旋回的气候变化，每个旋回包括温暖的间冰期和相对寒冷的冰期。而下文化层、上文化层和表层大致都处在间冰期内。总的变化有大陆性气候程度逐渐加强的趋势[1]（图六）。

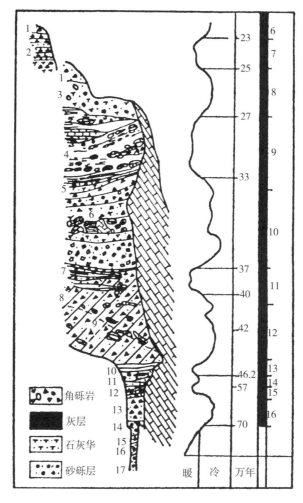

图六　北京猿人洞穴堆积记录的气候变化曲线

————————

〔1〕 刘泽纯：《北京猿人洞穴堆积反映的古气候变化及气候地层上的对比》，《人类学学报》1983 年第 2 卷第 2 期。

（四）　观音洞石器

在我国南方，属于更新世中期的遗址首推贵州黔西观音洞。该洞 1964 年起曾先后经过四次发掘，在红土层及含角砾的黄色堆积中发现了大量的石器和动物化石[1]。

该地发现的石制品有 3000 多件，原料为燧石、硅质灰岩、细砂岩和火成岩。石核大部分不经修理即行打片，只有少数修理台面。多数使用锤击法，也有用碰砧法制造的。石器多用石片做成，形状不甚规则，大小相差悬殊，类型也较复杂，主要有刮削器、端刮器、砍砸器、尖状器、雕刻器等，以刮削器数量为最多。许多器物有细致的第二步加工，多为单面加工，也有错向加工和交互加工的。加工之细致和方法之多样，为同期各地石器之冠（图七）。

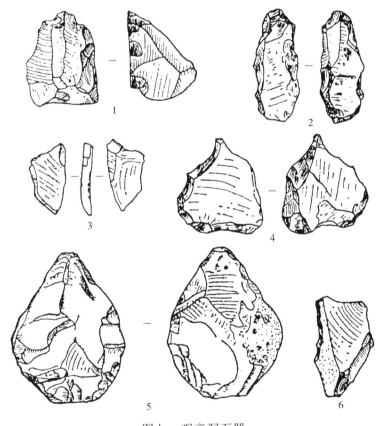

图七　观音洞石器

1. 端刮器　2. 长刮器　3. 雕刻器　4. 尖状器　5. 砍砸器　6. 刮削器

〔1〕　裴文中、袁振新、林一朴等：《贵州黔西县观音洞试掘报告》，《古脊椎动物与古人类》1965 年第 9 卷第 3 期。

与石器伴出的哺乳动物化石有 22 种，其中有大熊猫、最后鬣狗、贵州剑齿象、巨獏等，属华南的大熊猫—剑齿象动物群，与周口店动物群大致属于同一时期。

（五）中国其他地方的直立人

我国境内发现的直立人，除较早形态的元谋人和较晚形态的蓝田人与北京人外，还有和县人、沂源人、南召人、郧县人和郧西人等，他们分布于黄河流域和长江流域的广大地区。

和县人发现于安徽和县龙潭洞，有头盖骨 1 个、下颌骨 1 块、牙齿 5 枚，代表 3 个人的个体[1]。

和县人头盖低平，颅骨壁宽厚，额部后倾，头顶有矢状脊，眶上圆枕特别粗壮，眉嵴高而连在一起，下颌粗壮，其厚度大于蓝田人和北京人。其总体特征有些像北京人，又有一些像爪哇人，似是二者中间的一种类型，被命名为和县直立人（*Homo erectus hexianensis*）。

与和县人伴出的还有一些骨角制品和大量哺乳动物化石，其中有大熊猫、东方剑齿象、剑齿虎、肿骨鹿等，属大熊猫—剑齿象动物群，与观音洞的年代大体相当。

沂源人发现于山东沂源骑子鞍山的一个石灰岩裂隙中，包括 1 块头盖骨、2 块眉嵴骨、6 枚牙齿和部分肢骨。眉嵴的粗壮程度与牙齿的形态与北京人相近。同出的动物化石有肿骨鹿和梅氏犀等，故当属更新世中期。

南召人发现于河南南召杏花山第二阶地的褐黄色砂质黏土层中，仅得右下前臼齿 1 枚，其特征与北京人牙齿相似。伴出动物既有华南大熊猫—剑齿象动物群的成分，又有华北肿骨鹿—剑齿虎动物群的成分，表现为南北过渡型的特征。地质年代属更新世中期。

郧县人发现于湖北郧县龙骨洞，仅得牙齿 4 枚，与北京人牙齿相似。同出一人工打制的石核和许多哺乳动物化石，包括大熊猫、剑齿象等。

郧西人发现于湖北郧西白龙洞，仅得牙齿 7 枚。同出人工打制的石片 20 多件及许多动物化石，后者属大熊猫—剑齿象动物群。

除上述各处人骨化石外，在安徽巢县银山村曾发现枕骨化石 1 块，河南淅川也曾收集到牙齿 13 枚，这些都应是属于直立人阶段的标本。由此看来，大约在更新世中期，我国的直立人已有相当广泛的分布。所谓直立人也就是猿人，过去我

---

〔1〕　吴汝康、董兴仁：《安徽和县猿人化石的初步研究》，《人类学学报》1982 年第 1 卷第 1 期。

们曾把在中国境内发现的猿人一概称为中国猿人（Sinanthropus），现在为了区别，分别命名为各种直立人，但仍有一些共同特征，最明显的就是门齿呈铲形，这是后来蒙古人种的特征。由此看来，人类在直立人阶段虽谈不上划分种族，但在体质特征上也还是有些分化的。

（六）旧石器时代早期文化的特征及其分区

考古学家把属于更新世的，以打制石器为主要工具而基本不知道磨制石器的文化，称为旧石器时代文化。旧石器时代一般又分为早、中、晚三期。早期大约相当于更新世早期和中期，与此相适应的人类化石，就是我们前面所讲的直立人或猿人。这个时代的绝对年代，就我国至今发现的资料及研究结果来看，大约是距今 180 万 ~ 10 万年，时间是极其漫长的。

这个时期的主要文化成就：一是学会了制造石器，掌握了制造石器的一套具体办法；二是学会了使用火和管理火。

为了制造石器，首先要学会选料，包括石头的质地和形状。我国旧石器早期石器所选用的原料多为石英岩、脉石英和燧石，因为这些石质坚硬，便于打制成一定的形状。如果原有形状较为理想，可以省很多工夫，故往往用上述岩性的砾石做原料。

我国旧石器时代早期石器的基本特征是：石片和用石片制造的各种石器在全部石制品中占有重要的比例，石核石器相对较少；各类石器以单面加工为主；基本类型是刮削器、尖状器、端刮器和砍砸器，其中以刮削器为主，砍砸器仅占较小比例。例如在北京人的石器中，刮削器约占 70%，砍砸器约占 10%；在观音洞的石器中，刮削器占 80%，砍砸器不到 6%。这同非洲和欧洲旧石器时代早期以砾石石器和石核石器为主（除英国的勒瓦娄哇技术以外）和以砍砸器与手斧为主的情况有很大的不同，它们分别代表着旧石器时代早期的两大技术传统。

中国旧石器时代早期文化除了上述基本特征外，也还存在着明显的地方性差异。根据目前的材料，至少可以分为三个文化区。

第一个文化区以西侯度文化和匼河文化为代表，包括蓝田人文化，还有陕西蓝田锡水洞、潼关张家湾和卧龙铺，山西垣曲南海峪及附近的若干地点、平陆庙后、罗家岭和枣树垭、万荣西马鞍梁，河南三门峡水沟和会兴镇、陕县张家湾、灵宝谢家坡等处所发现的石器，基本上都是属于同一系统的。分布范围大致在山西南部、陕西东部和河南西部，遗址和石器地点总数有 100 处以上，单是垣曲一县即有 65 处，可说是十分密集的。其中除南海峪外，都是旷野型的遗址。遗物稀少而分散，石器类型比较简单，个体相对较大，石片角也较大，一般在 115 ~

120°。器形有砍砸器、刮削器、大三棱尖状器、小型尖状器和石球等。同其他文化区比较，砍砸器比例稍高，大三棱尖状器形态特殊，故有的学者将这个地区的石器文化单列为一个系统，称为"大石片砍砸器—大三棱尖状器传统"〔1〕。也有学者指出在这些遗址中大三棱尖状器并不普遍，除了大型石器以外，还有不少小型石器，似不宜独立划为一个文化传统〔2〕。仅用大石片砍砸器和大三棱尖状器来概括本区文化的特点固然不尽恰当，但不可否认这个文化区的石器的确同其他地方的石器有较大的差别，客观上存在着一个相对独立的文化区。

第二个文化区以北京周口店第 1 地点为代表，包括小长梁和东谷坨、周口店第 13 地点、河北阳原后石山、山西大同青磁窑、河曲河会村和辽宁营口金牛山下层等处，大体相当于河北北部、山西北部和辽宁西南部一带。这个区域的洞穴遗址较为发达，同时也有旷野遗址。石器大多数个体较小，类型较复杂，刮削器占绝对优势，并有少数雕刻器，缺乏大三棱尖状器和典型的石球，故有的学者将其归纳为一个文化传统，称之为"船头状刮削器—雕刻器传统"。这个称谓容有商榷的余地，但这些遗址的总体特征与第一文化区显著不同而自成一个文化区则是可以肯定的。

第三个文化区可以观音洞石器为代表，其前身可能与元谋人文化有联系，和湖北等地同时期的一些遗址也有一定关系，分布范围偏于西南地区。其石器特点是个体大小相差悬殊，类型或式样繁多而不甚固定，且多数有较细致的加工。

由于大多数遗址未经正式发掘，资料比较零散，难以将所有遗存归入某某文化区或某某文化传统，现在的划分只具有相对的意义。辽宁本溪庙后山和内蒙古呼和浩特四道沟按地理位置应归入第二文化区，但其石器多大型者，石器加工方式也颇不同，似不宜简单地归入第二文化区。至于我国南方的旧石器早期遗存也是相当复杂的，观音洞一类的遗存只是其中的一部分。随着发掘资料的增多，将有可能划分出更多的文化区。

旧石器早期文化虽有一些地方差别有如上述，然而统一性仍是主要的。不论哪个文化区，最基本的工具都是刮削器、砍砸器和尖状器，有的还有石球和雕刻器。它们有的是砍伐或修理木质、骨质器具的，所以我们推测那时还会有一些木器和骨器。有些遗址发现的骨制品是否骨器虽然还存在不同的看法，但只要做些对比实验是会搞清楚的。而砍砸器和石球同时是猎捕野兽的重要工具，尖状器、刮削器可以处理兽肉兽皮，有些大尖状器更可用来挖掘块根等植物性食物，由此

〔1〕 贾兰坡、王建：《西侯度——山西更新世早期古文化遗址》，文物出版社，1978 年。
〔2〕 裴文中、张森水：《中国猿人石器研究》，科学出版社，1985 年。

可知当时的经济主要是狩猎和采集。遗址中常常发现烧骨和许多砸碎的骨头，其中往往以较温驯的鹿类为主，又在北京人的灰堆中发现了许多朴树籽，这些也都是当时存在狩猎和采集经济的证明。

至于用火，可能是从西侯度和元谋人那个时候就开始了的，到北京人就达到了比较成熟的阶段，即不但会用火，还会控制火、管理火，长期保存火种不灭。否则就不会在遗址中形成固定的灰烬堆。那些灰烬堆应是当时的火塘，并且长期保存火种，需要的时候即可燃烧，经过很长时期才能有厚厚的灰层，才能把石头和土块都烧红烧裂。

四　早期智人的出现

中更新世末期，我国经历了一次庐山冰期，其后气候变暖，在人类体质和文化发展上也都进入一个新的阶段。人类体质普遍由猿人或直立人发展为早期智人，而人类文化则发展为旧石器时代中期文化。

（一）从猿人向早期智人的过渡

从猿人向早期智人的过渡，在我国大约发生在中更新世之末和晚更新世之初。这个时期的代表性人类化石有金牛山人、大荔人和许家窑人。

金牛山人发现于辽宁营口西南 8 千米的永安乡金牛山的洞穴裂隙中，为一 25～30 岁的男性个体，其头骨、脊椎、肋骨、髋骨和四肢骨保存相当完整。其特征明显比北京人进步，如眉骨嵴较低，颅骨壁较薄，牙齿也没有北京人那样粗壮，一般认为应属早期智人或由猿人向智人过渡的类型，也有认为是属晚期猿人的[1]。

在金牛山人保存的同一层位上发现了两处灰堆，其中一处由三个直径 50～60 厘米的圆形灰堆连在一起。灰堆中有烧土和炭屑以及烧过的动物骨骼。在两处灰堆之间约 7 平方米的范围内发现有大量动物骨骼碎片，有些碎片有明显的人工敲砸痕迹，当是敲骨吸髓后遗留下来的。

伴出的动物化石有肿骨鹿、梅氏犀和拟布氏田鼠等，当属中更新世晚期或略晚。

与金牛山人大体同时的还有陕西大荔甜水沟发现的大荔人化石。那是一个基本完整的头骨化石，大约是属于一个 30 岁以下的男性个体。头骨粗壮厚实，属长头型，颧骨不高，眉嵴厚重，额骨低平，额部后倾，头顶有矢状脊，骨壁厚度大于北京人的平均值，脑容量约 1120 毫升。应属早期智人的一种古老类型，被定名

---

〔1〕　吕遵谔：《金牛山猿人的发现和意义》，《北京大学学报》1985 年第 2 期。

为大荔智人（*Homo sapiens daliensis*）[1]。

与大荔人同出的石器多以石英岩和燧石为原料，多用锤击法打制，器形主要是包括直刃、凹刃和凸刃等的各种刮削器，个体较小，加工也较简单。

伴出的动物化石有鸵鸟、肿骨鹿和古菱齿象等，应属中更新世末期或晚更新世初期。

许家窑人发现于山西阳高许家窑的黄绿色黏土层中，同出的还有大量石器、骨角器和动物化石[2]。

人类化石有顶骨11块和枕骨、颌骨和牙齿等，推测属于10多个不同年龄和性别的个体。其体质特征是骨壁较厚，顶骨曲度介于北京人与现代人之间，脑动脉分支比北京人复杂，后支比前支长。枕骨圆枕没有北京人那样宽而突出，位置也比较高。上颌骨粗壮，吻部仍然前伸，但不及北京人那样显著。牙齿粗大，嚼面纹理比较复杂。同样具有从猿人向早期智人过渡的性质。

许家窑的石制品非常丰富，前后发现有30000多件。以脉石英、燧石、火山岩等为原料。制法以锤击法和砸击法为主，打下的石片一般较小。石器器形有刮削器、尖状器、石球、雕刻器、石钻、小型砍砸器等，其中石球发现有1000多件，成为许家窑文化的一个重要特色。

遗址中发现许多骨片有锋利的刃口，刃部有时还有加工痕迹，当为骨器，也有少量角制品，种类大概有刮削器、尖状器、三棱尖状器和镞形器等。

伴生的动物有鸵鸟、古菱齿象、披毛犀、许家窑扭角羊等，时代当属中更新世末期或晚更新世初期。

（二）早期智人的体质特征

我国发现的早期智人化石，除金牛山人、大荔人和许家窑人那样古老并表现为由猿人向早期智人过渡形态的以外，还有典型的早期智人如马坝人和长阳人等。在北京周口店新洞、山西襄汾丁村、辽宁喀左鸽子洞、贵州桐梓岩灰洞等地也都发现这一阶段人类的牙齿等化石。

马坝人发现于广东曲江马坝狮子山的一个石灰岩洞中。仅有一残头骨，包括额骨、顶骨、右眼眶和鼻骨的大部分，推测为一中年男性个体。额骨向后逐渐倾斜，眉嵴粗壮而向前突出，眉嵴后方的额骨部分明显缩窄，骨壁较薄但仍比现代

---

[1]　吴新智、尤玉柱：《大荔人及其文化》，《考古与文物》1980年第1期。
[2]　贾兰坡、卫奇：《阳高许家窑旧石器时代文化遗址》，《考古学报》1976年第2期。

人为厚。其形态明显地区别于直立人而为早期智人[1]。

与马坝人伴生的动物有大熊猫、鬣狗、东方剑齿象等。地质年代属晚更新世早期。

长阳人发现于湖北长阳龙洞的角砾岩和深黄色沙质泥土中，仅存 1 个左上颌骨（保留 2 枚牙齿）和另 1 枚牙齿。颌骨吻部并不明显前突，表面粗糙不平，牙齿冠面有较多皱纹，犬齿隆突显著，鼻腔底壁较平，梨状孔下部稍宽，这些都是早期智人的特征。

长阳果酒岩的一处岩屋内也发现了同一阶段的人类化石，包括头骨和肢骨。头骨骨壁较厚，下颌骨较大，臼齿粗壮。肢骨髓腔较小，矢、横径指数比现代人原始，故被定为早期智人。

从总体特征来说，早期智人比直立人脑盖较薄，脑容量较大，动脉支较复杂，说明其智力已有明显发展。我国早期智人一般颧骨较为前突，眉嵴较平直而非前突弧状，这些都与欧洲、非洲乃至西亚的早期智人明显不同，其头面已显示出蒙古人种的某些特色，虽然作为人种在这时期还没有最后形成。

（三）丁村文化

丁村文化发现于山西襄汾丁村附近，在汾河东岸十多个地点的砂砾层中发现了大量石器和哺乳动物化石，同时发现有 1 块人类头顶骨和 3 枚牙齿[2]。

丁村的石制品共发现 2000 多件，以角页岩为主要原料。多数石器用碰砧法打制，石片角偏大，也有用锤击法打制的。石片石器占三分之二以上，以单面加工为主，交互加工的不到四分之一。一般个体较大，主要类型有刮削器、砍砸器、单边形器、多边形器、尖状器、厚尖状器和石球等。其中大三棱尖状器最富特色（图八）。

丁村文化的石器很明显是继承匼河文化的石器而发展起来的，但又较匼河石器有所进步。如有些尖状器修整得很平整，器形比较规则，类型的划分也比较明确。类似丁村的石器分布较广，如山西南部的曲沃里村西沟、侯马南梁，山西中部的太原古交、交城范家庄，河南灵宝孟村，陕西蓝田涝池河等地，也都是丁村文化的分布范围。

---

〔1〕 吴汝康、彭如策：《广东韶关马坝发现的早期古人类型人类化石》，《古脊椎动物与古人类》1959 年第 1 卷第 4 期。

〔2〕 裴文中、吴汝康、贾兰坡：《山西襄汾县丁村旧石器时代遗址发掘报告》，科学出版社，1958 年。

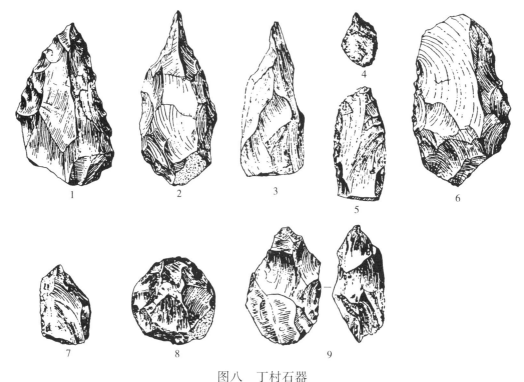

图八　丁村石器

1. 尖状器　2、3. 大三棱尖状器　4. 小尖状器　5. 舌形器　6. 多边形器
7. 刮削器　8. 石球　9. 砍砸器

（四）旧石器中期文化的特征及其分区

旧石器时代中期文化较早期文化的进步主要表现在打制石器的技术有所提高，石器形状比较规整，类型比较确定，种类也有所增加，这都表明当时的技术和生产力水平较旧石器早期有所提高。

正如旧石器早期文化已表现出明显的地区性特征一样，旧石器中期文化也有地方性差别，例如许家窑文化的石器同丁村文化的石器就大不相同。

大致说来，许家窑文化多小型石器，类型较多，加工不甚精细，小型刮削器占绝大多数（图九）。丁村文化则多大型石器，石片角较大，加工较精，类型较确定，大三棱尖状器是其突出特点。

许家窑文化很明显是从旧石器时代早期的北京人文化发展而来的。与许家窑文化相近的遗存，有北京周口店新洞和第22地点、山西朔县后疙瘩峰、辽宁海城仙人洞和喀左鸽子洞等，与北京人文化系统的分布面基本一致。

丁村文化则是从匼河文化发展而来，其分布范围在陕西东部、山西南部和河南西部，与匼河文化系统的遗存分布范围基本一致。

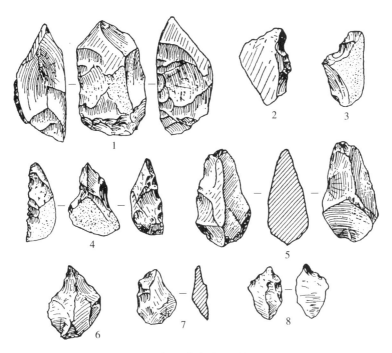

图九　许家窑石器

1. 龟背状刮削器　2、3. 凹刃刮削器　4、5. 尖状器　6. 喙形尖状器　7. 雕刻器　8. 小石钻

华南旧石器中期文化遗存至今发现甚少，仅贵州桐梓岩灰洞有 12 件石制品，似与观音洞石器有些联系。至于甘肃镇原寺沟口和姜家湾等处的石器，从总体特征看很难归入某一系，但与许家窑石器较为接近而与丁村石器相差甚远。

五　原始蒙古人种的形成

大约在 5 万年前，地质年代进入晚更新世晚期，人类体质也发展到晚期智人阶段。与此同时，世界上三大人种基本形成。中国境内的人骨化石全都属于原始蒙古人种，而现代中国人基本上都属于蒙古人种，因此可以说中国的晚期智人乃是我们的直系祖先。这时的文化也有较大进步，进入了旧石器时代晚期。

（一）貌似奇特的山顶洞人

山顶洞人化石发现于北京西南周口店龙骨山顶，紧靠发现北京直立人的第一地点。全部化石包括相当完整的 3 个头骨及许多头骨残片、下颌骨、牙齿、脊椎骨和肢骨等，至少代表 8 个人的个体[1]。3 个比较完整的头骨具有不完全一致的形态。根据著名人类学家魏敦瑞（F. Weidenreich）的观察，101 号男性头骨在测量上很像某些西欧智人化石，从外形观察却应确定为原始蒙古人种；102 号女性头骨很像美拉尼西亚类型；103 号女性头骨则像因纽特人类型。由此他得出一个奇怪的推测：这些山顶洞人是由外地迁来的居民，因受到原住当地的蒙古人种的攻击而绝了种，所以后来的中国人的体质特征同他们没有直接的继承关系。吴新智重新研究了山顶洞人的 3 个头骨，认为魏氏过分地强调了三者的差异而对其共同性估计不足。实际上，三者头骨都较粗硕，头很长，额部倾斜，上面部低矮，眼眶较低，梨状孔宽阔等，这些有的是晚期智人所共同具有的原始特征，有的则与今日蒙古人种相近。他们都应代表原始蒙古人种，与中国人、因纽特人、美洲印第安人特别相近。因为这些人都属于蒙古人种，而晚更新世晚期的大人种刚刚形成，一些形态细节还在形成之中，难以像现代人那样分出许多明确的支系，所以山顶洞人也可看作是上述几种人的共同祖先，并不是几种人聚集到了一个山洞。

山顶洞由上洞和下洞组成，上洞接近洞口，较为宽敞，有烧火的灰烬等，当是住宿的地方。下洞比较集中地摆放人骨，人骨旁有许多红色的赤铁矿粉末，还有不少装饰品，看来是有意的埋葬。如果这个推测不至大错，那么山顶洞下洞就是当时的墓地，并且是我国至今所发现的最早的墓地。

（二）柳江人和资阳人

柳江人发现于广西柳江通天岩旁的一个洞穴中，包括 1 个头骨、2 段股骨以及髋骨、椎骨、骶骨等。除股骨可能属于女性外，其余都属于一个男性个体，年龄在 40 岁以上。柳江人已基本上具有现代人的特征，但也还有若干原始性。如前囟点的位置较现代人靠后，面部短宽，眼眶低扁，鼻部宽阔，门齿为铲形。据体骨和股骨知其身体比较矮小，与现代华南和东南亚人比较接近。其总体特征应属蒙古人种中的一种较早的类型。

资阳人发现于四川资阳黄鳝溪，主要是一个头骨。颅顶保存完整，颅底大部缺失，另有一块硬腭，属于一 50 岁以上的老年女性个体。资阳人的基本特征已同现代人接近，但也存在若干原始性。如眉嵴显著，前囟点的位置较现代人靠后，颞骨鳞部较低矮而平整，弧度较现代人稍小。因而应属晚期智人的蒙古人种。

---

[1]　吴新智：《周口店山顶洞人化石的研究》，《古脊椎动物与古人类》1961 年第 3 卷第 3 期。

（三）晚期智人的基本特征和蒙古人种的形成

中国境内发现的晚期智人化石，除前举山顶洞人、柳江人和资阳人以外，还有内蒙古乌审旗萨拉乌苏河岸边发现的河套人，吉林安图明月镇附近洞穴发现的安图人，山东新泰县乌珠台附近发现的新泰人，云南丽江木家桥附近发现的丽江人，安徽泗洪下草湾地方发现的下草湾人，贵州普定发现的穿洞人，以及台湾台南左镇菜寮溪发现的左镇人等，分布地几乎遍及全国。

上述晚期智人的共同特点是脑量增加，如柳江人和山顶洞人的脑容量为 1300～1500 毫升，在现代人脑容量的变异范围之内。脑内动脉支也同现代人接近，说明其智力发达程度已与现代人接近了。这一变化，使颅骨变高，厚度减薄，头骨最大宽度上移，额部丰满，眉弓变矮，吻部后缩，牙齿变小，颏部突出。总之同现代人已经十分接近。与此同时，各地晚期智人又或多或少地存在某些较原始的特征，彼此之间也不尽相同，甚至某些蒙古人种的特征也还没最后形成，个别特征甚至与欧洲晚期智人相近，但蒙古人种的大多数基本特征都已具备，所以被称为原始蒙古人种，并且应是现代中国人的直系祖先。

（四）旧石器时代晚期的文化

旧石器时代晚期文化较中期文化又有明显的进步。例如在石器制作中普遍修理台面，许多地方出现了细石器，能用间接打击法生产出细长石片，还能用压制法加工石器。石器的种类更加多样化，往往有各种类型的刮削器、尖状器、雕刻器、锥或钻等，甚至还有个别的箭头。其中不少应为复合工具。这些石器技术的进步和类型的分化，反映了狩猎经济的进一步发展。

在石器工艺发生明显进步的同时，骨角器也大大发展起来。在辽宁海城小孤山、北京周口店山顶洞、四川资阳黄鳝溪、宁夏灵武水洞沟、贵州兴义猫猫洞和普定穿洞都曾或多或少地发现骨器，有时也有一些角器。其种类包括锥、针、鱼叉、刀、铲等，是采用锯、切、削、磨、钻等一系列工艺制作出来的。表明当时人们已经掌握骨、角材料的特性，使用了不同于石器制造方法的特殊工艺。同时也说明当时人们使用的工具已更加多样化了。

旧石器时代晚期文化发展的又一重要标志，便是多种装饰品的出现，周口店山顶洞和海城小孤山都发现了许多这类物品。山顶洞的装饰品有以下几类：（1）穿孔石珠：将白色小石珠从一边钻孔，再将另一边稍稍磨平；（2）穿孔砾石：将一块黄绿色小砾石从两面对钻穿孔，将一面稍磨并涂朱红彩；（3）穿孔兽牙：有一百几十个，均在齿根两边对挖成孔；（4）穿孔青鱼上眼骨；（5）穿孔海蚶壳：其孔是在砂石上磨穿的；（6）鸟骨管：将鸟骨截断、上刻短纹道；（7）鱼脊椎骨。这些装饰品大多发现在人骨化石旁，应是头颈部的佩饰、项饰、坠饰。由此可知当时人们已有爱美观念，并设法用各种装饰品来打扮自己（图一〇）。

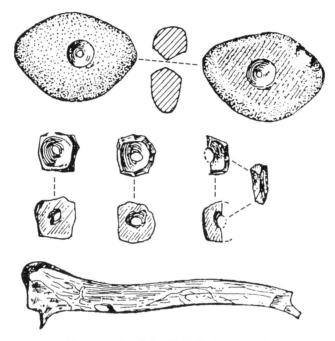

图一〇　山顶洞人的装饰品和鹿角棒

　　由于技术的进步，人们开发自然的能力也大为提高。许多过去没有人去过的地方，这时也已被广泛占领。至今发现的旧石器时代晚期遗址，远远超过旧石器早期和中期遗址的总和。其分布范围除华北、西南等传统地区外，最北达黑龙江北界的漠河、呼玛十八站，东到江浙、台湾，南达云贵、两广，西抵青藏高原。在这样广泛的范围内，文化面貌自然更加复杂，地区性的差别也更加明显。

　　在华北地区的旧石器时代晚期遗址甚多，尤以山西最为密集。其中最重要的有内蒙古乌审旗的萨拉乌苏、宁夏灵武的水洞沟、山西朔县峙峪、沁水下川、河南安阳小南海、河北阳原虎头梁和北京周口店山顶洞等。这时期的石器有普遍小型化的趋势，这不仅表现在原本较小的周口店第 1 地点—峙峪系所分布的区域，也表现在以大型石器著称的匼河—丁村系所分布的区域。如山西南部下川文化的石器中就有许多很小的细石器。

　　华北各地旧石器时代晚期文化虽有若干共同点，但也存在着明显的地方差异。例如萨拉乌苏的石器特别小，多数仅长 2 ~ 3 厘米，宽 1 厘米，有一件尖状器长仅1.2 厘米，宽不及 1 厘米。峙峪文化的石器类型相当复杂，石制品中有扇形小石核、石锯、斧形小石刀和石镞等从前没有的新类型；同时又有一些刮削器、尖状器和雕刻器等明显是承袭许家窑文化的传统（图一一）。下川石器不仅有许多小型器，也有一些大型石器，种类相当复杂。石制品中有锥状石核、棱柱状石核、扇形石核、漏斗石核，以及大量小石叶、石镞、石钻等细石器制品（图一二）。虎头梁遗址的石器与下川石器有许多相似之处，但年代更晚，当是向中石器时代过渡的一种遗存。至于水洞沟文化的石器则具有较大的特色，以中型器为主，种类有刮削器、端刮器、尖状器、砍砸器等。修理痕迹较深，刃缘不平近锯齿状。有些器形具有欧洲莫斯特文化和奥瑞纳文化的特征。

在华北还发现了旧石器时代晚期的石器制作场，地点在内蒙古呼和浩特东北的大窑村附近。在马兰期黄土和黑垆土底部，发现许多石碴、石核、石片和石器

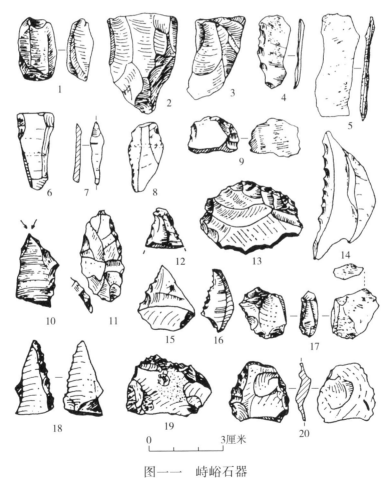

图一一　峙峪石器

1～3. 石核　4～8. 石片　9、13、14、19、20. 刮削器　10、15、16、18. 雕刻器
11、12. 尖状器　17. 石核石器

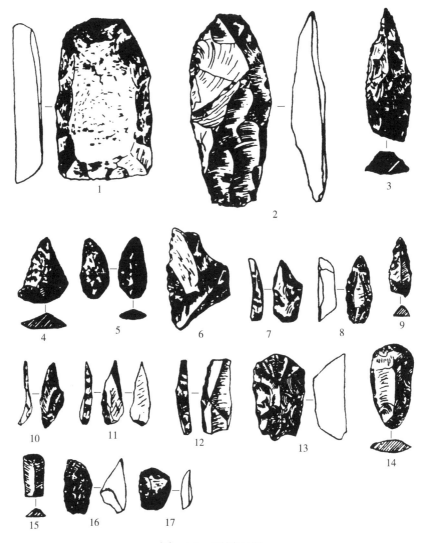

图一二　下川石器
1. 锛形器　2、3、9、10. 尖状器　4、5. 镞　6. 锯　7. 雕刻器　8. 刃尖两用器
11、12. 小刀　13～17. 刮削器

半成品，堆积成片成层。已制作完成的石器很少，类型也简单，主要是砍砸器、尖状器和刮削器几种，其中龟背形刮削器是这一石器制作场最富特征的产品。

东北旧石器时代晚期遗存也发现较多，主要有辽宁凌源西八间房、锦县沈家台、海城小孤山，吉林榆树周家油坊，黑龙江呼玛十八站和哈尔滨阎家岗等处。其总体特征与华北旧石器时代晚期文化比较接近。一般石器个体较小，以刮削器为主，西八间房的琢背小刀与山西下川的产品基本相同，西八间房和呼玛十八站也都出现了细石器。

　　在东北地区的旧石器时代晚期遗址中，海城小孤山和哈尔滨阎家岗特别值得注意。小孤山是位于辽东半岛北部的一处洞穴遗址，出土大批动物化石和10000多件石制品。除刮削器、尖状器和雕刻器外，还有较多的钻具，同时出土了一批精美的骨器、蚌器和牙器。骨器中有1件渔叉，有双排倒刺，为我国旧石器时代遗址中所仅见。另有1件骨枪头和3件穿孔骨针，骨鼻系两面对钻而成，比山顶洞人骨针的制法更进步。蚌器和牙器均有穿孔，系装饰品，作风与山顶洞人的装饰品相似。

　　阎家岗位于松花江右岸第二阶地上，系一处十分难得的猎人宿营地，发现有2处用兽骨垒成的营房遗迹。一处用200多块骨骼垒成椭圆圈，东西长4米，南北宽3米，所用兽骨至少属于6只野驴、5头野牛、2头披毛犀、1只鹿和1只狼。在其西北约40米的另一处营房系用300多块兽骨垒成的半圆圈，所用兽骨至少属于5头披毛犀、5只野驴、3头野牛、4只鹿、2只羚羊、1只鬣狗和1只狼。兽骨上多有人工砸击痕，排列有序，圈内还发现有炭屑。说明它是当时的猎人把吃剩下的兽骨作支架搭成窝棚住宿留下的遗迹。

　　华中旧石器时代晚期文化的资料主要发现于湖南北部澧县一带，湖南西部新晃柏树坡也发现过一些较大型的石器。湖北房县樟脑洞为一处洞穴遗址，出土石制品2000多件，以中小型者为主，器形有刮削器、尖状器、砍砸器和钻具等，以边刃刮削器数量最多。发掘者认为它很可能代表长江流域旧石器时代晚期的一种新型文化[1]。

　　东南地区旧石器时代晚期遗存至今发现甚少，见于报道的仅有江苏东海大贤庄、浙江建德乌龟洞、广东封开硐中岩和台湾台东长滨等处。长滨乡发现的遗存被称为长滨文化，以小型石片石器为主，也有不少骨角器。在更新世晚期后段气候变冷，海平面下降，台湾海峡变为陆地，人和动物都可以从大陆迁移过去。长滨发现的动物化石种属与大陆所见基本相同，便是一个有力的证明。

　　西南地区属旧石器时代晚期的遗址较多，其中主要的有四川的汉源富林、铜梁张二塘、资阳鲤鱼桥，贵州的兴义猫猫洞、普定穿洞，广西的桂林宝积岩、柳州白莲洞和云南的呈贡龙潭山等处。这些地点的文化特征颇不相同，如富林的石器个体甚小，有些已可称为细石器，其长度很少有超过3厘米者，很可能与华北小石器传统有些联系。张二塘石器多粗大，砍砸器比例较高。猫猫洞石器多用锐棱砸击法加工，并发现有制作较精的骨角器。最特殊的是普定穿洞，有上下两个

---

[1]　黄万波、徐晓风、李天元：《湖北房县樟脑洞旧石器时代遗址发掘报告》，《人类学学报》1987年第6卷第4期。

文化带。下文化带石器少而小，其特征与富林石器接近；上文化带石器多而大，骨器也多，其特征接近于猫猫洞者。这说明当时存在着复杂的文化迁移和相互传播影响的关系。比较而言，西南旧石器时代晚期遗址的石器加工较粗糙，类型繁杂而不固定，也没有像华北那样普遍变小的趋势[1]。

在西北，除甘肃、宁夏外，最近在青海柴达木盆地的小柴旦发掘了一处湖滨遗址，发现石制品约 160 件，石器中等偏小，与华北小石器相近。据说在新疆的塔里木盆地南缘也发现多处旧石器地点[2]。至于青藏高原的旧石器，将在本书后文谈到。

总之，我国旧石器时代晚期的遗址已经遍布全国各地，并且出现了明显的地方性差异，有的已可划分出不同的地方性文化。这就是为什么我国新石器时代文化一开始就是多元的和不平衡的。再者，我国旧石器时代晚期出现的若干因素，如复合工具、细石器镶嵌技术、磨制和穿孔技术等都为往后的新石器文化所继承和发展。随着考古工作的开展，这两大阶段文化的承袭演变关系将会越来越明朗。

---

〔1〕　张森水：《我国南方旧石器时代晚期文化的若干问题》，《人类学学报》1983 年第 2 卷第 3 期。

〔2〕　黄慰文、欧阳志山、瑞迪克等：《新疆塔里木盆地南缘新发现的石器》，《人类学学报》1988 年第 7 卷第 4 期。

第二章　铜石并用时代

（约公元前 3500 年至前 2000 年）

一　这一时期的概观

大约从公元前 3500 年开始，我国的远古文化进入了一个新的时期——铜石并用时代。

我国的铜器究竟是什么时候发明的，目前还不能遽为定论。虽然古文献中有"黄帝采首山之铜，铸鼎于荆山之下"（《史记·封禅书》）和"蚩尤作冶"（《尸子》）、"蚩尤以金作兵器"（《世本》）的传说，但黄帝、蚩尤是否真有其人，是否真有采铜、作冶、作铜兵的事，都是很难确证的，他们所处的真实年代更是难以论定。我们从这些只鳞片爪的传说记载中，只能知道古人认为铜器的发明较早而已。不过，近年来的考古发现已为这个问题的解决提供了重要的信息。我们现在已可大致认定，至少在仰韶文化的后期，即大约在公元前 3500 年以后的一个时期，我们的祖先已经知道了铜，并且已会制造简单的小件铜器。

铜和许多金属一样具有美丽的光泽，又富有延展性，可以经过锤炼做出很细很薄的器具。铜器用坏了还可以回炉重新锻打或铸造，以做成新的器具。这些都是传统的石器所不可比拟的。但铜的原料比较少，有天然产状的铜更少；当时对铜矿的认识还十分困难，认识和发现了也不易开采。加以炼铜时所需温度较高，纯铜熔点为 1084℃，在当时并不是很容易达到的。所以在铜器发明以后的相当长一段时间里，我们所能看到的仅仅是一些很小的器具如小刀、锥、凿、钻、指环和手镯等，无论在生产上还是在日常生活上都还没有占据重要地位。从成分来看，大多数属红铜，即比较纯的铜，其中至少有一部分是从天然铜块制造出来的；有些则含杂质甚多，包括锡、铅、锌、铁及某些非金属物质，故有些表现为青铜甚至黄铜的性状。但那多半不是人们有意识地制造的合金，而是矿石本身不纯所致。这情况大约一直继续到夏代以前，即大约公元前 2000

年前的时期〔1〕。从那以后，人们已经学会制造青铜器，从而进入了我国历史上光辉灿烂的青铜时代。

在铜石并用时代，石器制作技术已臻完善，农业生产进一步提高，物质文化的内容逐渐丰富起来。不同地区之间和同一地区、同一集团内部的分化都明显加深，而家庭的结合则日见稳固。从前分散的部落逐渐结成联盟，中心聚落和城堡相继出现，掠夺性战争愈演愈烈，最后导致了原始社会的解体。

就整体而言，我国的铜石并用时代还可分为早、晚两期。早期大约从公元前 3500 年至前 2600 年，相当于仰韶文化后期。这时在黄河中游分布着仰韶文化，黄河下游是大汶口文化，黄河上游是马家窑文化。在长江流域，中游的两湖地区主要是大溪文化晚期和屈家岭文化，下游包括太湖流域主要是崧泽文化。

这阶段的铜器还很稀少，仅在个别地点发现了小件铜器或铜器制作的痕迹。石器则已普遍通体磨光，并已广泛地运用切割法和管钻法这种相当先进的石器加工方法，有些地方出现了专门制作石器的手工业作坊。农具中的石铲向扁薄发展，形式变得多样化，有梯形铲、舌形铲和双肩铲等。陶器的颜色和质地趋于多样化，除红陶外，还有黑陶、灰陶、青灰陶和白陶。陶器种类增多，普遍出现高领瓮和带嘴罐。同时出现了各种地方性产品，如大汶口文化的鬶、背水壶和觚形杯，大溪文化的双腹杯和直筒形瓶，仰韶文化的喇叭口尖底瓶等。这一阶段最流行的陶器纹饰是篮纹和附加堆纹。彩陶由盛而衰乃至消失，同时出现某些彩绘陶，即在陶器烧成后再绘上花纹，容易脱落，通常是在黑陶上绘朱红色或红黄两色花纹。

各地都出现一些大型的村落遗址，其面积从数十万到一百多万平方米不等。有的遗址有两三百座房屋，有的墓地有上千座墓葬；有的村落遗址中的房屋规模和质量明显高于周围的遗址，有的地方的墓葬特别大，随葬品不但特别多，而且做工极精，远高于周围其他墓地。这些情况表明当时已出现某种中心部落，即部落联盟的经常性驻地。

埋葬习俗的变化十分明显。除个别的例外，前一时期流行的多人合葬与同性合葬已经基本绝迹，大量流行单人葬，同时新出现一些一对成年男女的埋葬。这种埋葬一般是男左女右，似已形成某种制度。推测这些都是一种夫妻合葬，是家庭经济巩固的一种表现。

〔1〕　严文明：《论中国的铜石并用时代》，《史前研究》1984 年第 1 期。

这时在某些墓地中，大中小墓葬的分化十分明显，大墓可以有一二百件随葬品，其中有玉器、象牙雕刻，鼍鼓及各色精美陶器，有时还随葬十几乃至几十个猪头或猪下颌骨，而小墓随葬仅一两件质地粗劣的产品。这说明部落内部的分化也已十分明显。不过这种情况往往只是某些中心部落的墓地才是这样，多数墓地则只存在小型墓和个别中型墓葬。

铜石并用时代晚期大约为公元前 2600~前 2000 年，正是龙山文化及其同时代诸文化活跃的时期。这时期民族文化区已经萌芽，一些考古学文化往往可以同古史传说中的族系相照应。龙山文化分布于黄河下游的山东和苏北一带，当是东夷的史前文化；黄河中游的河南、河北、山西、陕西等地分布着"中原龙山文化"，它本身又包含着后冈二期文化、造律台类型、王湾三期文化、陶寺类型和客省庄二期文化等，应是诸夏的史前文化；长江中游在屈家岭文化之后是石家河文化，应当是苗蛮各族的史前文化；长江下游至杭州湾一带是良渚文化，它可能是古越人史前文化的一支。

这一阶段在黄河、长江流域已普遍发现铜器，种类包括手工工具、装饰品、个别生活用品和乐器。陶器往往采用轮制，尤以东方沿海一带为甚。由于烧制技术的改变，这时已很少见到红陶，一般是黑陶和灰陶。彩陶完全消失，个别地方有彩绘陶。在黄河中游和长江中游的广大地区，除绳纹和篮纹外还流行方格纹，东方沿海则多素面或弦纹。

这一阶段在中心部落的基础上出现了城墙设施，这些古城可能是当时的军事、政治中心。房屋建筑技术有明显的进步，许多地方都使用夯筑或土坯砌墙，黄河中游往往使用白灰抹墙和地面。

这一阶段的某些墓地大中小墓葬分化明显，个别出现了殉葬。到处都有许多乱葬坑，有的地方还发现有做头盖杯和剥头皮的风俗，用卜骨占卜之风十分盛行，而占卜的主要内容可能是战争。凡此都说明这时已进入军事民主时期，人们站在城楼上已经可以望见东方文明的曙光了。

二　铜石并用时代早期

（一）　仰韶、王湾和大河村

仰韶村的遗址发现以后，人们一直怀疑其文化遗存是否单纯，是否还可以划分为若干文化期。1959~1960 年发掘了河南洛阳王湾遗址，发现了十分丰富的新石器时代文化遗存，其特征同仰韶村者基本相同。而王湾有非常清楚的地层关系，依据它可将其全部遗存划分为三大期，其中王湾一期为仰韶文化前期，王湾二期即为仰韶文化后期，而二期本身又可分为前后两段或细分为四段〔1〕。1972～1975年发掘的郑州大河村遗址，也是一处包含很多文化期的十分丰富的新石器文化遗址。它的第三期和第四期大体相当于王湾二期的前段（图一三），第五期则相当于王湾二期的后段或稍晚〔2〕。为了搞清楚仰韶村遗址的分期，1980年至1981年进行了小规模发掘，获得了十分清晰的地层关系，可据以将该遗址初步划分为四期。它的第二期相当于王湾二期前段，第三期则相当于王湾二期的后段〔3〕。

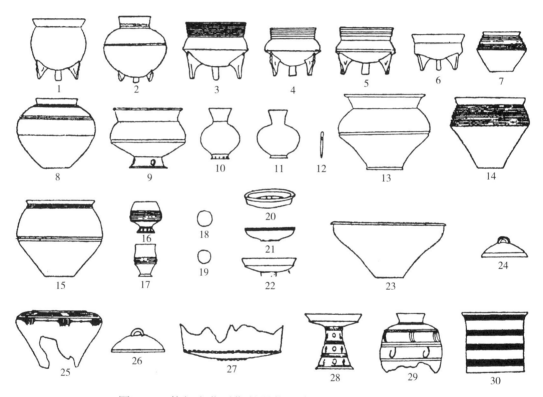

图一三　仰韶文化后期的器物（郑州大河村 F20 出土）

1～6. 陶鼎　7～9、13～15. 陶罐　10、11、29. 陶壶　12. 骨笄　16、17. 陶杯　18、19. 石球　20. 陶箅　21. 陶碗　22、28. 陶豆　23. 陶盆　24、26. 陶器盖　25. 彩陶钵　27. 残陶器　30. 彩陶罐

〔1〕 北京大学考古实习队：《洛阳王湾遗址发掘简报》，《考古》1961年第4期；严文明：《从王湾看仰韶村》，《仰韶文化研究》，文物出版社，1989年。

〔2〕 郑州市博物馆：《郑州大河村遗址发掘报告》，《考古学报》1979年第3期。

〔3〕 河南省文物研究所、渑池县文化馆：《渑池仰韶遗址1980—1981年发掘报告》，《史前研究》1985年第3期。

仰韶村、王湾和大河村的仰韶后期遗存，在河南中西部的伊洛—郑州地区是有代表性的。其前段过去曾称之为豫西仰韶文化，后来又被称为秦王寨类型或大河村类型；其后段则是与庙底沟二期文化相当的一种地方性遗存。

这些遗存的共同特征是：磨制石器发达，其中最具代表性的是梯形铲、有肩铲和穿孔扁斧；红陶逐渐减少而黑陶、灰陶逐渐增加，彩陶逐渐减少而篮纹、附加堆纹陶逐渐增加，代表性陶器是凿形足鼎、折腹盆、小口高领瓮、带嘴罐和镂孔豆等。流行分间式房屋；墓葬多单人葬，很少见随葬品。婴儿葬具非专用品而多实用器，且形式多样而不固定，常用鼎、豆、彩罐、盆、瓮等扣合而成。这些都同仰韶前期有很大的不同。

（二）仰韶后期文化发展的统一性和地方差异

在陕西、山西、河北等地也分布着丰富的仰韶后期遗存。它们同伊洛—郑州地区的仰韶遗存有许多共同之处，例如都有喇叭口尖底瓶、带嘴罐、直筒形罐、篮纹发达等；它们有相似的发展规律，如彩陶减少而篮纹和附加堆纹增加，红陶减少而灰陶增加等；它们的发展阶段也基本上是同步的，都可划分为两个较小的阶段：前段在陕西是半坡晚期类型，在山西南部和河南西部是西王村类型，在河北南部和河南北部是大司空类型，它们同王湾二期的前段或秦王寨类型是基本同时的（图一四）；后段在陕西是泉护二期，在晋南豫西是庙底沟二期，在冀南豫北是台口类型，它们同王湾二期的后段是基本同时的。

但是，各地仰韶遗存又有很明显的差异。从陶质陶色来看，河南、河北细泥陶较多，黑陶和灰陶较多；而陕西、山西细泥陶少，灰褐陶较多；从陶器纹饰来看，河南、河北彩陶较多，素面陶较多，同时有一定数量的篮纹陶；即山西、陕西彩陶极少，素面陶也较少，篮纹和附加堆纹甚多，并有一定数量的绳纹。就是豫北、冀南同伊洛—郑州地区，彩陶花纹也是很不一样的。前者多豆荚纹、细腰纹、双钩纹和竹叶纹，后者多带状网格纹、"∽"纹、"X"纹等。器形的差别就更大些。陕南关中地区器形比较简单，仅宽平沿盆和绳纹罐较富特征。晋南豫西多直筒罐、斝；伊洛—郑州地区多鼎、豆已如前述，而冀南豫北则基本上无鼎、豆和尖底瓶，那里较富特征的器物是敛口彩陶钵和折腹彩陶盆等。

应当指出，上述地区在仰韶前期的文化面貌也不是完全一致的，但其差别不如后期明显，且发展趋势不同：前期是差别越来越小而统一性越来越大，后期是差别越来越大。这种内部分化趋势的加强，以及仰韶文化基本特征的逐渐消失，最终导致了仰韶文化的消亡。

图一四　仰韶后期地方类型的分布

1. 半坡晚期类型　2. 西王村类型　3. 秦王寨类型　4. 大司空类型　5. 海生不浪类型

（三）仰韶后期相邻诸文化的蓬勃发展

仰韶前期对相邻原始文化的影响是逐渐加强的。到了仰韶后期，相邻诸原始文化得到了较快的发展，它们受到仰韶文化的影响日渐缩小，而对仰韶文化的影响则不断增加。这一变化在山东和苏北的大汶口文化中表现得特别明显。

大汶口文化究竟是从什么时候开始的，学术界存在着不同的看法。有的主张从刘林等墓地所代表的时期算起，有的主张从大汶口早期墓葬所代表的时期开始，还有主张从所谓景芝期或大汶口晚期墓开始的。不论怎样划分，公元前 3500 年前后（大汶口早期墓开始的年代）应是一个重要的分界线[1]，而这也正是仰韶文

---

〔1〕　与大汶口早期墓处于同一文化期的山东诸城呈子一期 M7 所出木炭的碳 – 14 年代，经校正为公元前 3550 ± 165 年。

化前期和后期的分界线。

正是在这个分界线以后，大汶口文化的若干主要特征才逐渐形成。例如陶器中的鬶、背水壶、盉、高柄杯、筒形杯、高领瓮、大口尊等，都是在这条分界线以后逐渐出现的，鼎和豆虽然出现得很早（也延续得很晚），从这以后在形制上也有显著的变化。

这时陶器的质地和颜色也变得多样化起来。除一般的泥质陶和夹砂陶外，还有细泥陶（原料经过精细的加工淘洗）和白陶（用高岭土做原料）。红陶逐渐减少，黑陶和灰陶逐渐增加，还有一种青灰色的细泥陶也是前所未见的。

这时陶器的纹饰中出现篮纹和大量镂孔。某些红陶施深红色陶衣。彩陶逐渐减少，彩纹多单色（黑色或红色），也有用黑、红、白几种颜色饰于同一器物上的。在彩陶花纹中使用白色线条乃是大汶口文化的一个特点。彩纹母题多网格纹（带状、菱形、三角形等）、波浪纹、波折纹、旋涡纹等（图一五）。

这时石器开始采用切割法和管钻法，一般通体磨光，形体也非常规整。有些穿孔玉斧的加工更是达到了很高的工艺水平。

这时期的墓葬发现甚多，一般实行单人葬，以前较流行的多人合葬和同性合葬这时已基本消失，仅鲁东见有个别的例子。在若干墓地中都发现过一些夫妻合葬墓，男左女右，似已形成某种制度。而某些墓地中大墓和小墓的区别已非常明显，反映了氏族社会内部的贫富分化。

可以看出，上述特征不但同前一阶段有很大的变化和进步，就是同仰韶后期的文化特征也是十分不同的。它的某些工艺水平如石器和玉器的制作、白陶的制造等，都比同时期的仰韶文化为高。由此可见到了仰韶文化后期，它的东方邻居不但已经赶上，而且在某些方面超过了它的发展水平。

不过大汶口文化的发展并不是在自我封闭的情况下实现的，它同仰韶文化及其他相邻原始文化存在着相当密切的关系。不难看出，大汶口文化的鼎、豆的形制显然影响到仰韶文化的同类器物，它所特有的背水壶也不止一次地在仰韶文化秦王寨类型的遗存中发现。更值得注意的是在河南省仰韶文化的分布范围内，往往发现有典型的大汶口文化的墓葬。说明大汶口文化对于仰韶文化的影响，至少有一部分是伴随着人口的流动而实现的。

同一时期仰韶文化对大汶口文化的影响在程度上虽然要小一些，也还是相当明显的。例如仰韶文化陶器上的篮纹和彩陶上的带状网格纹，就都是在这个时候传入大汶口文化的。

两个文化的密切联系，还可从二者发展的同步性体现出来。仰韶文化后期可分两个阶段，大汶口文化也有相应的两个阶段。在第一阶段，二者几乎同时出现

图一五　大汶口文化晚期的器物（泰安大汶口 M10 出土）

1、2、5. 瓶　3、4、10~14、17. 杯　15、18. 背水壶　23、27、34、39. 罐　28. 器盖　29、37. 豆
30、31. 盉　32. 鬶　33、36. 壶　35、38. 鼎（以上陶器）　6. 绿松石项饰　7、9. 玉钺　8. 骨环
11. 骨指环　16. 石头饰　19. 象牙片　20. 骨雕筒　21. 鳄鱼鳞板　22. 象牙梳　24、25. 石镞形饰
26. 石项饰

小口高领瓮，很难说是谁影响了谁。仰韶文化出现带嘴罐，而大汶口文化则出现
盉，尽管器形不同，在带嘴这一点上却是共同的。到第二阶段又几乎同时出现袋
足器，不过仰韶文化是斝而大汶口文化是袋足鬶。至于在陶质、陶色和纹饰的变
化趋势方面，在若干器物形制的细节方面，这种同步性几乎到处可见。只是这种

发展并没有淹没两个文化自身的特色，毋宁说由于两个文化内容的日益丰富，它们的特色倒是比以前更加鲜明了。

类似的情况在长江中游的新石器文化中也能看得出来。那里相当于仰韶文化后期第一阶段的是大溪文化晚期，相当于第二阶段的则是屈家岭文化。

大溪文化分布于湖北大部、四川东部和湖南北部。其晚期石器多通体磨光，并广泛运用切割法和管钻法，典型器形有穿孔扁斧、圭形凿和有肩锛等。陶器多红色和黑色，也有少量灰色和米黄色的。纹饰有瓦纹、戳印纹和镂孔。一部分红陶施深红色陶衣，彩纹多用黑色画成波浪纹、旋涡纹、兰草纹、棂格纹等，米黄色陶上则画横带、方格和菱格纹等。有些黑陶上有朱绘，亦多几何图形，唯常因易于脱落而难于复原全形。大溪文化中最有代表性的器物是圈足盘、圈足簋、筒形瓶、双腹杯、小口壶等。其他有鼎、罐、盆、甑、碗等。

大溪文化的居民种植水稻，许多房屋的垫土和墙皮中都掺和了大量的稻草和稻壳。住房多平地起建，有的甚至筑成较周围稍高的台子。除单间外，也出现了双间的。房屋夹壁常用竹篾编成，有的柱子也用竹子来做。

大溪文化的墓葬一般为单人长方形土坑，葬式特别，有仰身屈肢（蹲踞式、跪式）和侧身屈肢等多种，而仰身直肢反较少见。

屈家岭文化主要是继承了大溪文化，同时吸取了一部分仰韶文化的因素发展起来的。它的生产工具、经济乃至房屋建筑的技术都和大溪文化晚期相差不多，只是分间式房屋大为增加。一般是每所房子分为两间或三间，个别也有分为五六间的。

屈家岭文化的陶器多灰色，红陶和黑陶均甚少，也有部分米黄陶。有少量瓦纹、篦刷纹、篮纹和镂孔。彩陶减少，主要是米黄色蛋壳彩陶，其花纹除方格子和菱形格子外，多用有浓淡的墨汁在器内外晕染，犹如云彩。器形多扁足鼎、豆、杯、碗、圈足碗、高柄杯、罐、乳钵和臼等（图一六）

大溪文化和屈家岭文化都同仰韶文化有非常密切的关系。大溪文化中的典型器物双腹杯，屈家岭文化中的典型器物蛋壳彩陶杯和粗陶高柄杯，都曾在仰韶文化后期遗存中发现过。仰韶文化后期秦王寨类型中分间房屋的出现可能也是受到了大溪文化晚期分间房屋的影响。大溪文化中的某些彩陶和屈家岭文化中的篮纹陶等，则应是受仰韶文化影响的产物。至于小口高领瓮的出现，以及折盘豆等的形制特点，则是仰韶文化、大汶口文化和大溪—屈家岭文化所共同有的，并且具有相同的发展阶段。

长江下游新石器文化发展的序列和阶段性虽然是比较清楚的，但相当于仰韶文化后期的遗存发现较少，似乎也不完全是同步的，同仰韶文化的关系也没有大

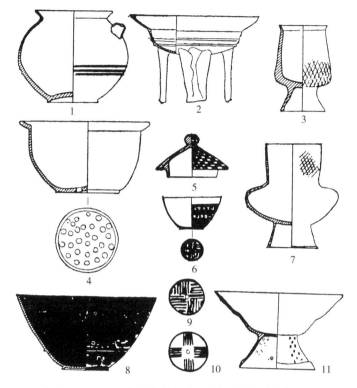

图一六　屈家岭文化的陶器（京山屈家岭出土）

1. 罐　2. 鼎　3. 杯　4. 甑　5. 器盖　6、8. 彩陶碗　7. 壶　9、10. 彩陶纺轮　11. 豆

汶口文化和大溪—屈家岭文化那样密切和直接。

近年来，在安徽的江淮平原发现了薛家岗文化，它是因其典型遗址潜山薛家岗而得名的。该遗址的新石器文化可分四期，第一期文化遗物甚少，年代大体与马家浜文化相当；第四期遗存更少，年代应相当于龙山文化早期，都不在本节讨论的范围。第二、三期是该遗址的主要遗存，也应是薛家岗文化的主要内容。

从某些迹象来看，第二期文化可能同刘林期相当，第三期文化可能同花厅期相当。第三期的碳－14年代为公元前 3220±125 年（T16④草木灰，经树轮校正）也同花厅期差不多。但这两期的分界似不如大汶口文化和仰韶文化那样清楚。

薛家岗第三期文化的主要特征，在石器方面是加工精细，已用管钻，通体磨光，以穿孔扁斧、多孔石刀和长条形有段石锛为大宗。穿孔扁斧中有的用红色绘花果形纹，恐非单纯的工具或武器，而是一种带仪仗性质的钺。多孔石刀依长短不同穿一、三、五、七、九、十一或十三孔，均为单数，最长达 51.6 厘米，有的也用红色绘花果形纹，本当是一种砍刀或铡刀而作为仪仗性器物。玉器也较发达，有斧、环、璜、管、琮等，有的上面还留有旋切痕迹。

陶器以鼎、豆、壶为大宗，次为盆、碗、杯、鬶、甗等。鼎多釜形，凿形足，足根略起肩，与花厅期鼎足相近。另一种盆形鼎，宽扁足，足上有美丽的刻划纹，是本文化的一个特点。鬶身如壶，无流，条状把手，形状与第二期文化的鬶接近而有别于花厅期的圈把鬶。甗是套在鼎上用的，一般无底（箅），当是用竹篾或荆条编成的活动箅子来用的。这些陶器以黑灰色为主，多数为素面，不尚纹彩，只有少数刻划纹、戳印纹、弦纹和镂孔等，未见彩陶和彩绘陶（图一七）。

在太湖、杭州湾地区，相当于花厅期或薛家岗第三期文化的是崧泽文化和越城期（或称张陵山类型），而相当于大汶口文化晚期的则是良渚文化早期。在这个地区较早的遗存，从河姆渡文化到马家浜文化，近年都有许多发现，文化面貌比

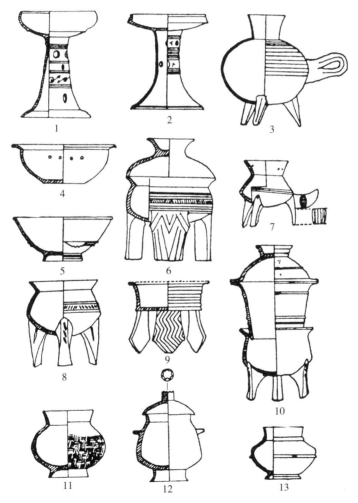

图一七　薛家岗文化的陶器

1、2. 豆　3. 鬶　4. 盆　5. 碗　6～9. 鼎　10. 盖、甗、鼎　11～13. 壶

较清楚，从越城期起则资料甚少，要充分说明这一时期的文化特征及其同相邻文化的关系，还有待于更多的田野考古发现。

总之，在仰韶文化后期，黄河中下游和长江中下游的文化都已有了较大的发展，黄河下游的大汶口文化和长江中游的大溪—屈家岭文化，在某些方面已经超过了仰韶文化，并给予仰韶文化以较大的影响。这些文化之间一方面有相当密切的联系，且发展阶段也大致是同步的；另一方面又各具特色，构成一幅丰富多彩的图景。这可以说是本阶段文化发展的一个总特点。

（四）石器制作技术和农业生产水平的提高

我国新石器时代一般是打制石器和磨制石器并存，只是打制石器越来越少，磨制石器越来越多，并且从局部磨光发展到通体磨光。一般很少穿孔，穿孔方法也很原始（刮、挖、琢、燧石钻等）。到公元前 3500 年左右进入铜石并用时代，打制石器已很少见，绝大多数是通体磨光，棱角方正。广泛采用切割法加工。穿孔器增加，且往往是管钻的。由此可见，作为新石器时代的最重要特征的磨制石器，在当时仅仅是初步的发展，到铜石并用时代才进入比较完善和成熟的阶段。

这种变化如此明显，可以很容易找出许多例子来加以说明。河南陕县庙底沟一期应属新石器时代的晚期，在其约 2600 件石器中，打制的几乎占 87%，磨制的仅 13% 稍多一点，穿孔仅占 3.6%；到庙底沟二期共 82 件石器中，打制仅占 13% 稍多一点，磨制的迅速上升到 86% 以上，穿孔的亦占 30% 以上。郑州大河村三至五期石器 146 件，几乎全为磨制，只是其中部分是局部磨光，穿孔亦占 20% 以上，且第四期就有管钻的扁斧。

但各地石器制作技术的发展是不平衡的。我们在这里要着重指出一个事实，就是在铜石并用时代，在黄河中下游和长江中下游这一广大地区，正是仰韶文化的石器制作技术是最低的，无论大汶口文化，大溪—屈家岭文化，还是薛家岗三期文化等，其石器制作都已相当成熟，都比仰韶文化后期为高。

大汶口墓地随葬的 175 件工具和 206 件装饰品全部都是磨制的，而且除砺石等外都是通体磨光的，有些甚至进行了抛光，略可鉴人。工具中穿孔者约占半数，装饰品几乎每件都穿孔，且大多数穿孔是用管钻的。玉器加工是石器加工的一个发展。大汶口有些玉器加工甚为精致，尤其是 10 号墓随葬的一件墨玉穿孔扁斧，长 19 厘米，轮廓方正，厚薄均匀，管钻穿孔，看起来就像是机械加工成的一样，洵为精品[1]。

---

〔1〕 山东省文物管理处、济南市博物馆：《大汶口——新石器时代墓葬发掘报告》，文物出版社，1974 年。

　　薛家岗三期文化142件石器全部都是磨制的，少数也进行了抛光，穿孔100件，占70%以上，而且都是管钻的。同地玉器也甚为发达，计168件，多用作装饰品，几乎都有穿孔，有些穿孔也是管钻的[1]（图一八）。

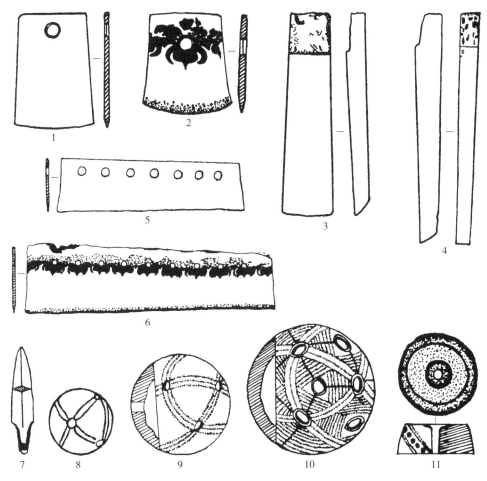

图一八　薛家岗文化的生产工具和玩具

1、2. 石钺　3. 有段石锛　4. 有段石凿　5、6. 石刀　7. 石镞　8~10. 陶球　11. 陶纺轮

　　长江中游大溪文化晚期和屈家岭文化的石器制造也很精美。例如在湖北松滋桂花树发现的一大批大溪文化晚期的石器，包括穿孔扁斧、锛、有肩锛、凿、圭形凿等，就几乎都是通体磨光的。有一件石斧中部有相对两道切锯凹槽，原来应是改制为石凿的，只是尚未最后裁断。另一件圭形凿上还清楚地留下了两边裁断

〔1〕　安徽省文物工作队：《潜山薛家岗新石器时代遗址》，《考古学报》1982年第3期。

的痕迹。扁斧均用管钻法穿孔，两面对钻[1]。

屈家岭文化的石器也几乎全是磨制的，有些器物磨制甚精，并用管钻法穿孔。但遗址中有不少残器上保留部分打制痕迹，大概是制作过程中的残次品，在墓葬中一般不见[2]。

在湖北宜都红花套大溪文化晚期的遗存中曾发现多处石器制造场，有助于了解当时石器制造的工艺和程序。这种工场一般是从地面挖一个浅穴，直径二三米或三四米，周围有几个柱洞，大概上面要搭一个简陋的棚子。地面不平，中间稍稍下凹，里面堆满了料石及废石片，还有一些石器制造工具、半成品和残次品等。遗址处在长江边上，所用石料都是河滩上的砾石。石料的质地、大小和形状都是经过选择的，从而可尽量减少人为的加工。每个工场中放一两块石砧——也是从江边采来的大砾石，其长径约 40～50 厘米，上面有密密麻麻的经过砸击的疤痕。石砧旁边常能发现一些石锤，都是用便于握持的砾石充任。又分两种，一种较厚重而短，一边有许多砸击的疤痕，当是打击粗坯的工具。另一种较细长，体较轻，两端有砸击痕，当是琢击用具。将这些工具对照各种半成品、残次品来看，当时选料以后要经过打击，开出粗坯，然后要经过琢击成形。有些斧子经琢击后，磨磨刃口就可以了，大多数器物则通体磨光，有必要穿孔的器物则进行穿孔。遗址中发现的所有穿孔标本，如扁斧的孔壁多竖直，有的孔始钻时由于偏位留下的旋转槽以及大量的石芯等，都说明当时是用管钻法穿孔的。

对比仰韶后期遗存，虽也有通体磨光的石器，但并未占绝对多数；切割法和管钻法虽已采用，但寥寥可数。究其原因，大概有以下几点。

（1）大汶口文化、薛家岗第三期文化和大溪文化等的石器多出自墓葬，是成品和精品。而仰韶文化者多出自居址，成品、残次品混在一起，显得比较落后，屈家岭遗址也有类似的情况。

（2）经济类型的影响。仰韶文化地区为黄土，多种粟、黍，宜于用石铲翻耕和石刀（一种爪镰）割穗，这些工具并不一定要求制作如何精良才能使用；长江流域多水田，种稻，一般不用石铲也不用石刀收割，其石器主要是手工工具和武器，制作较农具稍微讲究一些。

（3）在充分考虑以上两条的情况下，恐怕还要承认当地文化发展水平确实较高，在石器以及玉器制造方面确实已超过了仰韶文化，从而才有可能对仰韶文化给予较大的影响。正如前面所已经谈到的，这正是仰韶后期黄河、长江流域文化

〔1〕 湖北省荆州地区博物馆：《湖北松滋县桂花树新石器时代遗址》，《考古》1976 年第 3 期。

〔2〕 中国科学院考古研究队：《京山屈家岭》，文物出版社，1965 年。

发展的一个特点。

这时的经济，一般仍是农业、养畜业、渔猎、采集和手工业相结合的一种综合经济，而农业显然已占主要地位。

由于自然环境和传统的不同，黄河流域同长江流域种植的作物和使用的农具是不同的。黄河流域种植的作物主要是粟。陕西西安半坡仰韶晚期的 115 号窖穴中发现有粟的朽灰[1]。该窖穴口径 1.15、底径 1.68、深 0.52 米，容积当为 0.83 立方米，换算成新鲜小米当有 1000 余斤（每立方米粟重约 1200 ~ 1300 斤）。河南临汝大张仰韶后期遗存中也发现有粟粒[2]。在山东，胶县三里河遗址一座大汶口文化晚期的粮食库房中有一个储粮窖穴，容积约有 3 立方米，中间储满粟的朽灰[3]，如换算成新鲜粟当有三四千斤（图一九）。这类窖穴，在一个遗址中往往

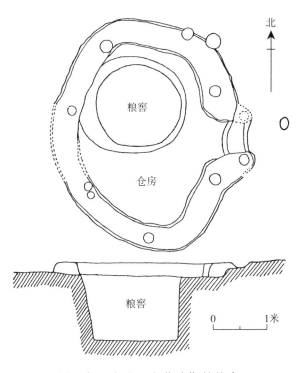

图一九　大汶口文化晚期的粮仓

〔1〕 中国科学院考古研究所、陕西省西安半坡博物馆：《西安半坡》，文物出版社，1963年，45、46 页。

〔2〕 黄其煦：《黄河流域新石器时代农耕文化中的作物》，《农业考古》1982 年第 2 期。

〔3〕 昌潍地区艺术馆、考古研究所山东队：《山东胶县三里河遗址发掘简报》，《考古》1977 年第 4 期。

是成群分布的，只是多为空窖，不是万不得已，人们不会把粮食遗留下来任其腐烂。如果考虑这些情况，当时粮食的生产量和储量是很可观的。

粟是一种耐旱作物。而黄河流域属半干旱地带，年降水量只有约 400~700 毫米，冬春苦旱而夏季高温多雨，最适于粟的生长。现有考古资料表明，至少在公元前 6000 年的磁山文化时期便已种植粟类作物，仰韶后期仅仅是进一步发展了粟的生产。这种发展的程度如果单从发现的谷物遗存本身是不易估计的，而农具的发展倒是一个较明确的指示物。

早在磁山文化时期就已有舌形石铲了，个体甚小，当是一种挖土或翻土工具。仰韶前期石铲变得十分宽大而厚重，一件就有好几斤重。不但仰韶文化如此，在同期的河北、山东等地的新石器文化中也是如此。到了仰韶后期，石铲变得较为规范化。主要有两种形态，一是梯形或近长方形，二是有肩的长方形，后者与以后出现的青铜铲乃至铁耜的形状已经十分相近。这些铲都较扁薄，刃部平直或近乎平直，上面有"八"字形的磨蚀沟，是长期挖土而形成的典型的使用痕迹。这种工具当然也可以用于一般的土建工程，如挖窖穴、挖半地穴式房基甚至挖墓等，都是很适用的。但它同时又可作为翻地的农具。根据先秦文献记载，中国古代在犁出现以前的耕具主要是耒耜，耒是全木质的不易保存。耜在象形文字中有一个宽体的头，当即是铲，可能大部分是石铲。或者反过来说，考古发现的一般被称为石铲的农具可能即耜头。有人把这一时期的农业称为耜耕农业不是没有道理的。

仰韶后期石铲的进步性主要体现在形制趋向于合理化。磁山文化的石铲个体太小，工作效率有限。仰韶前期石铲又过于宽大厚重，难于安柄，即便当时人体力较强恐怕也不那么方便。仰韶后期的石铲可谓不大不小，重量适中，无论是梯形铲还是有肩铲都较易于安柄。后来的青铜铲和铁铲都模仿和继承了这时出现的有肩石铲，正是说明这种形制已趋于合理化从而长期稳定下来了。

仰韶文化的收割用农具主要是石刀，确切些说是石爪镰。仰韶前期就已有了爪镰，但数量较少，多是用陶片改制的。个别石爪镰则多是打成两侧带缺口的式样。仰韶后期的石刀则多为长方形，磨制，背穿一孔。这在形制的合理化方面已经迈出了一大步。到龙山文化的时代一般为长方形穿双孔，有的地方甚至出现半月形穿双孔的，这两种形态一直继承到现代，只不过用铁代替石头罢了。

既然仰韶后期在两种主要农具的形制合理化方面都有很大进步，其效率亦当有显著的提高。这一情况或可从一个方面说明当时农业有了较大进展，在耜耕农业的总范围内发展到了一个较高的阶段。

在原始农业发展的总进程中，长江流域一开始就走着不同的道路。那里主要是种植水稻，相应也使用着不同的农具。

在大溪文化晚期的遗存中发现稻谷、稻壳或稻草（炭化的，或只留痕迹的）的地点有湖北宜都红花套、江陵毛家山和湖南澧县三元宫等处，在屈家岭文化中发现同类遗存的地点有湖北武昌放鹰台、京山屈家岭、郧县青龙泉、河南淅川黄楝树等处。它们大多是掺在泥土中抹墙或垫房基的。单是屈家岭一处，在面积约500平方米的范围内，就发现大量掺有稻谷壳和稻草的红烧土，总量约达200立方米，有的地方稻壳和稻草密结成层，其数量是巨大的[1]。

在长江下游发现稻谷遗存的有安徽潜山薛家岗和浙江吴兴钱山漾的良渚文化早期遗存等。

放鹰台和屈家岭等地发现的稻谷遗存，经已故水稻学家丁颖鉴定，认为是粳稻。那些稻粒一般长7、宽约3.5毫米，谷壳呈淡秆黄或灰秆黄色，稃面有格子形颗粒突起，稃棱和稃间有茸毛，稃端有粗大芒尖，同现代栽培种比较，接近于大粒的粳型品种[2]。

当时的稻作农业使用什么农具至今尚不甚清楚。没有发现石铲，也没有发现像浙江余姚河姆渡那样的骨铲或木铲。在长江流域，土壤一般微带酸性，骨器、木器都极易腐坏。如果不是像河姆渡那样的特殊条件（地下水位高并较稳定，文化层基本隔离空气），这类器物是很难保存下来的。而鉴于水田翻泥的特殊需要，骨铲或木铲比石铲要好用一些。

长江流域也没有发现爪镰式石刀或陶刀，仅在屈家岭发现过少量石镰。这是因为水稻不宜用爪镰收割，也不一定用镰收割。很可能仅在少数情况下用镰，而大部分直接用手捋。

鉴于长江流域在这一时期文化的发展水平已不低于黄河流域，石器制作技术甚至较仰韶文化为高。再考虑现已发现的那样普遍而大量的稻谷遗存，其农业生产水平当亦同仰韶文化不相上下。

（五）制陶业的进步和彩陶的衰退

我国新石器时代的陶器生产，到公元前3500年左右即发生显著的变化。那就是用快轮制坯代替手制，用密封饮窑制造还原气氛的烧法代替敞口氧化烧法，用拍印纹饰或打磨光滑的方法来代替画彩，这一过程继续了将近一千年，到公元前2600年左右才基本完成。

早先的陶器制坯方法，有直接捏塑、泥条盘筑、泥圈叠筑和泥片敷筑等各种，

〔1〕　中国科学院考古研究所：《京山屈家岭》，文物出版社，1965年。
〔2〕　丁颖：《江汉平原新石器时代红烧土中的稻谷壳考查》，《考古学报》1959年第4期。

统名之曰手制。到仰韶前期的许多陶器已开始用慢轮修整。仰韶文化后期、大汶口文化、屈家岭文化和薛家岗第三期文化等都开始出现完全由快轮拉坯制造的陶器，只是比例尚小，又多属小型器，如碗、碟、杯和小罐之类，其趋势则是逐渐增多的。

与此同时，各地陶窑普遍进行了改革。河南郑州林山砦、陕县庙底沟和山东泰安大汶口等地发现的陶窑，都是由火膛伸出两三股主火道，由主火道再分出若干支火道，火道上面筑箅，箅面满布火眼，这就使窑室内的火力比较均匀。与仰韶前期只有两股火道，窑箅上仅有一圈火眼者大不相同（图二〇）。再者，林山砦和庙底沟陶窑都发现有残窑壁，均为内收，完全不同于仰韶前期窑的直壁。这种窑壁内收的做法当是为了封窑的方便。在陶器烧到一定火候时密封饮窑，就会制造出还原气氛而烧出灰陶，此时如果让大量松烟进入，使其发生渗碳作用，就会烧出很好的黑陶。可见这一时期黑陶和灰陶的逐渐增加，与陶窑的改变均有直接的关系。

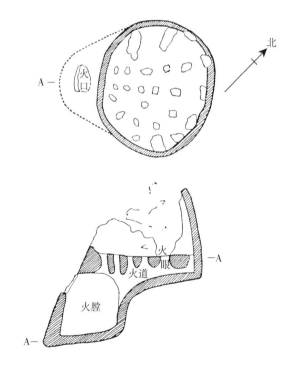

图二〇　庙底沟二期文化的陶窑（三门峡市庙底沟出土）
上．顶视图　下．剖面图

红陶和灰陶、黑陶器数量的消长在各地都表现得十分明显。例如河南陕县庙底沟一期（仰韶前期之末）红陶为 89.64%，灰陶为 10.34%，黑陶仅 0.03%；二期（仰韶后期之末）则一变而为灰陶占 97.07%，黑陶 0.88%，红陶只有 2.05%。郑州大河村也有类似的过程，它的第一、二期（仰韶前期）红陶占 80.85%，灰陶占 18.65%，白陶占 0.5%；而第三至五期（仰韶后期）灰陶已上升为 71.03%，红陶降为 35.7%，另有少量的黑陶和白陶。大汶口文化以陶色多样化为特点，据泰安大汶口墓地随葬 1097 件陶器中，红陶（包括彩陶）仅占 32.45%，其他是灰陶 37.01%，黑陶 12.49%，白陶 18.05%。灰、黑、白陶加起来已是红陶的 2.08 倍。

仰韶文化及其同时代的诸原始文化是以彩陶著称的，而彩纹最适于画在红陶上，红陶的减少使得彩陶也跟着减少。彩陶的风格也发生很大变化，母题逐渐减少，色彩单调（但有个别的例外），最后线条也走向草率而终至消失。

仰韶前期的彩陶花纹多是用几何图形构成的，较早的多直边（三角纹、宽带纹、菱形纹、细腰纹等），较晚的多曲边（凹边三角纹、新月纹、圆点纹等），较少使用线条。仰韶后期恰恰相反，多用线条（直线、曲线等）而很少用几何形图形。前一时期的动物花纹到这时也已消失。

除以上共同的趋势外，各地彩陶的衰退速度和消失时间不同，具体纹饰内容也有很大差别，它们是划分文化类型，并进而探索人们共同体的分布及其相互关系的重要资料。

仰韶后期在陕西渭河流域和山西南部已极少彩陶。著名的西安半坡遗址仅在一件宽平缘盆的缘面画了几道平行红色线条。山西芮城西王村也只有几片陶片上画红色或黑色线条。但在晋中的太原义井和太谷白燕等地则仍保留较多彩陶。义井彩陶多用红色粗条画成网格、平行线和重环纹等，也有少数棋盘格纹。白燕则常用黑色镶边的赭色宽带画成卷曲纹和平行条纹等。

河南中西部的伊洛—郑州地区彩陶也较多，发展阶段十分明显。较早的一期，如大河村第三期和王湾二期一段，还保留有仰韶前期的若干特色。有些陶器先施白衣，再在上面用黑红二色画彩，花纹有六角星纹、太阳纹、重圈纹、细腰纹和网格纹（带形、菱形、方形等）等。第二期如大河村第四期和王湾二期二、三段，已无白衣，多为红彩，纹样以带状网格纹为主，其他还有"〰"纹、"X"纹、水草纹等。第三期如王湾二期四段和庙底沟二期，只剩带状网格纹一种，且笔道草率，数量亦极少。此后就再不见彩陶了。

河南北部和河北南部是大司空类型的分布地区。那里的彩陶多用红色勾画，纹样主要有细腰纹、豆荚纹、竹叶纹、双钩纹，也有少量带状网格纹。其后发展到台口一期，彩陶已极为稀少，仅用红色或黑色线条画成带状网格纹和平行线纹等。

山东境内大汶口文化的彩陶多饰红衣，用红色、黑色或黑白两色画彩。早期花纹有三角纹、三角形网格纹、带状网格纹、波形纹和波折纹等。晚期在大部分地方已经消失，唯个别地方的少数大墓中作为工艺品随葬，故反而做得特别精致。

纹样多用黑白两色画在红色陶衣上，有旋涡纹、菱形纹、三角纹和网格纹等。

长江中游大溪文化晚期的彩陶分为两种，一种在红陶上用黑色粗线条画成绚索纹、旋涡纹和草叶纹等；另一种在米黄陶上画黑色格子纹、菱形纹等。在某些黑陶上则有朱绘的图案花纹。屈家岭文化继承了大溪文化的第二种彩陶而又有所发展。所有彩陶几乎都是米黄色的，胎壁甚薄，称为蛋壳彩陶。其花纹或用红色画网格纹、旋涡纹和棋盘格纹等，而大部分是用浓淡不等的墨色在器内外晕染，有如雨天的云彩，这是屈家岭文化的一个突出的特征。此外，屈家岭文化还有大量彩陶纺轮，多用红色线条（少数用黑色）画成中心对称的旋涡纹、重圈纹、交错平行线纹等，也有满天星纹和太极形纹。

长江下游的彩陶本来就不发达，到崧泽期已只有个别彩陶，而同时发展了较多的彩绘陶。薛家岗三期文化没有彩陶，也没有彩绘陶，而在某些石钺和多孔石刀上有花果形朱绘。良渚文化早期有个别彩绘，似为漆绘。同时在某些红陶高领瓮上有深红线条画成的旋涡纹和平行线纹等，与大汶口文化晚期的彩陶颇多相似之处。

总而言之，各地彩陶不管有多少差别，也不论其自身多少变化，在公元前 3500 年以后都已走向衰落的道路，并且或迟或早地消失了。到公元前 2600 年以后，也就是铜石并用时代晚期，在黄河中下游和长江中下游的广大地区就再也看不到彩陶了。代之而起的主要是篮纹陶，它以黄河中游为多，黄河下游和长江中游较少，长江下游仅见个别的例子。黄河中游除篮纹陶外还有绳纹和少量方格纹陶器，其他地区则多素面无纹，表面常打磨光亮，或者加饰一些弦纹、刻划纹、戳印纹和镂孔等，加上陶色又多为灰黑色，显得素净淡雅，与彩陶那种鲜艳华丽的风格迥然不同。

这种审美观念的变化，直接的原因，是烧窑技术的改变。既然烧出的大多是灰黑陶，在这种陶器上是很难画彩的；人们试验了一下用朱绘和彩绘来代替，终因易于脱落、不便使用而未能继续发展。但烧窑技术的改变，又可能与窑体扩大有关。仰韶前期的陶窑，窑室直径一般在 0.8 米左右。而后期的窑室直径往往达到 1 米左右。大汶口的陶窑（属大汶口文化晚期）更大，窑室直径达 1.83 米。这样大的窑敞口煅烧难以保持稳定的高温。而封顶窑则比较易于解决这个问题。

由于生产的发展，人们对于陶器的需求不断增长，对陶器质量的要求也越来越高。陶窑的扩大乃是提高陶器生产水平的总的努力中的一个部分。而当时已开始的轮制技术则不但能提高劳动生产率，还能使产品体态匀称，厚薄一致。这两种技术改革以及制陶业人员的相对专业化，使得当时的陶器生产发展到了一个新的水平。

说到制陶业人员的相对专业化，只要同仰韶前期相比就能看得比较清楚。仰韶前期的一些居址旁边，如陕西西安半坡、临潼姜寨和华县泉护村等地，都发现过集中的窑群，当时烧陶显然是一种集体的作业。仰韶后期及同时期的其他考古学文化中至今没有发现那样集中的窑群。而在大汶口文化的若干墓葬中，有随葬数量极多的陶器。例如山东曲阜西夏侯 1 号墓随葬 119 件陶器，其中单是鼎就有 31 件，豆有 42 件[1]。临沂大范庄 17 号墓随葬 85 件陶器，其中背水壶即有 41 件，瓶 32 件，同地 18 号墓随葬 76 件陶器，单背水壶就有 44 件[2]。莒县大朱村有一座墓中单是高柄杯就随葬 103 件。这样集中地用陶器随葬，显然不是为了死者冥中的生活需要，即在生时也没有这种需要。如果死者是某种专业化的陶工，陶器是他用以交换其他生活必需品的财富，那么死后用那么多陶器随葬就比较容易理解了。陶器生产的专业化也就意味着经常性交换的发展，即原始商品经济的发展。它对文化的传播显然起了一定的促进作用。之所以在河南仰韶文化的腹地能够发现不少大汶口文化的陶器，从这里也可得到部分的解释。

（六）　分间房屋的出现和家庭形态的变化

从前的房屋都是单间的。从公元前 3500 年以后，不少地方陆续出现一些分间式房屋，尤以河南和湖北地区的仰韶文化与屈家岭文化居民中最为流行。

河南郑州大河村曾发现许多分间房屋，其中两间的 2 座（F17、F18，F19、F20）、四间的也是 2 座（F1～F4、F6～F9），分别属于第三期和第四期。

第 17、18 号房子（F17、F18）是一个套间，中间有门道相通。第 19、20 号房子（F19、F20）则是相连的两间房，保存甚好，可作为这类房子的一个典型。此房坐北朝南，西间（F20）较大，南北 4.13、东西 3.7 米，室内面积约 15.2 平方米。南边开门，室内中间偏东有一灶台。东间（F19）南北 3.3、东西 2.3 米，室内面积约 7.6 平方米。东墙北端开门，宽 0.62 米，中有门限。门外设门垛，室内西北角有灶台。

这座房屋的格局连同室外地坪和窖穴应是一次设计的。建造的工艺和程序大体如下。

（1）平好地基，铺垫较干燥的草泥，其上抹砂浆，再在其上挖好墙壁的基槽，在房子南挖窖穴。

（2）在基槽内立木柱，有的间距仅约 8 厘米，有的间距达 0.3 米，其间填若干芦苇束，然后每隔约 10 厘米绑一横木，使整个墙壁固结在一起，同时用木条架起屋顶。

（3）用草拌泥涂抹屋顶及墙壁内外，再用砂浆抹墙皮及屋面。

---

〔1〕　中国科学院考古研究所山东队：《山东曲阜西夏侯遗址第一次发掘报告》，《考古学报》1964 年第 2 期。

〔2〕　临沂文物组：《山东临沂大范庄新石器时代墓葬的发掘》，《考古》1975 年第 1 期。

（4）用砂浆抹地皮数层，再做方形灶台及挡火墙。

这种房子复原起来可能是两面坡或三面坡的。

由于房屋失火，墙壁和地面都被烧成坚硬的红烧土，使某些结构得以保存下来。也正因为是偶然失火，人们来不及将室内器物搬走，那些烧不掉的陶器等尽管被倒塌的房顶和墙壁砸碎，却全部保存了下来，据此可以了解当时室内的布置和基本的日用器皿。

在西间的灶台上放置了 2 个陶鼎和 1 个陶壶，可知那是炊事的处所。其他器物都放在房间的西部，东部没有器物，而且有挡火墙与灶台相隔，当是入睡的地方，南部仅有 1 碗，也许是房顶倒下时砸飞过来的，那里也可睡一人。这间房子睡人的地方较窄，大约只能睡两人，如果东北角再有个小孩打横，充其量也只有三人，他们位置分散，当是无婚姻生活的老者或儿童。这房子里的器物比较丰富，计有鼎 7、豆 2、罐 9、杯 2、壶 4、盖 3 件，碗、钵、盆、瓮、甑各 1 件，还有 1 件不知名残器，共 33 件陶器，其中有 4 件彩陶器（碗、钵、杯、壶各 1）。此外尚有骨笄 1 件，石球 2 件，陶球和陶纺轮各 1 件。

东间灶台上有鼎 2、钵 1 件，显然也是炊事处所。其他器物基本上集中在北部，仅东南角有 1 彩陶钵，中部偏南有 1 盆。房间中南部有较大的空地可以坐卧，较适于过婚姻生活的成年人及其婴儿歇息。室内陶器计有鼎 6、罐 6、钵 3、盆 2 及壶、瓮各 1 件，共 19 件。另外还有石球、陶纺轮和陶插笄器各 1 件。两间房子内均没有发现生产工具，可能是人们已带着工具外出劳动去了的缘故。

四间的房子，看来都是从两间房子扩大而成。例如 F6～F9，原先只有 F8、F9 两套间，以后依托 F8 的东墙续建了 F6，这 F6 实际也是一个两套间。最后又依托 F6 的西南角和 F8 的东南角续建一间小屋 F7。实际上成了一所五开间的房子。又如 F1～F4，原先只有 F1、F2 两间屋子，后来依托 F1 的东墙续盖 F3，最后又依托 F3 的东墙续盖 F4，F1 内的隔墙也可能是后续的，实际上也是五开间。这种逐渐扩大的情况，反映了家庭（假如一所房子是住着一个家庭的话）人口数量的增加和人口结构的变化。

F1～F4 的建造工艺和程序与 F19、F20 基本相同。也是由于偶尔失火的缘故（这类房子由于大量使用木料和芦苇，房顶矮塌，灶台又往往紧贴墙壁，是很容易失火的），室内器物被保存下来了（图二一）。

西间 F2 是一个窄长的房间，南北 5.39、东西 2.64 米，室内面积约 14 平方米。门开在正南边。北部有 3 个土台，一在西北角，边缘呈弧形，高 18 厘米。上面放砺石 1 块，泥质灰陶罐和泥质灰陶缸各 1 件，紧靠土台南边有夹砂灰陶罐 1 件，可能也是从土台上滚下来的。东北角有一方形土台，高仅 8 厘米。上面放 1

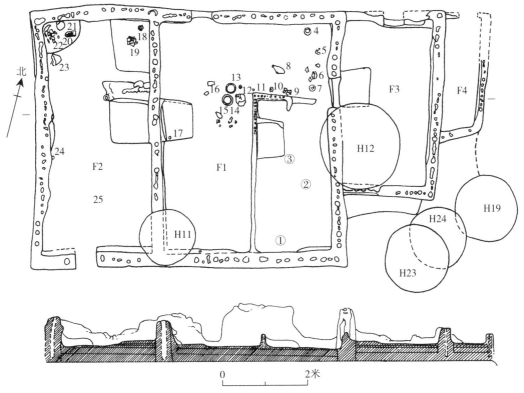

图二一　大河村的分间式房屋（F1～F4）

上．平面图　下．剖面图

彩陶罐和 1 件泥质灰陶的小口高领瓮，瓮内盛满粮食，李璠鉴定为高粱米，黄其煦用灰象法鉴定未找到有关的灰象，因而难以断定是何种谷物。由于皮壳均已去尽，当是已预备好随时可以烧饭的粮食。另外，土台上还发现有 2 颗莲子。从摆放的东西来看，这两个台子都不可能是灶台，也不会是取暖的火塘，而只是放置器物的固定场所。

在东北角土台南 64 厘米处又有一方形土台，其北边有一挡火墙。台上没有发现炊器或其他任何器物，整个 F2 室内也没有发现炊器，所以这个台子不大可能是灶台，而可能是冬季取暖的烧火台，或者是与宗教活动有关的地方，如同云南佤族房子中除有主火塘、客火塘外，还有一个敬神问卜的鬼火塘一样。

这房子中部以南基本上是空地，仅在西墙根发现 1 件石弹丸，南部冲门有 1 件骨锥。这块地方应可供两三人歇息。

中间的 F1 开间较大，南北长 5.2、东西宽 4 米。中间有一套间，南北长 3.58、东西宽 1.84 米，面积约 6.6 平方米。这样外间就只剩约 12 平方米了（隔墙所占建筑面积除外）。套间内靠西墙有一方形土台，高仅 3 厘米，北部有一挡火墙，当是取暖用的烧火台。套间内没有发现任何器物。但有 3 个柱洞，分布没有规律，又与整个建筑结构不协调，估计是后期栽柱所形成的，与本房子无关，倒是与本房子南边的几个柱洞可能有些关联。这套间当可住两三个人，他（她）们很可能是这一家庭（假如这所房子的居民可称得上一个家庭的话）的主事人及其幼儿。

　　外间靠西墙有一方形灶台，高 3~5 厘米，北边残留有挡火墙。室内放置器物甚多，主要分布在北半部。其中陶器即有 28 件，计夹砂红陶鼎 11、泥质灰陶鼎 2、夹砂灰陶罐 2、红陶罐 3、彩陶罐 2 件，以及彩陶钵、红陶钵、红陶豆、彩陶壶、双联彩陶壶、小口平底瓶、泥质灰陶缸和器盖各 1 件。由于陶鼎都集中在这间屋子里，故知炊事乃是集中在这间房子里进行的。房内发现的其他器物还有陶纺轮 3、砺石 1、骨锥、残骨器 1、骨笄 5、鹿角 1、陶球 3、石弹丸 1、陶环 8 件和海蚌壳等。有趣的是在这里也没有发现人们常用的大型生产工具如石铲、石斧、石刀等。推测是人们带在身边外出劳动时，房子不幸被火烧了。

　　外间南半有较大一块空地，可供两三人歇息。外间的门开在北边直通室外，另有一门通套间。一门通向东边，但在 F3 做成后，在东门下做了一个土台，这门下部加了一段薄薄的矮墙，就只能做窗户了。

　　F3 是利用 F1 的东墙接续盖成的。室内南北 3.7、东西 2.1 米，面积约 7.8 平方米。门开在北边，西墙下有一方形土台。没有发现任何器物，当是专门住人的地方。

　　F4 又紧靠 F3 东部，南北长 2.57、东西宽 0.87 米，北边开门。没有其他设施，也没有发现任何遗物。推测是放柴草或粮食的库房，被大火烧光了。

　　我们从这所房子的结构和室内布局可以推知，它的居民应是包括十多个人的共同体，这种共同体当然应视为一个家庭，否则他（她）们就不会这样紧密地结合在一起。这个家庭的人口不但比那两间一单元的家庭人口多些，而且人口结构也应复杂一些。就是说其中过婚姻生活的成年人可能不止一对，而是有两三对。否则他（她）们尽可以住较大的房子而不必隔成很小的开间。这种家庭的结构，应同新石器时代者（那时只有单间房子，而若干大、中、小型房子组成一个有机的整体）有本质的不同。

　　还有一点也是值得注意的，就是双间房子有时附带有窖穴（如 F19、F20），多间房子则有不住人的小型库房，如 F1~F4 中的 F4 和 F6~F9 中的 F7 都是。说明这种家庭已具有相对独立的经济，因而才有自己单独的储备。这种情况同新石器时代也是大不相同的。

　　像大河村那种分间房屋并不是个别的现象。例如河南荥阳点军台的 F1 就是一所双套间的房屋[1]。唐河寨茨岗有双套间房屋，镇平赵湾有三套间房屋，南阳

〔1〕　郑州市博物馆：《荥阳点军台遗址 1980 年发掘报告》，《中原文物》1982 年第 4 期。

黄山有双套间和六开间的房屋，淅川黄楝树有双套间和三套间的房屋，湖北均县朱家台和郧县青龙泉都有双间房屋。这些分间房子都属于仰韶文化后期或屈家岭文化，即铜石并用时代早期。可见这时家庭形态的变化已是一种比较普遍的现象，形成一种鲜明的时代特征。

但我们在分析分间房屋普遍出现的社会意义时，还应注意一个事实，就是这些分间房屋往往是同单间房屋同时存在的，分间房屋并没有完全取代单间房屋，有的地方甚至单间房屋还是主要的建筑形式。这种单间房屋有些可能为新分离的小家庭所建造，有些则可能同几所房子一起属于一个家庭。还有个别的大房子。如大河村 15 号房子南北 13、东西 9.4 米，面积 120 平方米以上。惜较残破，又因其上为 F14 所叠压而未完全清理，详情不明。不过在普遍存在小房子和分间房子的情况下，这样大的单间房子显得很突出，当不是一般的住房，可能是原始社会晚期常见的那种男子同盟的集体住所，或氏族的一般公共活动场所。

至今还没有发现一个较完整的仰韶后期的村落。根据一些局部的材料只能看出房屋分布上的某些特点。多数地方喜欢把房子排成一长排，相互间挤得很紧。而且房子坏了后重建的房屋仍然保持着原来排列的位置，而不作散点分布。例如大河村的 F6～F9、F5、F10、F1～F4 和 F16 五所单间或分间房子便是依次自西而东排成一长列的；F17、F18 和 F19、F20 两个双间房子也东西排列着，它们年代虽有先后，但仍维持排列的位置。点军台 F1、F2、F3、F5 及一座未编号的房子自东向西排成一长排，双套间和单间都排在一起。淅川黄楝树的房屋多两间和三间的，都紧密地排成一个大直角形，由于其余部分没有发掘，不知整体是否排成"凹"字形或四方形。这种情况，应该被认为是氏族组织性和集体观念的一种体现。家庭虽然越来越表现其独立性，但毕竟还是脆弱的，还不能离开氏族公社而存在，因而在住房布局上采取了上述的形式。

（七）淅川下王岗的长屋

在房屋建筑中既体现家庭分化，又反映社群集体观念的典型例子当推河南淅川下王岗仰韶三期的长屋[1]。这房子坐北朝南，通长约 85 米，进深 6.3～8 米不等。面阔 29 间，东头向南伸出 3 间，共有 32 间居室，如果加上门厅，总共便有 49 间。这是我国史前房屋遗迹中最长、分间最多的一座（图二二）。

---

〔1〕　河南省文物研究所、长江流域规划办公室考古队河南分队：《淅川下王岗》，文物出版社，1989 年。

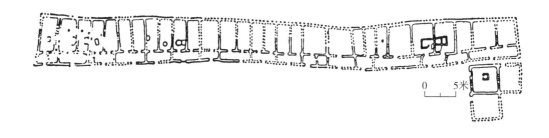

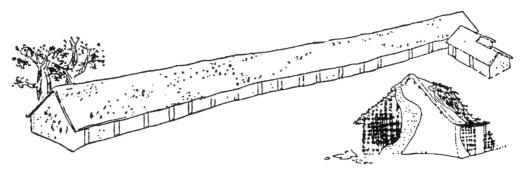

图二二　淅川下王岗的长屋
上．平面图　下．复原图

　　这座房子的正房都有门厅，因而形成 17 个单元的套房。其中 12 个为双套间套房，即两间内室带一门厅；5 个为单间套房，即一间内室带一门厅。东头伸出的 3 间没有门厅，门向也不尽一致，是单间房。

　　这房子发现时已有一些损坏。大致两头保存较好，中间的正房和东头的单间房破坏比较严重，所以有些房间内部的情况已不太清楚了。在保存较好的房间中，有 10 个房间发现有竹席的痕迹，其中包括双套间房、单套间房和单间房。铺竹席的地方应为睡卧之用，可见这三类房间都是卧室。有 11 个房间发现有灶，其中也包括双间套房、单间套房和单间房。由此可见每一种自成单元的房子的居民都是一个基本独立的生活单位。换句话说，这个长屋里的居民，不论是住在双套间房、单套间房还是单间房里的，都是一个在消费上基本独立的家庭。

　　值得注意的是长屋中的各个房间不仅结构不同，面积也有较大的差别。例如最大的单间房有 18.79 平方米，最小的双间套房中两间内室面积的总和才 13.6 平方米。可以设想，房间面积的大小应当与家庭人口数目相关；而房屋结构的不同则应与家庭人员构成的情况相关。单间房或单间套房的人口构成可能比较简单，而双间套房家庭中应有不便住在同一房间的成员。前者组成为对偶制的核心家庭，后者可能已发展到多偶家庭或扩大家庭。

正房门厅的设置可能有两个目的，一来避免内室过分外露，二来也可存放一些东西。门厅内绝无竹席或火灶的设置，说明它不可能做卧室或厨房。从存放东西的功能来看，它同大河村多间房中的库房的性质相近，都是家庭已有一定的独立经济的反映。当然，这种家庭经济的独立性只是相对的，就生产上且不去说，单就分配上来说，也不能算是完全独立的。因为门厅地方很小，又要做过道，能放的东西有限，而长屋西头则有一个公共的仓库。这仓库现存 19 个柱洞，围成直径 4.36 米的圆圈。既没有发现居住面、灶坑，又没有墙壁的痕迹。如果是牲畜圈栏，地面应该有类似粪便的脏土，但并没有发现这样的脏土。况且全长屋 17 家人共用这么一个小小的畜圈也不合情理。因此我们推测它是一种建在柱子上的粮仓。长江流域雨水较多，气候潮湿，不宜挖地窖储藏粮食，而必须设法隔潮。最好的办法便是把粮仓架起来。这种高脚式粮仓至今在南方还很流行。既然有这样一个公共的粮仓，说明当时还存在着定期分配粮食的制度。公社经济依然有它的生命力，家庭经济还处在比较脆弱的早期发展阶段。

（八）　大地湾的原始殿堂和宗教性建筑

仰韶文化后期不但有分间的住房，而且有类似殿堂的大型公共建筑和宗教性建筑。甘肃秦安大地湾便发现了多处这样的遗迹。

大地湾遗址包含两个部分。甲址在五营河岸边，是仰韶文化前期半坡类型的村落遗址；乙址在甲址以南的小山坡上，是仰韶文化后期的大型村落遗址。这个遗址以北边山坡上的 901 号房子为中心，向南作扇面形展开。其中又分成若干小区，每个小区中都有比较大型的房子和小房子。

901 号房子是一座由前堂、后室和东西两个厢房构成的多间式大型建筑[1]，以前堂的建筑最为讲究（图二三）。该室宽 16、进深 8 米，面积近 130 平方米。正门朝南，有门垛，左右有对称的两个侧门，在东西墙上还各有一门通向厢房。从正门进去，迎面有一个大火塘，直径超过 2.5 米，残高约 0.5 米。火塘后侧有两个对称的顶梁柱，柱径约 90 厘米。南北墙壁上各有八根扶墙柱，柱径 40～50 厘米，有青石柱础。地面、火塘表面、柱子、墙壁和房顶里面均抹用料姜石烧成的灰浆，显得洁净明亮。地面做工更为考究，先是平整地面并压实，上面铺 10～15 厘米厚的草泥烧土块，再上面为用小石子、砂粒和人造陶质轻骨料掺灰浆做成的混凝土层，厚 15～20 厘米。表面经压实磨光，呈青黑色，很像现代的水泥地面。经测试每平方厘米可抗压 120 千克，强度相当于 100 号水泥砂浆地面。

---

[1]　甘肃省文物工作队：《甘肃秦安大地湾 901 号房址发掘简报》，《文物》1986 年第 2 期。

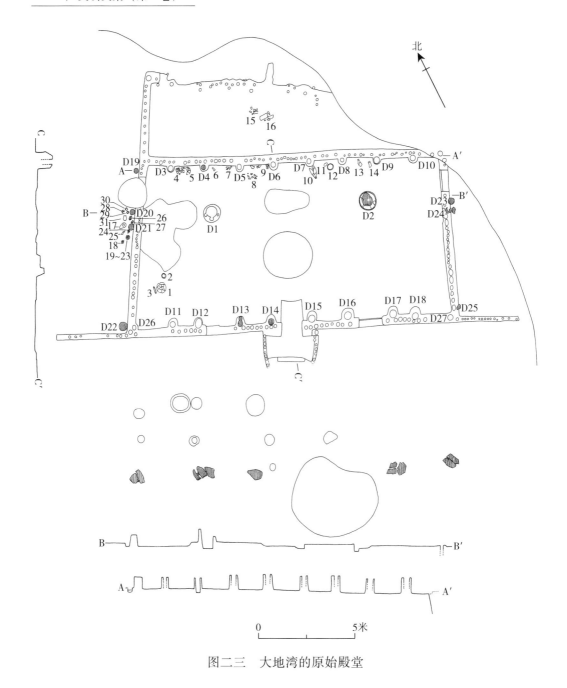

图二三　大地湾的原始殿堂

　　后室和两厢房都已残破，原有面积不甚清楚，但都比前堂小，建筑质量也较差。地面是黄土硬面，墙壁也仅抹草泥土。这些房子残存面积连同前堂的面积总共约 290 平方米，是当时规模最大的一所房子。

　　房子前面还有一个约 130 平方米的地坪，有两排柱洞，每排 6 个；柱洞前有一排青石板，也是 6 个，与柱洞相对应。西边后排柱洞旁还有一个露天火塘。

房内出土的器物颇为特殊，其中直径 46 厘米的四足鼎、畚箕形陶器、平底釜等都是在一般遗址中所不见的，另有罐、盘、钵、缸等。

这房子规模宏大，质量考究，远远超过一般的居室，当是一所召开头人会议或举行盛大宗教仪式的公共建筑。其中的大火塘显然不是为一般炊事之用，而可能是燃烧宗教圣火的场所。室内出土一些不同寻常的器物也说明这房子的公共性质和特殊性质。问题是这房子应是多大范围或何种级别的公共建筑。它在大地湾乙址固然是独一无二的，而像大地湾乙址那样规模的聚落遗址在方圆多少千米内也是仅见的。因此它至少是一个部落联盟的首脑驻地，那室外的柱子可能是代表各氏族部落的图腾柱，那柱边的青石板和火塘可能是准备牺牲献祭的设施。像这样的公共建筑，堪称仰韶后期的原始殿堂！

前面说过，901 号房屋南边还有许多房子，其分布呈扇形展开。并且可划分为若干小区，各小区中也有较大的房子。它们的门向朝北，旁边的小房子也是门向朝北。从背阳向阴来说是很不合理的。况且由于地形的缘故，当地冬天北风特别强劲。如果不是在社会组织或宗教信仰上有特殊的要求，恐怕是不会这样安排的。

关于这种小区中较大房子的性质，可以 405 号房子为例加以说明[1]。该房为一个大单间，东西宽 13.8、南北进深 11.2 米，室内面积 150 平方米，加上室外屋檐散水的整个基址则达 270 平方米。房屋的地面结构、火塘、顶梁柱和扶墙柱等的做法同 901 号房子的前堂都差不多，因此它也当是一所举行头人会议或宗教仪式的公共建筑，只是规格比 901 号房稍低一级罢了。

在 405 号房子以西约 70 米，有一座小型的建筑，宽 5.82～5.94、进深 4.65～4.74 米，面积仅 27.5 平方米。门朝北，也有门垛，进门有火塘，一对顶梁柱，周围有扶墙柱，其平面布局也与 901 号房子的前堂相似。只是规模小得多了。这房子的地面和墙壁也抹上灰浆，显得非常圣洁。特别值得注意的是在火塘后面的地面上画了一幅颇大的宗教画，像是两个人在一个方形台子旁边跳舞。每人都是双腿交叉，左手摸头，右手持棍棒。台子上则放着两个牺牲。其内容可能是描绘杀牲献祭的仪式，也可能是祈求狩猎成功的巫术画。如此神圣的地面当不能让人随意践踏，而这房子的面积甚小又不足以留出足够的地方让人居住。因此这房子应是一所宗教性建筑，而不会是一般的居室[2]。这种专门的宗教性建筑，在仰韶

---

[1]　甘肃省博物馆文物工作队：《秦安大地湾 405 号新石器时代房屋遗址》，《文物》1983 年第 11 期。

[2]　甘肃省文物工作队：《大地湾遗址仰韶晚期地画的发现》，《文物》1986 年第 2 期。

文化前期是没有见过的。

（九）墓地概况和埋葬习俗的变化

铜石并用时代早期的墓葬以大汶口文化发现为多，仰韶文化、大溪—屈家岭文化和薛家岗第三期文化等也发现了不少。

仰韶文化后期的墓地，主要见于郑州大河村、后庄王、洛阳王湾和陕县庙底沟二期等处。各地墓葬一般比较集中。成年人均为长方形土坑墓，宽仅容身，全部为单人葬。各地头向不尽一致，王湾为北偏西，大河村为南略偏西，庙底沟则基本为南向。仰卧直肢，仅个别为屈肢或俯身葬，很少见有随葬品。如庙底沟 145 座墓中仅两座墓各随葬一个蛋壳彩陶杯，那两个杯子很明显是屈家岭文化的风格。大河村 36 座墓，仅 3 墓随葬陶器，其中 2 座墓分别随葬一鼎和一碗，唯一随葬两件陶器的是 9 号墓，死者是老年女性，随葬两件大汶口文化风格的背水壶。仰韶后期墓的随葬品如此稀少，仅有的随葬品又多系外来风格，与同时期日用器物的丰富多彩，如在大河村 F1～F4 和 F19、F20 中所见到那样，形成鲜明的对照。

同期婴儿多系瓮棺葬，其分布也相当密集。如大河村一个 100 平方米的探方中即发现有 46 座。葬具多用日常生活中的实用陶器而非专门制作的。如大河村 60 座瓮棺葬中，鼎与尖底罐扣合者 1 座，豆与尖底罐扣合者 1 座，盆与罐扣合的 1 座，两罐相扣的 2 座，单用一盆的 3 座，一罐的 13 座，一鼎的 38 座，一缸的 1 座。这同仰韶前期葬具较一致（盆钵扣瓮或尖底瓶葬）的情况颇不相同。

大溪文化晚期一般为单人葬，个别有母子合葬。成人多长方形竖穴或墓坑不明，婴儿有瓮棺葬。成人葬式以仰身直肢葬为主，个别有屈肢葬和俯身葬的。随葬品有明显差别，多的一墓 50 余件，少的一两件或根本没有。随葬品中有生产工具如石斧、穿孔扁斧、锛等，生活用具如陶圈足盘、杯、瓶、碗、钵、罐等，还有玉璜、玉玦、象牙镯、绿松石坠饰等装饰品，有的墓用象牙、鱼或龟随葬[1]。

屈家岭文化的埋葬习俗与大溪文化晚期基本相同，只是屈肢葬更少一些，也未见随葬鱼或龟的。婴儿用瓮棺葬，葬具为瓮或罐上盖以盆、钵、鼎或豆等，与仰韶后期者略同。

在长江下游的薛家岗三期文化中曾发现 80 座墓葬，但因在早期文化层上，墓圹不明，骨架也全部腐朽无存，仅能据随葬器物的集中状况辨别墓葬所在。这些墓葬中随葬品一般不甚丰富，但比仰韶文化要多。其中 2～4 件的占 60%，5～9 件的占 27.5%，10 件以上的占 12.5%，包括生产工具、生活用具和装饰品等，多

---

[1]　四川省博物馆：《巫山大溪遗址第三次发掘》，《考古学报》1981 年第 4 期。

是生前使用过的实用器物。石斧和多孔石刀等常有使用痕迹，但有些画红色花果纹者似属仪仗性质。陶器常以鼎、豆、壶为组合，也有用鬶、甑、盆等随葬的。玉器数量颇多，有穿孔扁斧、玉镯、玉璜、玉玦、玉琮、玉管和坠饰等。

这个时期发现墓葬最多、研究也较深入的是大汶口文化。属于这一文化的墓地，经过发掘的有山东泰安大汶口、曲阜西夏侯、邹县野店、滕县岗上村、胶县三里河、潍县鲁家口、诸城呈子和前寨、安丘景芝镇、日照东海峪、临沂大范庄、莒县陵阳河和大朱村，以及江苏邳县大墩子和新沂花厅村等多处，以大汶口的发掘规模最大。

每一墓地中的墓葬都十分密集。一般均为长方形竖穴，小者仅可容身，大者可达 13 ~ 17 平方米。如大汶口 10 号墓长 4.2、宽 3.2 米，60 号墓长 4.65、宽 2.98 米；陵阳河 6 号墓长 4.55、宽 3.8 米，17 号墓长 4.6、宽 3.23 米。但这样大的墓仅见于大汶口和陵阳河，其他地方虽亦有大墓，规模却相对小一些。在大汶口和陵阳河，较大的墓均有二层台，有木椁或木棺。木椁一般由原木交叠成"井"字形，顶部用原木横盖，一般无底，少数底部有排列稀疏的原木。这种椁室同墓壁之间，以及椁室内均有随葬品。木棺较小，亦多用原木，有四壁及顶、盖，随葬品一般置于棺外。个别有仅用原木盖顶的。

一般为单人葬，也有少量男女合葬或成年与小孩的合葬。例如大汶口 133 座墓葬中有 8 座合葬，其中经过性别鉴定的 4 座墓，3 座墓均为一对男女，男左女右，另 1 座也有一对男女，男左女右，女人右侧还有一个女孩（图二四）。类似的情况在野店和大墩子也能见到。前寨墓地中虽没有发现合葬，但有五对时期相同、年龄相若的男女墓葬紧紧相靠。所有这些情况在新石器时代前期是没有见过的，应是家庭和婚姻形态发生了深刻变化的一种反映。

如前所述，这时期的农业和手工业（制石、制陶等）都有较大的发展，相应出现了专业化分工和经常性的商业交换。这些活动并不需要甚至已没有可能全部在氏族公社规模的基础上来进行，于是家族在生产上的地位和作用就越来越显得重要了。从前那种强调亲族联系的、不巩固的、没有自营经济的对偶家庭已经越来越不适应新形势的需要，建立新的更加巩固的婚姻和家庭关系已成为必要，一种以父系为基础、具有相对独立经济的对偶制核心家庭产生了。在大河村、点军台、黄楝树等许多地方看到的那种不大的、分间式房屋，应是适应于这种新的家庭生活而建造的。这种房屋一下子在很大一个范围内发展起来，其原因就在这里。

这种新的对偶家庭，夫妻二人仅有分工的不同，他们都要参加社会生产劳动，都有义务供养他们的子女。因此他们在经济关系和社会地位上都是平等的。当然

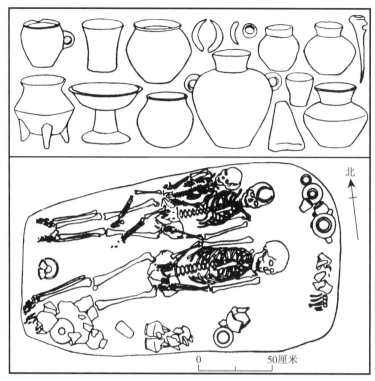

图二四　大汶口文化的夫妻合葬墓（泰安大汶口 M35）
上栏为随葬器物；下栏自下至上为男、女、小孩

这不是说绝对意义的平等，但至少还谈不上一方对另一方的压迫和统治。大汶口文化中所有夫妻合葬或成对埋葬都没有发现男方或女方的明显优势；在单个墓的随葬品中，女性同男性一样有多有少，就是这种平等关系的证据。至于在合葬中往往是男左女右，也不应按后世出现的左尊右卑观念去看待史前社会的习俗。我们只能说当时似已形成某种制度，已不是一种随意的安排，说明新的婚姻家庭关系已成为社会普遍承认的比较稳定的因素了。

以上所述当是一般情况，至于较偏远的地区，如鲁东诸城呈子和栖霞杨家圈，都还存在着多人合葬这种古老的风俗。那些地方家庭和婚姻形态的变化可能要稍晚一步。

在大汶口文化的埋葬习俗中，很明显地反映下列特点：一是家庭的分化，即家庭对氏族公社的相对独立性的加强，家庭开始从氏族中分化出来，其内容已如前述。二是劳动的分化，即生产劳动的专业化分工的发展。这种分工，已不限于男女性别和年龄等级的自然分工，而且存在着社会分工。如大汶口有 10 座墓中随葬较多石器、骨牙器等工具，有的一墓就有 6 件石斧（钺）。这类墓中往往伴出砺石、骨料或牙料，墓主人当是制作石器或骨牙器的手工业者。西夏侯和大范庄的一些墓葬的随葬品主要是陶器，有的一种器物即达数 10 件，总数则多达 100 余件，远远超过日常生活的需要，其墓主人很可能是专业的陶工。大汶口有些墓随葬猪头，三里河和前寨等地有些墓随葬猪下颌骨，虽然这类墓往往较大，随葬其他器物也较多，所以有些学者结合民族学的情况，将猪头或猪下颌骨视为财富的标志，是有一定道理的。但在大汶口和西夏侯等墓地中，一些最大或东西最多的墓葬往往不用或仅用一两件猪头随葬，随葬陶器或石器甚多的墓很少用猪头或猪下颌随葬。因此用猪头或猪下颌随葬也部分反映了劳动分工，那些墓主人应比一般人饲养更多的猪。

由于劳动的社会分工，产品的交换便成为经常性的事情。在家庭已发展为相对独立并已有部分自营经济的情况下，劳动的社会分工和产品交换都会产生贫富分化，这也就是大汶口文化埋葬习俗中表现的第三个特点。

大汶口文化中贫富分化的现象，在许多墓地都表现得很明显，如大墩子 156 座墓葬中，仅 8 座随葬器物较多（每墓 25 件以上），最多者 55 件，多数在 5 件以下，有些墓一无所有。西夏侯 11 座墓中，随葬器物最多的 1 号墓有 124 件，最少的仅 20 余件。野店、前寨、三里河、陵阳河、大朱村等处也有类似的情况。而贫富差别最显著的乃是大汶口和陵阳河墓地。

在大汶口墓地的 133 座墓葬中，大约有半数墓坑仅能容身，没有葬具，随葬陶器均在 5 件以下，质量低劣，有的一无所有，其他器物也很少。如 62 号墓只有 1 枚獐牙，70 号墓是两位成年人合葬，总共只有 1 把石斧（钺），61 号墓也只有 1 件陶鼎和 1 块砺石。中等人的墓葬稍大，有的有葬具，随葬器物可达十几件或几十件。少数大型墓不仅墓坑大，有木椁或木棺之类的葬具，而且随葬品极多，总数可达一二百件，其中大多为珍贵的物品。例如 10 号墓埋葬一位 50 多岁的女性，其墓坑长 4.2、宽 3.2 米，坑内有由圆木构成的木椁，里面似涂朱色。椁内又挖小坑，似更有一棺或软质葬具，人架即在此小坑内（图二五）。发掘时于人架周身发现覆盖一层约有 2 厘米厚的黑灰，当为衣着或裹尸布一类的遗存。死者手握獐牙，右臂佩玉镯，头拢象牙梳，额头上戴一串 27 片长方形的石片饰，颈部绕一串 31 颗管状石珠，胸前佩一串 19 片绿松石饰，可谓盛装入殓。其余还有大量随葬品分别放置在椁内、椁外和中央小坑中，计有陶器 82 件（内中有 12 件带盖者），石器 4 件，玉器 2 件，内中有一极精制的墨玉钺。还有象牙器 5 件（雕筒 2、管 1、片 2）、骨器 1 件（雕筒）、猪头 2 个、猪骨 15 块、鳄鱼鳞板 84 块等，如按单件计数，总共有 289 件之多。

上述物件中，猪骨可能原是带骨猪肉的遗留。鳄鱼鳞板发现时分别放置两处，当是用鳄鱼皮蒙鼓（即所谓鼍鼓）的遗留。鳄鱼皮、象牙和玉石等贵重材料当是

北 ←—+——

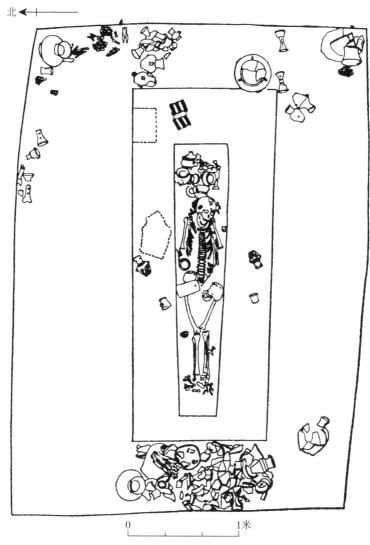

0   1米

图二五　大汶口第 10 号大墓

　　从外地交换或掠夺得来的，玉器和象牙器还需要有专门技术的工匠兼艺术家进行
加工。这类珍贵物品不仅在大汶口较小的墓中没有，而且同一文化中的其他墓地
的大墓中也很难得见到，于此可以想见此墓主人的富足和奢华了。

　　这墓随葬的陶器也不同寻常。其中单白陶器就有 25 件（另有 3 件器盖），包
括鼎、壶、背水壶、鬶、盉、单把杯和高柄杯等，制作精致，且多成双成对，这
种白陶在较小型的墓中是没有的，在别的大汶口文化遗址中也是罕见的。在大汶
口文化晚期已很少见到彩陶，即使偶有发现，质量也较差，花纹草率。而 10 号墓
中两件彩陶背水壶则做得极为精致，先涂红色地子，再用黑白相间的线条绘成三

角纹、旋涡纹、重圈纹和联珠纹等，构成一幅和谐统一的装饰图样，色彩对比也十分鲜明。黑陶更属大宗，单黑陶瓶即达 38 件。这种器物造型优美做工精细，仅见于少数大墓，绝大多数的中小型墓中是没有的。

上述情况足以说明在大汶口文化时期已存在贫富分化，而且在个别遗址中已是非常突出的现象了。

贫富分化往往造成社会地位的分化，而社会地位的不同有时也会加深贫富分化的进程。但在某些时候，社会地位较高的人不见得每个都很富裕，而较富裕的人也不见得每个都争得了较高的社会地位，这是两个有联系又有区别的问题，不应混为一谈。在大汶口文化的墓葬中，有些迹象表明当时已出现社会地位的分化，它是当时埋葬习俗的第四个特点。

大汶口有 20 座墓葬随葬穿孔石斧，也就是石钺，约占全部墓葬的 15%，这类墓一般同时随葬骨质或象牙雕筒和指环，随葬陶器、石器、骨器和猪头也较多，其身份除某些石骨制作的手工业者外，多数应为武士或氏族贵族，他们同时也是较富的人。其中个别的有象牙琮、玉钺乃至鼍鼓，则当是部落乃至部落联盟的酋长。大汶口还有 11 座墓出土龟甲，有的穿孔或涂朱，有的中盛砂粒，一般佩于腰下。除个别情况外，这些出龟甲的墓葬一般不出石钺、雕筒或指环。这些墓随葬东西也较多，他们是另一批富户，其身份可能是巫师，人数仅占 8% 强。大汶口 117 号墓埋一未成年男性，他不可能有什么战功，却随葬了除最大的 10 号墓以外的另一把玉斧（钺），其余尚有骨雕筒 1，象牙雕筒 2，束发器 1 对，以及玉笄、臂环和大量陶器，看来他不仅继承了财产，也继承了氏族贵族的身份，表明世袭制也已萌芽了。

因为贫富分化和某种氏族贵族世袭制的存在，一些家族在氏族内长期处于较富裕和显贵的地位。这种情况在大汶口墓地中有所表现，如最北部的一群墓，早期便是整个墓地中随葬品最丰富的，到晚期仍然如此。最南的一群墓，从早到晚都是墓坑最小、随葬器物也最贫乏的。中间一群从早到晚也不富有。但在中群和南群之间，多半还是属于南群的几座晚期墓规模较大，东西也较多，那应是一些氏族新贵，是贫富分化和社会分化进一步发展的结果。

在陵阳河墓地，上述情况也许看得更为清楚。该处墓地已发掘大汶口文化墓葬 45 座，分为四群：第一群在遗址北部河滩上；第二群在遗址西北河滩上，距第一群约 50 米；第三群在遗址东北，距第一群约 60 米；第四群在遗址东南，距第三群约 100 米。其中只有第一群是大墓，其他三群都是小墓[1]。这些墓虽都属大

---

〔1〕 山东省考古所、山东省博物馆、莒县文管所：《山东莒县陵阳河大汶口文化墓葬发掘简报》，《史前研究》1987 年第 3 期。

汶口文化晚期，本身又还可分为早、中、晚三小期。在第一墓群中早期的 24 号墓长 4.3、宽 2.1 米，东南略残。有木椁，随葬猪下颌骨 29 块，残存陶器仍有 35 件，还有石臂环、石铲、骨矛和玉坠等装饰品。中期的 25 号墓长 3.4、宽 1.45 米，有井字形木椁。随葬猪下颌骨 7 块，陶器 73 件，还有石环和石管等。晚期 6 号墓规模最大，墓坑长 4.55、宽 3.8 米，有"井"字形木椁，墓主人为一成年男性。随葬猪下颌骨 21 块，陶器 161 件，其中仅高柄杯即达 93 件。还有石钺、石璧、骨雕筒、石坠饰等。17 号墓规模也差不多，只是随葬猪下颌骨更多一些，达 33 块。从这个墓群来看，自始至终都是比较富有的，而且是越来越富。其中有的墓中有代表权力的石钺，有的墓中有刻着象形符号的大口尊，这当是一个占统治地位的家族的专属墓区。

在大汶口文化的墓地中，花厅墓地比较特殊，一是出现了殉人，二是有许多良渚文化的因素或输入品。这个墓地位于江苏省新沂县西南约 18 千米的花厅村北，面积初步估计约 30 万平方米。1952、1953、1987 年和 1989 年先后进行了四次发掘，发现墓葬近百座[1]。墓地分南北两区，南区年代较早，属通常所说的花厅期，所出器物完全是大汶口文化的特征，墓葬规模也都比较小。北区有的墓属花厅期，有的较晚，大约相当于大汶口文化的晚期或良渚文化的早期。这一墓区中除小墓外还有 10 座大型墓，它们彼此相邻，自成一片，在墓地中显得非常突出。

这些大墓一般长近 5、宽近 3 米，有些墓设有椁室。随葬品往往多达 100 余件，包括陶器、石器、玉器、彩绘木器和整猪、整狗等。值得注意的是这些墓中出土的陶器和玉器等很大部分具有良渚文化的作风，只有一部分属于大汶口文化。例如陶器中的"T"字形足鼎、双鼻壶、宽把带流杯、饰瓦楞纹或竹节纹的豆和圈足罐等，都是良渚文化的器物。只有背水壶、盉、个别镂孔大圈足豆和部分罐可算是大汶口文化的器物。先后出土的 500 余件（组）玉器中包括有斧、钺、锛、琮、锥形器、琮形管、璜、环、珠、管、指环、耳坠等。这些玉器在良渚文化的遗址中差不多都能找到，有些玉器是良渚文化和大汶口文化所共出的，几乎没有一种是大汶口文化特有的。特别是在琮和锥形器上有近似微雕的简化神人兽面纹，从工艺到题材都是良渚文化的产物。这种题材有明显的宗教色彩，是良渚文化居民所信奉和崇拜的对象，不大可能传播到其他文化并为那里的居民所接受。因此，这些大墓的主人应属于良渚文化。

---

〔1〕　南京博物院：《1987 年江苏新沂花厅遗址的发掘》，《文物》1990 年第 2 期；南京博物院花厅考古队：《江苏新沂花厅遗址 1989 年发掘纪要》，《东南文化》1990 年第 1、2 期。

　　同一个墓地中一区属大汶口文化，另一区属良渚文化；或者是小墓属大汶口文化，大墓属良渚文化，这是一种罕见的情况。花厅在大汶口文化分布的边区以内，而良渚文化的分布区则远在江南太湖周围的沪宁杭地区，距花厅达数百千米。在花厅出现良渚文化的大墓应是良渚贵族入侵和强行占据的结果。分析大墓中的殉人，这个问题可以看得更加清楚。

　　在花厅发现的 10 座大墓中 8 座有殉人现象。其中 20 号墓主人为成年男性，卧于墓室正中，在他脚下的二层台上横卧两名少年尸骨，紧贴少年身边葬一狗，头部葬一猪（图二六）；60 号墓的主人是 30 岁左右的男子，脚下也有一猪一狗，

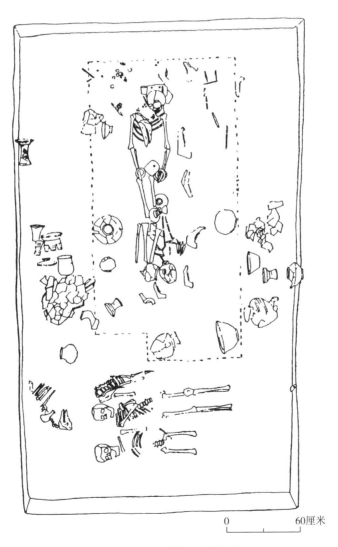

0　　　　　　60厘米

图二六　花厅第 20 号大墓

左下侧则殉葬一对中年男女和三个儿童；50 号墓的主人是 25 岁左右的男子，脚下殉葬两个 10 岁左右的儿童，34 号墓主人骨架已朽，脚下也殉葬两个 10 岁左右的儿童；35 号墓的主人为一青年，脚下殉葬一个儿童；61 号墓的主人为一意外死亡的女性，年约 20 岁，左侧偏下殉葬一名少女；16 号墓主人骨架已朽，左侧偏下殉葬一名男孩；18 号墓主人为一青年，右侧偏下殉葬一成年女性和两个幼儿。这些殉葬者在墓中放置的位置同墓主人有明显的差别，且不止一次地与猪狗同样处置，显然不是墓主人的亲属而是身份较低的人。他（她）们既同墓主人一同埋葬，当不是正常死亡后的安葬而是强迫为墓主人殉葬。在良渚文化的本土发现过许多大墓，只有上海福泉山一处有殉葬的现象。假定花厅大墓的主人确属良渚文化，他们不会跑到几百千米外的大汶口文化区再把本族的人员用来殉葬，因此殉葬的人应属大汶口文化。假定大墓的主人和殉葬者都属大汶口文化那根本说不通，因为大汶口文化腹地的一些大墓中从来就没有发现殉葬的现象，他们不会偏偏到花厅来要求殉葬，而墓中的随葬品又大多属良渚文化。假定墓主人属大汶口文化而殉葬者属良渚文化也有说不通的地方，因为殉葬者多为小孩，有的甚至是婴幼儿，良渚文化的人是否会拖家带口跑到这里便是一个疑问；再说墓中主要是良渚器物，墓主人虽可作为战利品随葬，但却不应缺少代表自己身份的物品，而墓中最能代表身份的物品当推饰有神人兽面纹的琮和锥形器，特别是项饰上也有带这种纹样的小琮，所以墓主人非良渚文化莫属（图二七）。

良渚文化的征服者把大汶口文化的居民用来殉葬，反映了这两个集团斗争的激烈。殉葬者中缺乏青壮年男性也许是因为他们多已战死或败走了，逃不走的儿童、妇女和她们的幼儿便遭遇了这样的厄运。由此看来，花厅的殉葬还只是一种偶然现象，还没有形成制度，也不是阶级斗争的产物，同后来商周时代的殉葬制度是有本质区别的。但从另一方面来看，它毕竟是贫富分化出现以后，刺激社会发生掠夺性战争的产物。敌方的俘虏既可强迫殉葬，自然也可以强迫服役，从而为奴隶制的发生创造了条件。

（一〇）中心聚落的形成

从前的部落是分散的，除了某种亲缘关系或临时性军事同盟之外，缺乏经常性的经济或政治性联系。现在由于专业性分工和实物交换的发展，财产日渐积累起来，刺激了掠夺性战争的发展。由于军事行动或集体防卫的需要，人们往往在关系比较密切的部落之间建立起比较长期和牢固的联盟关系。在联盟中往往有一个中心部落，它是联盟议事会的召集者和联盟篝火的保持者。它的驻地自然就会成为一系列活动和联系的中心。这种情况应能在考古遗存中反映出来。

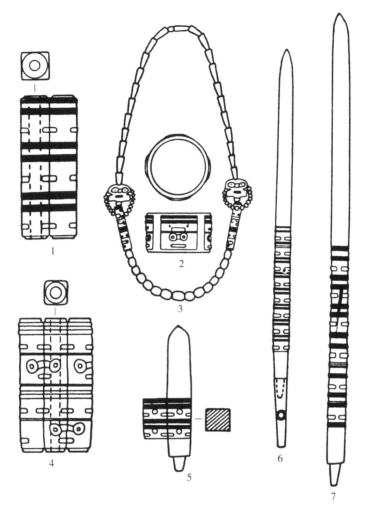

图二七　花厅大墓随葬的良渚文化玉器
1、2、4. 琮　3. 项饰　5 ~ 7. 锥形器

前面谈到的甘肃秦安大地湾遗址仰韶晚期遗存中，有用原始水泥构筑的、面积达一二百平方米的原始殿堂的圆柱大厅，厅中有燃烧圣火的巨型火塘，还有地面涂灰浆并画人物画的宗教性建筑等，这些都是左近同一时代、同一文化性质的其他遗址所不见的。那些遗址仅有一般性居室。看来大地湾在仰韶晚期应已形成一个中心部落的驻地了。

大汶口文化则从另外的侧面反映了同样的社会现象。鲁中南和苏北的泰安大汶口、曲阜西夏侯、邹县野店、滕县岗上村和邳县大墩子等处都发现过大汶口文化的许多墓葬，它们的文化特征包括埋葬习俗等都大体相同，但又存在着如下的差别。

（1）各处墓葬虽都有大小和随葬品多少精粗的差别，表明当时已普遍存在贫富的差别。但差别的程度互有不同，没有第二个遗址发现过像大汶口 10 号墓随葬那么多珍贵物品的大墓，没有第二个遗址所表现的贫富差别有大汶口那样突出，当时最富的少数人仅仅集居在大汶口一个地点。

（2）大汶口有若干较大的墓有木椁或木棺等葬具，有些大墓中随葬着特别精致的物品，如玉钺、象牙梳、象牙雕筒、鳄鱼皮（蒙鼓用）、白陶等等，其他墓地中都没有见到，其中有些原料是外地产品，只有通过交换或掠夺的手段才能得到，有些需要高超的工艺和大量的劳动时间才能做成。特别是像西夏侯某些最富的成员也只是用 100 多件陶器和少量石器、骨器、蚌器随葬，没有那些精致的工艺品和仪仗化的物品，可见后者是代表了特殊身份和地位的。而有这种特殊身份和地位的人只是集中埋葬在大汶口。

由此可见，泰安大汶口应是鲁中南地区的某个中心部落的驻地。

在山东的东南部和江苏边境，也曾发现过许多大汶口文化的墓地，如莒县大朱村、陵阳河、诸城前寨、胶县三里河、日照东海峪和新沂花厅村等处。其中除花厅村有特殊情况已如前述外，也只有大朱村、陵阳河和前寨墓葬的贫富分化表现得较突出，只有这三个地方在大口陶尊上刻写了图画文字。这几处也好像是某种中心部落的驻地，而陵阳河乃是最主要的一个中心。

类似大地湾或大汶口那样的中心聚落在别的地方也是存在的，例如河南郑州大河村的仰韶后期遗存和湖北京山屈家岭的屈家岭文化遗存等，都是规模相当大的。只是有些中心聚落可能尚未发现，有些虽已发现，但由于发掘面积过小尚不能充分表现其已达到的发展水平。这类中心部落的驻地或中心聚落一般表现为经济比较发达，并可能是当时经济交流比较活跃的场所；就是在文化上和军事、宗教等权力上也表现为控制一个地区的核心，从而为往后城市的起源奠定了初步的物质基础。

（一）装饰品、工艺品、图画文字

这时期因为经济的发展和贫富的分化，一些较富的人普遍讲究装饰，尤以氏族贵族为最。这在墓葬中看得很清楚：大型墓葬中不但其他随葬品多，装饰品也特别多，质地、造型都很讲究；中等墓装饰品甚少，小墓基本上没有什么装饰品。

装饰品质地多为玉器，也有一些石器、骨器、牙器和陶器。后者主要是陶环，那大概是较穷的人用的。玉器中最普遍的是璜，在大汶口文化、仰韶文化、屈家岭文化、薛家岗三期文化和崧泽文化等遗存中都能见到。其次是手镯和指环，再次是珠、管、坠饰和玦等，形态各异。主要是装饰头部、颈部和胸部，还有腰部和手腕。有些地方用骨管和骨珠，大汶口文化的一些较大的墓中常于人骨头部置牙约发器。但是除仰韶文化外，其他地方很少发现骨笄，那大概与当地披发文身的习俗有关。

工艺品的种类有很多。在一些富有者的墓中，往往有一些做工精细的玉质、象牙和骨料制作的工艺品。例如大汶口文化中就有玲珑剔透的象牙雕筒、象牙梳等。斧钺的柄端往往套一骨筒，上面刻着轮箍形花纹，有的还镶嵌绿松石。有些玉牌饰不但穿孔，而且还刻出一些花纹（图二八）。

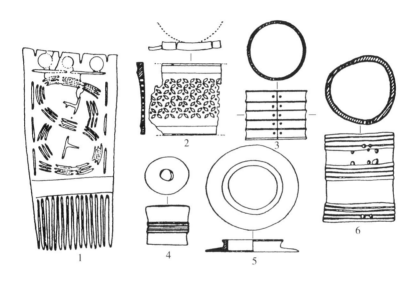

图二八　大汶口文化的工艺品（泰安大汶口出土）
1. 象牙梳　2～4、6. 象牙雕筒　5. 象牙环

在大汶口文化的陶器中，有一些做成动物形状，如胶县三里河的犬尊、豕尊，长岛北庄的凫尊，大汶口的兽尊，还有龟形和鸟形尊等。其中有一些明显是在陶鬶的基础上改造的，有些则看不出同其他器物有什么联系。这些器物一般在头部加意塑造，形象逼真生动。其他部位则根据实际情况稍稍改变形状。它同时又是一个水器或温器，便于加热和液体的倒出。是一种艺术和实用相结合的产品。商周青铜器中的许多禽兽形牺尊，应该是承袭大汶口文化的陶牺尊发展起来的。

长江流域的大溪文化晚期到屈家岭文化以及薛家岗三期文化都有许多陶球。空心，内装若干豌豆大小的陶丸，摇之发出响声，当是儿童玩具或乐器。陶球上有许多圆形镂孔，孔与孔间常用篦点纹、锥刺纹或划纹相连，构成非常美丽的图案。个别陶球上有画彩色图案的。

屈家岭文化的纺轮中，有一种形体较薄较轻者，呈米黄色，上画各种彩纹，谓之彩陶纺轮。彩纹多用深红色，也有用黑色的。图案母题富于变化，大致有重圈纹、旋涡纹、交错平行线、爪形纹、格子纹、麻点纹、太极纹、弧形纹等。画面有的浑然一体，有的等分为二分、三分、四分或五分，十分美丽。

图画文字主要见于大汶口文化晚期，屈家岭文化晚期和良渚文化早期也有一些，均刻于大口陶尊上，也有刻在玉器上的。这种陶尊一般为夹砂陶，灰色或红褐色，胎壁甚厚，近底部越来越厚，表面往往饰斜篮纹。图画文字一般刻于陶尊上腹部近口处，非常醒目；个别也有刻在近底部的。大多数1器1字，个别有刻2字的。

大汶口文化的图画文字主要发现于山东莒县陵阳河，共12器14字，莒县大朱村4器4字，诸城前寨1器1字。总计有17器（或残片）19字〔1〕。

这些图画文字可归纳为七种。其中五种为单体字，两种有单体，又有复体（图二九）。而不论单体、复体，在形态上又还有不少变化。现简述如下。

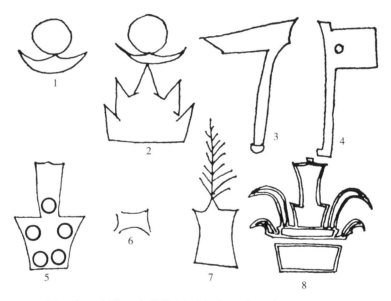

图二九　大汶口文化的图画文字（莒县陵阳河出土）

A 基本图形为一圆圈下加一附带图样，因附带图样之不同又可分为三式。

AI　圆圈下加一新月形，如陵阳河 M7 所出大口尊残片上的图形。

AII　圆圈下加一似新月形，唯凹边中部凸起，如陵阳河采集的一件陶尊上即有此图形。

〔1〕 李学勤：《论新出大汶口文化陶器符号》，《文物》1987年第12期。

AⅢ　圆圈下似两个飘带左右飘起，如陵阳河采集的大口尊残片上的图形。

A′是 A 种图形的复体或繁体，一般在 A 种图形下加一五峰山形。亦可分为二式。

A′Ⅰ　为 AⅠ下加一弧底的五峰山形或火形，如大朱村 H1 所出大口尊上的图形。

A′Ⅱ　为 AⅡ下加平底的五峰山形或火形，如陵阳河采集的大口尊上的图形，诸城前寨大口尊残器上亦有平底五峰山形，但上部图形仅剩右边半个新月，全形应与 A′Ⅱ近似。

A 种图形的圆圈，一般认为是日的象形，下方附加部分有的认为是火，有的认为是朝霞，故被释为昊或旦。但 AⅢ的两根飘带既不像火，也不像朝霞。且三种图形判然有别，恐不能均释为某一个字。A′种图形是 A 的复体化。其下方图形一般被释为山，但像 A′Ⅰ为弧底，两边小尖斜出，完全不像山峰，似亦不能不加区别地都释为山。我们只能说 A 及其复体化的 A′为一个有联系的图形体系，如果说是图画文字，应该是互有联系的五个字，而非一个字的五种写法。

B 为一斜置的四凹边的长方形，位置在大口陶尊的近底部，是大汶口文化图画文字中唯一不刻划在陶尊上腹近口部的。标本有三，一为陵阳河采集，二出于陵阳河 19 号墓，三出自大朱村 26 号墓，三者形体完全相同。陵阳河采集的那件陶尊的上腹近口处还有一短柄耒形的图画文字。四凹边的长方形所像何物不易断定，仅知在甲骨文和金文中有类似的图形，用作人名或族名。

C 为一钺的全形，钺为长方形、穿孔，与大汶口文化所出玉钺和石钺形状相同。此图形有一柄，全长为钺长的两倍半稍多，全形与甲骨文和金文中的"钺"字近似。仅陵阳河采集一件陶尊上有此字，同器另一面与此字对称的地方还有一短柄耒形的图画文字。

D 为一锛的全形，锛的刃部为偏锋，柄端套一圆形，似为骨筒。此字多释为斤，仅陵阳河采集一件。

E 为短柄耒形，耒上的圆圈可能代表铲起的土块。细分有两式。

EⅠ　柄端略宽，呈双凹形，耒上有五个圆圈。陵阳河采集一件，与 B 种图画文字同出一器。又大朱村采集的一件几乎全同，唯柄端已残。

EⅡ　柄端略尖，全柄如圭形，耒上有七个圆圈。仅陵阳河采集一件，与 C 种图画文字同出一器。

F 全形似双层筒形帽，帽顶垂挂两串珠饰。李学勤先生认为是一种不加羽饰的冠，近是。仅大朱村 17 号墓出土一例。

　　F'应为F的复体，呈一带羽饰的冠形。冠体部分也是双层筒形，唯下筒较上筒为大，与F相反。帽筒两边有羽饰。李学勤认为此或许就是原始的皇。《礼记·王制》："有虞氏皇而祭。"郑注："皇，冕属，画羽饰焉。"此字有二，一出于陵阳河17号墓，另一出于同地11号墓填土，略残。

　　G像一房子顶上栽一树，此或是古代的社主。《论语·八佾》："哀公问社于宰我，宰我对曰：夏后氏以松，殷人以柏，周人以栗。"此种以树木为社主的风俗起源甚古，大汶口文化中有这种图形，或许表明是这种风俗的一个来源。标本见于陵阳河25号墓。

　　上述图画文字中有一些是涂朱的，如E、F各种；有些则不涂朱，如A、C等各种。凡涂朱者必先将地子抹平。有些地子抹平而未见涂朱痕迹者，究竟本来就没有涂朱，还是涂过朱以后被无意擦掉了，难以断定。

　　关于这些图画文字的性质，在学术界存在着不同的看法。有的认为已是文字，有的认为尚不是文字。主张已是文字的又有尚属初步发展和已属比较进步的文字之别；主张不是文字的也有程度不同。有的认为只是原始记事范畴的符号或图形体系；有的认为与后来汉字形成有很大关系，是一种原始文字，原始的象形文字、图画文字或象形符号。从现有全部资料来分析，后一种看法是比较有说服力的。

　　首先，这些刻划的图形虽然有一些与实物十分相像，如C钺、D锛和E舌的轮廓都很逼真，但并不是一般的图画。否则就不会专选某种器物如陶大口尊，在专门的部位，用同一种刻划方法来做。其次有些图形已有相当程度的抽象化，笔道简练，所像事物难以确定，其结构又有一定的规律，成为一种互有联系的图形体系。所以它是可以记事和传递信息的符号是没有问题的。

　　当然，文字也是一种可以记事和传递信息的符号。它与非文字符号的区别，不仅是信息载荷量极大，而且是以记录语言为特征的，是语言的符号化。非文字的符号则不能担负这一职能。现在没有任何证据表明大汶口文化的图画文字已能记录和传递语言，因为我们现在所见的都是单个的图形，无法表达完整的句子，而语言是以句子为基本单位的。

　　任何文字的起源都应有一个过程。汉字的基本特征之一是一字一音，但商周时期的甲骨文和金文中有不少合体字就不是一字一音。再早一些，很可能是纳西族的东巴文那样一字数音。九个点可以念成"九粒沙子"，九个椭圆圈可以读成"九个鸡蛋"，不是单有一个"九"的数目字再加表事物性质的字如沙子、鸡蛋等。事实上这种字在表达语言时有很大的不确定性，只有经师代代相传才能念得出来。大汶口文化的图画文字在造字方法上似乎同东巴文更为接近，因此它应该是接近早期文字而尚非正式文字的一种图画文字。

我们在估计这种图画文字的意义时还应该注意以下几点。

第一，它已形成一个图形体系，其中包括多种形体不同而又互有联系的符号，应能记录较复杂的事情，其表达能力应远远超过结绳、刻槽或树叶信之类的记号系统。

第二，这种图画文字不仅见于莒县陵阳河和大朱村，也见于诸城前寨，说明已有一定的流通范围。特别值得注意的是，在南京北阴阳营 2 号灰坑中也曾出土一件大口尊，上腹近口部有一个 F' 的图形。该坑同出细颈鬶和盆等，年代正好与大汶口文化晚期和良渚文化早期相当。更有进者，中国历史博物馆收藏一件十九节大玉琮，上刻 AⅡ图形及一斜三角纹，该琮是良渚文化的典型器物[1]；美国弗利尔美术馆收藏着弗利尔本人 1919 年在上海收购的据说出自浙江的一批玉器，其中有一个玉镯上刻着与大汶口文化 AⅡ式一样的图画文字和另一个鸟形符号；另一个玉璧上刻一鸟站立在一个阶梯状台子上，下面也刻一个 AⅠ式图画文字，只是圆圈中加云纹，新月形中加一道线。两件玉器当属良渚文化早期，即与北阴阳营 2 号灰坑同时。由于这几个图画文字的发现，我们知道大汶口文化与良渚文化有密切关系，其图画文字在那样遥远的地方也是能够认识的。

第三，由于良渚文化玉器上也刻着与大汶口文化晚期一样的图画文字，可见那种图画文字不一定只刻在陶尊上，很可能还用在别的场合，比如木板或什么别的东西上。由于那些东西是有机质的，我们现在已难以发现。如果有这种情况，那也不能排除有若干图画文字在一起连用的可能。

第四，大汶口文化的图画文字中，有一些与甲骨文和商周金文的形状和造字方法都很相近。甲骨文和金文中的许多族徽往往保留古老的形态，与大汶口文化的图画文字更为相近。现在我们知道类似的图画文字不但大汶口文化晚期有，良渚文化早期和屈家岭文化晚期也有。有理由相信，这些图画文字应是后来形成古汉字体系的基础。

三　铜石并用时代晚期

我国的铜石并用时代晚期，大体上相当于龙山文化的时期，即约公元前 2600 ～前 2000 年的一段时期。这一时期铜器的使用逐渐增多，除红铜外还有青铜和黄铜。各地考古学文化都有明显的发展，更加逼近了文明的大门。我们把这一时代称为龙山时代。

---

〔1〕　石志廉：《最大最古的 𠃊 纹碧玉琮》，《中国文物报》1987 年 10 月 1 日。

（一）龙山文化和龙山时代

"龙山时代"一名是在龙山文化的基础上提出来的[1]。因此要知道什么是龙山时代，应当先知道什么是龙山文化。

1928 年，吴金鼎在山东济南市东边不远的历城县龙山镇附近发现了城子崖遗址，1930 年秋进行了第一次发掘，获知它的下层是一种以黑陶为特征的新石器时代晚期文化（当时尚未发现铜器）。因为它与此前在河南等地发现的以红色彩陶为特征的仰韶文化不同，故以其发现地点龙山镇命名为龙山文化[2]。后来在河南北部又发现一些虽没有城子崖下层陶器那么黑，但也是多灰黑陶而没有彩陶的遗存，也被划归龙山文化。并以为龙山文化是从山东发源，逐渐传到河南北部而成为商文化的主要来源。到 20 世纪 30 年代末，因发现的遗址较多而看出各地遗存的文化面貌并不完全相同，故梁思永将其分为山东沿海区、豫北区和杭州湾区，指出豫北区才是商文化的直接前驱。

20 世纪 50 年代以来，有关的遗址发现得越来越多，龙山文化的范围也越划越大。有的仅以黑陶为标准，将苏南、浙北的良渚文化以及福建、台湾等有黑陶的遗存都划归龙山文化；有的虽注意到龙山文化应包括若干独特的类型品，但又囿于过去自东向西传播的观点，或认为龙山文化是从仰韶文化直接发展而来，把龙山文化的范围限定在黄河流域，往西直到陕西。

不少学者指出，黑陶固然是龙山文化的突出特征，但并不是唯一的特征。如果简单地以有无黑陶来作为划分龙山文化的标准，势必将范围不适当地扩大，把一些与龙山文化并无关系的文化遗存包括进去。至于龙山文化从东往西传播的观点，因并没有任何证据的支持而为学术界所否定。龙山文化也不是从仰韶文化发展而来，它的直接前身是大汶口文化，现在已是公认的事实。由仰韶文化发展而来的是一个非常复杂的共同体，它包括后冈二期文化、王湾三期文化、陶寺类型、三里桥类型和客省庄二期文化等，豫东的造律台类型也有密切关系，我们可以统称为中原龙山文化。中原龙山文化同龙山文化不仅分布地域不同，文化特征不同，来源和去向也不同。所以很多人主张把它同龙山文化分开，不应看成同一考古学文化。湖北也有与龙山文化同一时期的遗存，过去被称为湖北龙山文化或青龙泉三期文化等。现在一般也从龙山文化中划出并重新命名为石家河文化。

---

[1]   严文明：《龙山文化和龙山时代》，《文物》1981 年第 6 期。

[2]   傅斯年、李济、董作宾等：《城子崖——山东历城县龙山镇之黑陶文化遗址》，中央研究院历史语言研究所，1934 年。

这样，与龙山文化同一时代，在黄河流域还分布有中原龙山文化和齐家文化，在长江流域则有石家河文化和良渚文化中晚期。这些文化不仅属于同一时代，具有相似的发展水平，而且相互间也有不同程度的联系，存在着一定的共同性，因而被统称为龙山时代（图三〇）。

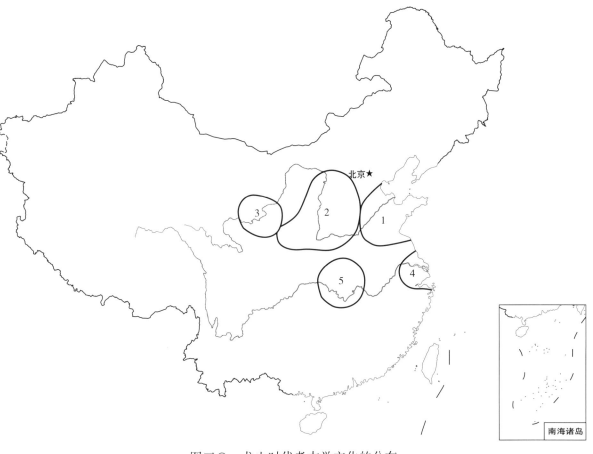

图三〇　龙山时代考古学文化的分布
1. 龙山文化　2. 中原龙山文化　3. 齐家文化　4. 良渚文化　5. 石家河文化

（二）考古学文化的分布和民族文化区的萌芽

如前所述，在龙山时代存在着许多不同的考古学文化。这些文化各有明确的分布地域，它的某些特征常常能同历史传说中分布于该地区的原始部落相联系，因此这些考古学文化当是民族文化区的萌芽。

龙山文化主要分布在山东省，以及江苏北部，辽东半岛和河北唐山一带也受到它的强烈影响。这个文化的主要特征是轮制黑陶特别发达，器表往往为素面或打磨光亮，显得素雅大方。主要器形有鼎、鬶、甗、罐、盆、豆、碗、杯等，其中以蛋壳黑陶杯最为精致。石器中多舌形铲、长方形石刀、石镰和剖面菱形的镞等。房屋多为方形，以夯土为基。存在公共墓地，流行单人竖穴土坑墓，随葬品有相当的差别。在人骨鉴定中发现少数有拔牙的风俗。这说明龙山文化是继承大汶口文化发展而来的，因而它的居民还保持着他们祖先的遗风。

由于龙山文化分布地方甚广，各地文化面貌还有不少差别，据此至少可以分为四个文化区或文化类型。即胶东区的杨家圈类型，胶莱区的两城镇类型，鲁西北的城子崖类型和鲁中南的尹家城类型。这种地方性文化区或文化类型，其实早在大汶口文化时期就基本形成了，到龙山文化以后的岳石文化时期依然保持这种差别，只是边界稍有变动。假如龙山文化及以前的大汶口文化和以后的岳石文化是一个大的人们共同体先后相继的文化遗存，则这个大的人们共同体内还包含若干较小的人们共同体。

根据古史传说，东方的部落主要是太昊和少昊，可统称为两昊集团。《左传·昭公二十九年》谓少昊氏"遂济穷桑"。《尸子》《帝王世纪》谓少昊"邑于穷桑"；而《左传·定公四年》谓周初分封时"命以伯禽，而封于少昊之虚"，因知穷桑当在曲阜附近，今曲阜东有少昊陵，是后人根据传说建立起来的。少昊活动的范围当不限于曲阜，而可能遍及山东各地。《左传·昭公十七年》记郯子的一段话是很值得注意的："郯子曰……我高祖少昊挚之立也，凤鸟适至，故纪于鸟，为鸟师而鸟名。凤鸟氏历正也，玄鸟氏司分者也，伯赵氏司至者也，青鸟氏司启者也，丹鸟氏司闭者也；祝鸠氏司徒也，鴡鸠氏司马也，鳲鸠氏司空也，爽鸠氏司寇也，鹘鸠氏司事也，五鸠鸠民者也。五雉为五工正，利器用、正度量，夷民者也；九扈为九农正，扈民无淫者也。"表面看来，这是一个相当完整的职官系统，实际上可能有后人的附会和整齐化。但它透露了许多信息：（1）所谓少昊氏可能是一个很大的族系，里面包含许多氏族、胞族乃至部落，并各以一种鸟为其图腾；（2）据《左传·昭公二十年》晏子的一段对话，知始居齐地的是爽鸠氏，在今淄博临淄区附近；而作为少昊后裔的郯国在今山东东南郯城县一带，均距曲阜数百千米。故知少昊的族系并非仅居曲阜一带而可能遍及山东全境。至于太昊之墟在陈，一般认为在河南淮阳附近。既云太昊，当与少昊有关。而龙山文化及其以前的大汶口文化的各地方类型，应是反映少昊族系内的各地方分支。到夏代，这些人民始称为夷，或是夏人统称东方之人为夷。而夷有九种，说明内部也有许多分支，那大概就是岳石文化存在若干地方类型的主要原因。这样看来，龙山文化可能是少昊或两昊族系的文化，是夷人的史前文化。

中原龙山文化分布的范围最大，内容也最庞杂。其中包括分布于河北南部和河南北部的后冈二期文化，分布于河南中部偏西的王湾三期文化，河南西部的三里桥类型，山西南部的陶寺类型，以及陕西关中地区的客省庄二期文化等。河南东部的造律台类型，在文化面貌上介于龙山文化和中原龙山文化之间；但若按历史传说，那里似应是两昊集团的太昊氏活动的领域。

中原龙山文化的陶器颜色比龙山文化为浅，而且愈西愈浅。即黑陶愈西愈少，而灰陶愈西愈多，并且到山西和陕西还有一部分灰褐陶。轮制陶的比例也是愈西愈少。大部分陶器有绳纹、篮纹或方格纹，只是在不同的地方类型中这三种陶器的比例有所不同。这里没有龙山文化中那样精美的蛋壳黑陶杯，极少见鬶，鼎和豆也远不及龙山文化那么多。相反这里有很多的鬲、斝、甑、双腹盆和小口高领瓮等。石器大致和龙山文化接近，但缺少舌形铲而多有肩铲，箭头剖面多三角形。房屋多为圆形，地面及四壁抹白灰，称为"白灰面"。同时也有分间式长方形房屋。建筑中常用夯土、土坯和白灰。有很大的公共墓地，其中大墓和小墓的差别达到非常显著的程度。

中原龙山文化分布的地方，是广义的中原地区。依据古史传说，这里在原始社会是黄帝和炎帝族系的居民活动的地方，我们可将这两个族系合称为黄炎集团。

黄帝和炎帝究竟发源于什么地方，向无定说。《国语·晋语四》有一段话说："昔少典氏娶于有蟜氏，生黄帝、炎帝。黄帝以姬水成，炎帝以姜水成，成而异德，故黄帝为姬，炎帝为姜。"徐旭生据此考定炎帝起于陕西渭水中游，黄帝则起于陕西北部，然后均向东发展[1]。无论如何，这两个族系的关系是很密切的，姬姓和姜姓世为婚姻也是事实。《史记·五帝本纪》曾谈到黄帝与炎帝战于阪泉之野，又与蚩尤战于涿鹿之野。《逸周书·尝麦》篇谓赤帝（按赤帝即炎帝）与蚩尤争于涿鹿之河，黄帝杀蚩尤于中冀。《山海经·大荒北经》谓黄帝命应龙攻蚩尤于冀州之野。这里提到的地名都在今河北境内，黄炎集团又在河北。

《史记·五帝本纪》还说："天下有不顺者，黄帝从而征之，平者去之，披山通道，未尝宁居。东至于海，登丸山，及岱宗。西至于空桐，登鸡头。南至于江，登熊、湘。北逐荤粥，合符釜山，而邑于涿鹿之阿。"丸山，据《括地志》在青州临朐县界，岱宗即泰山。鸡头在甘肃，《史记·秦始皇本纪》："巡陇西、北地，出鸡头山"。熊当为熊耳山，据《括地志》熊耳山在商州洛县西。荤粥（獯鬻）即后来的匈奴。如果真像《史记》所讲的，黄帝的战功和巡幸的地方如此之大，就有点像后来的始皇帝了，但这在当时是不可能的。如果把黄帝理解为一个族系，则它活动的地方仍是以中原为中心而与四周发生交涉，这与考古学文化分布的状况还是基本上相合的。

中原龙山文化分布的地区，早先是仰韶文化，中原龙山文化即是继承仰韶文

〔1〕　徐旭生：《中国古史的传说时代》（增订本），文物出版社，1985年，40~48页。

化而发展起来的。继中原龙山文化之后而发展起来的，在河南中西部和山西南部是二里头文化，在河南北部和河北南部是先商文化，在陕西关中地带是先周文化。自此以后，中原地区的人民往往自称为华夏或诸夏。其所以称诸夏，正同称九夷一样，表明内部还有许多支族。而炎帝、黄帝则被尊为华夏族的祖先，华夏族的人民即成了"炎黄裔胄"。

良渚文化分布于江苏南部和浙江北部，是因最初发现的典型遗址位于当时的浙江杭县良渚镇而得名的[1]。良渚文化的陶器虽然看起来也是黑色的，但多是黑皮灰胎而并非纯黑陶，也没有像龙山文化那样的蛋壳黑陶。陶器表面也多素雅而不尚文采，只有一些特别讲究的陶器上有朱绘或针刻花纹。陶器种类主要有鼎、豆、圈足盘、双鼻壶、单把带流杯和小口高领瓮等，除个别的鬶外，基本上没有袋足器。良渚文化的玉器多为通体磨制，并且广泛地采用切割法和管钻法。石器种类甚多，主要有斧、锛、有段锛、凿、长方形和半月形刀、犁铧、破土器和耘田器等，后三者是良渚文化所特有的，是适应水田操作的一套农具。

良渚文化的玉器特别发达。一个墓地的发掘，所获玉器往往数以千计。其种类有琮、璧、钺、璜、镯、环、管、珠、杖头及各种装饰品，其雕工之精、数量之多、品种之复杂，为同时代及前此诸考古学文化之冠。

至今尚未发现完整的房屋建筑，但据某些残存遗迹来看，当时既有干栏式建筑，也有土坯砌的房屋。富人和平民墓地已经分开，不少地方为贵族造墓地而筑起很大的土台。到处都出现聚落遗址群，其中以良渚镇所在的遗址群为最大。

良渚文化所在的区域在古扬州境内，《尚书·禹贡》扬州条中的震泽和《周礼·职方氏》扬州条中的具区，都是指本地区中心的太湖而言。《吕氏春秋·有始览》："东南曰扬州，越也。"明指扬州为越地。史传太伯奔吴，《史记·吴太伯世家》称奔荆蛮，司马贞《史记正义》解释说，荆蛮是"南夷之地，蛮亦称越"。《吴越春秋》以为越王勾践是夏少康庶子无余的后裔，而无余曾封于越。看来越曾是地名，又是族名。后来推而广之，把我国东南沿海的非华夏族系的人民统称为越，以至有闽越、瓯越、南越、骆越、扬越等许多名称。古越人和越地的情况，古文献中记载甚少。《职方氏》讲扬州的一段话虽是说西周时的情形，但也可作一参考："东南曰扬州，其山镇曰会稽，其泽薮曰具区，其川三江，其浸五湖，其利金锡竹箭，其民二男五女，其畜宜鸟兽，其谷宜稻。"这种江湖甚多、物产富饶的自然地理条件，正是产生以稻作农业为基础的发达的史前文化的基础，良渚文化则是这一发展的高峰和最后阶段。

---

〔1〕　施昕更：《良渚——杭县第二区黑陶文化遗址初步报告》，浙江省教育厅，1938 年。

石家河文化是以其首次发现的遗址湖北天门石家河而得名的[1]。石家河是一个包括 20 多个地点的遗址群，1955 年发掘了三房湾、罗家柏岭等四处遗址。其中较早的属屈家岭文化，较晚的即石家河文化，但因资料未曾报道而不为人知。后来在湖北境内发现的同类或相近的遗存曾被命名为青龙泉三期文化、季家湖文化、湖北龙山文化、长江中游龙山文化等，现多主张统一为石家河文化而分为若干地方类型。

石家河文化以灰陶为主，同时有相当数量的橘红色粗陶和少量黑陶。泥质陶多为轮制。大部分素面无纹，少数有篮纹和方格纹。主要器形有鼎、鬶、豆、圈足盘、高领罐、粗红陶杯、缸等。石器磨制甚精，主要有钺、斧、锛、镰、镞等。石家河曾出土大量陶塑动物，包括鸡、长尾鸟、猴、象、狗、猪等，形成一种鲜明的特色。

关于石家河文化的地方类型目前还缺乏详细的论述。大体说来，至少可分为四个类型，即湖北西北至河南西南部的青龙泉类型、湖北西南到湖南北部的季家湖类型、湖北东南到湖南东北部的尧家林类型，以及江汉平原的石家河类型。

石家河文化分布的地区，大体相当于远古时代三苗集团的活动区域。《战国策·魏策一》载吴起的话说："三苗之居，左彭蠡之波，右有洞庭之水，文山在其南，而衡山在其北。"彭蠡即今之鄱阳湖，衡山当是《山海经·中次十一经》里所说的衡山，郝懿行认为它是指河南省西南部的雉衡山。文山虽不知为现今的哪一座山，但据其方位不外是洞庭、鄱阳之间偏南的某山。这个范围正是石家河文化分布的范围，所以石家河文化很可能就是三苗族系的文化。三苗在历史上与华夏族系有非常密切的关系，舜、禹均曾与三苗打过仗。而石家河文化与中原龙山文化关系最为密切，有不少文化因素相似，这当然不是偶然的巧合。

综上所述，龙山时代分布着许多考古学文化，它们分别同传说中的黄炎、两昊、越和三苗等集团有密切的关系，而这些集团后来又发展为华夏、东夷、吴越、荆楚等族系。所以说龙山时代考古学文化的分布，实际反映着民族文化区的萌芽和初步形成。而这几个民族文化区在我国古代文明的起源与发展中都曾起过十分重要的作用。

（三）铜器和石器的改进

在龙山时代的各考古学文化中，除良渚文化外均已发现铜器。铜器分布面的扩大和

---

〔1〕 石龙过江水库指挥部文物工作队：《湖北京山、天门考古发掘简报》，《考古通讯》1956 年第 3 期。

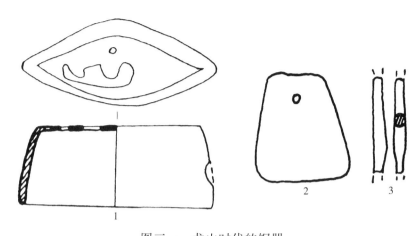

图三一　龙山时代的铜器

1. 铜铃（襄汾陶寺）　　2. 铜牌（唐山大城山）　　3. 铜锥（胶县三里河）

数量的增加，显示它已越过最初的发展阶段而到达了铜石并用时代的晚期（图三一）。

在龙山文化的遗址中有 5 处发现了铜器或铜炼渣[1]。其中有山东胶县三里河的两段残铜锥，诸城呈子的残铜片，栖霞杨家圈的一段残铜锥和一些炼渣与矿石碎末，日照尧王城的铜炼渣和长岛店子的残铜片等。

杨家圈的矿石经鉴定主要是孔雀石，即碱式碳酸铜。三里河的两件残铜锥虽然不在一起，并且是先后两次发掘时发现的，但从其形状和粗细的程度相像、断口大致能对接、成分和金相组织也都相似来看，可能原属一件标本而于早期残断所致。这件铜锥是铸造而成的，对金相组织的观察发现有树枝状结晶，组织不均匀，成分也有较大偏析。其中含锌约 20.2% ~ 26.4%，锡 0.35% ~ 2.15%，铅 1.77% ~ 4.26%，硫 0.053% ~ 0.43%，铁 0.585% ~ 0.93%，硅 0.043% ~ 0.11%，除铜、锌外，其余成分应为杂质。由于其中含硫，并与铅化合成为硫化铅，说明原料是不纯的，熔炼方法也是原始的。据推测这件锥可能是利用含有铜、锌的氧化共生矿在木炭的还原气氛下得到的，而不大可能是人们有意掺锌制成的合金黄铜。北京钢铁学院冶金史组曾进行实验，证明黄铜冶炼可以在较低温度下通过气—固相反应进行。因此只要有铜锌共生矿，原始冶炼即可得到黄铜[2]。而山东胶县附近的昌潍、烟台、临沂等地区，铜锌或铜锌铅共生矿资源十分丰富。因此在龙山文化中出现质地不纯的黄铜，是并不奇怪的。

中原龙山文化也有多处发现铜器或炼铜遗迹，一是河南郑州董砦的方形小铜

〔1〕　严文明：《论中国的铜石并用时代》，《史前研究》1984 年第 1 期。

〔2〕　北京钢铁学院冶金史组：《中国早期铜器的初步研究》，《考古学报》1981 年第 3 期。

片，二是登封王城岗的一件残铜器片，三是临汝煤山的炼铜坩埚残片，四是山西襄汾陶寺的铜铃等。

煤山的坩埚残片分别发现在两个灰坑中，内壁保留有一层层的固化铜液，最多的一片上有六层，每层厚约 1 毫米。经化验分析含铜的近似值为 95%，应为红铜[1]。陶寺的铜铃是一座墓葬的随葬品。铃高 2.65 厘米，横剖面呈菱形，长 6.3、宽 2.7 厘米。系合范铸成，顶部钻一圆孔。经测定含铜 97.86%，铅 1.54%，锌 0.16%，应系红铜[2]。铃外包布，据布痕看系平纹织法，但经纬粗细不同，密度为每平方厘米 16 根×20 根，当为较细的麻布。

河北唐山大城山的文化性质应是受中原龙山文化和龙山文化的影响而又有自己的特点。那里发现有两块穿孔铜片，穿孔方法系两面对钻，与石器钻孔方法一致。两块铜片的含铜量分别为 99.33% 和 97.97%，另有少量锡、银、铅、镁等杂质，也是红铜。

内蒙古自治区伊克昭盟的朱开沟遗址，较接近于中原龙山文化而又有自己的特点，其中发现了铜锥和铜手镯等。

在长江中游的石家河文化遗存中，最近也发现了许多铜块，地点在湖北天门石家河。

至于黄河上游的齐家文化，更是在多处遗址发现了铜器，其种类有刀、锥、匕、指环、斧、镜等，除镜为青铜外，其他经鉴定的亦多属红铜。

上述情况说明，在龙山时代的确已普遍使用铜器。最普遍使用的是锥，其次是刀匕之属，其他则有斧、镯、指环、铃、镜等，即一些小件的手工工具、梳妆用具、装饰品和乐器等，应用的范围还是很有限的。铜器的成分中，绝大部分属红铜，也有少数为黄铜或青铜，不论哪种铜器，其中都有一定数量的杂质。而此时的青铜或黄铜，实际是由铜锌共生矿或铜锡铅共生矿经原始方法冶炼出来的，并不是有意制造的合金。因此这个时代还只能是铜石并用时代而不是青铜时代。

这个时期的石器几乎都是磨制的了，切割法和管钻法等技术更加广泛地应用，石器种类和形态更加多样化，地区性差别也更加明显。可以说，这个时期才达到了石器制造技术和应用范围的顶峰，相形之下，过去曾广泛应用于工具制造的骨角器、蚌器和陶器均已降到不重要的地位。

农具方面，江南的变化比黄河流域更明显些。例如在良渚文化中已普遍发现

---

[1]　中国社会科学院考古研究所河南二队：《河南临汝煤山遗址发掘报告》，《考古学报》1982 年第 4 期。

[2]　中国社会科学院考古研究所山西工作队、临汾地区文化局：《山西襄汾陶寺遗址首次发现铜器》，《考古》1984 年第 2 期。

犁铧、破土器和耘田器〔1〕，这些都是根据水田耕作的需要而发展起来的。

石犁形体呈扁薄等腰三角形，犁尖夹角约 40～50°，两腰有刃，中部有一至三孔。小者长仅 15 厘米，大者长近 50 厘米，后端略平或内凹。这种石犁确切些说只是犁的工作部分铧，而且这种铧必须固定在犁床上，很可能在它上面还要加一块凸脊的木板，一则有利于固定铧，二则可起分土作用。这是在我国发现的最早的石犁。过去在内蒙古昭盟一带的红山文化中发现的所谓石犁，很可能只是一种尖头的石铲。

所谓破土器又可称为开沟犁，大体呈三角形，底边为单面刃，前边大于后边，前角小于后角，因而呈向前倾斜状。顶端向后有一斜柄，或在后边的上端有一缺口以利安柄，后一种形式常在缺口的前边穿一孔。这种器物体形小者通长 20 多厘米，大者 50 厘米以上，刃部大多严重磨损，使用时因过于笨重难于一人挥动，很可能是一人前挽，一人后推以用于破土的农具。良渚文化所在地水网密布，沼泽甚多，其中常丛生芦苇和其他草类，要开辟成水田，除要砍除或烧掉苇草外，泥里盘根错节是很难翻动或推平的，破土器实是一种斩断草根以利翻耕的器具，是专为开荒用的耕具。

犁耕的出现，不但提高了劳动生产率，也提高了翻地的质量，还为畜力的利用提供了可能。所以在农业发展史上，总是把犁耕农业同锄耕农业相区别，在我国的具体情况可能是与耜耕农业相区别，犁耕农业成为一个新的更高的发展阶段。

在黄河流域，耕作农具仍然是石铲或石耜。龙山文化的石铲多舌形，中原龙山文化的石铲则多近长方形的梯形或双肩形。二者均较轻薄，刃部宽度一般不超过 10 厘米，但很锋利，器身通体磨光，对黄土地带的翻地来说还是很适用的。

这时期的收割农具主要是石刀，即石爪镰，同时也普遍地出现了石镰，只是数量还比较少。石刀形状多为长方形，一般比仰韶后期石刀为长，多数仍穿一孔，也有穿两孔的。在良渚文化中还曾发现少量半月形石刀。一般说来，石刀是割穗的，而石镰是连茎秆一起割的。所以石镰的普遍出现，意味着对作物茎秆的利用更为重视了。

作为手工工具的石器仍然是斧、锛、凿和纺轮，后者大多是陶质的，石纺轮只占一小部分。凿的数量比前一时期有所增加，可能意味着榫卯技术有新的发展。石锛中除常形者外，在良渚文化中已普遍发现有段石锛——它是我国东南地区传统石器之一，对东南亚和太平洋各群岛有较大影响。

如果说这时期手工工具的变化还不十分显著的话，那么武器的发展却是十分明显的了。这时的主要武器是石镞和石钺，同时有少量的石矛。在此以前箭头主

---

〔1〕　牟永抗、宋兆麟：《江浙的石犁和破土器——试论我国犁耕的起源》，《农业考古》1981 年第 2 期。

要是骨制的，也有少量蚌制和石制的，这时则主要变成石制的了。以前的箭头多扁平或圆锥形的，多数无铤，这时则多三棱或剖面呈菱形，并且锋、身、铤三部分分化明显。在分布地域上，中原龙山文化多三棱形，龙山文化与长江流域诸文化则多剖面呈菱形者。这种远射武器的显著发展和改进，以及近距离使用的刺兵——矛的出现，都说明这时期战争行动大大加剧了。

（四）玉器工艺的发展

龙山时代的玉器比前一时期更多，制作也更精良了。在龙山文化、中原龙山文化、良渚文化和石家河文化的遗址中都出土过许多玉器，其中以良渚文化出土的数量最多，种类也比较复杂（图三二）。

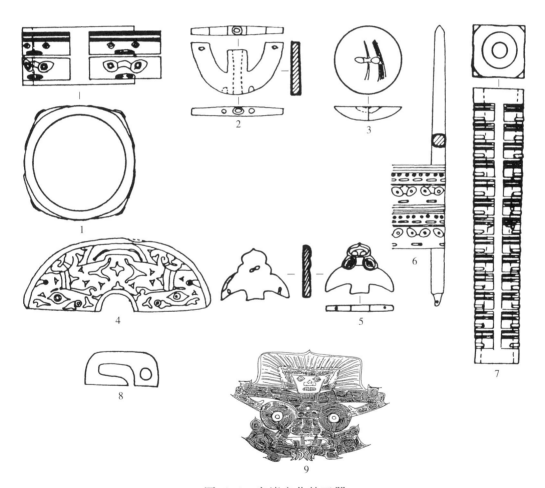

图三二　良渚文化的玉器

1、7. 琮　2. 山形饰　3. 衣扣　4. 璜　5. 鸟　6. 锥形器　8. 带钩　9. 反山大琮上的神人兽面纹（原高约 3 厘米）

　　玉器的制作工艺，照理应是磨制石器工艺的延伸和升华。因为玉不过是一种美好的石头，有些加工石器的方法也广泛用于玉器的加工。但玉器毕竟不同于一般石器，这不但是因为材料不同，制法上有很多差异，更重要的是种类和功能有十分明显的区别，从而形成一种独特的工艺。

　　龙山时代的玉器多用软玉，在矿物学中应属具有交织纤维显微结构的透闪石、阳起石系列。这种玉材的硬度一般为莫氏 6 度，有美丽的颜色和质感，能够加工成各种形状的器物和优美的花纹。

　　玉器的加工大体有裁料、成形、作孔、雕刻花纹和抛光等工序。裁断的方法有两种，一种是在石器加工中常用的片锯切割，一种是玉器加工中特有的线切割，这在一些玉料和玉器本身留下的痕迹上可以清楚地分辨出来。无论用哪种切割方法，都需要有硬度高于玉的中间介质即解玉砂，正如现代玉器加工也必须用解玉砂一样。

　　一般器物经过切割已大体成形，个别特殊器形还须辅助以雕琢，比起石器制作中往往用打制毛坯成形的方法来要准确和省料得多。

　　绝大部分玉器都有穿孔，而且一般都用管钻的方法，所用管料大抵为竹，这同石器制作用的管钻法基本相同。但玉器中管钻应用的范围要广泛得多，钻孔也深得多。例如有的玉管直径仅 1～2 厘米，长却有 10～20 厘米，有的琮更长达 30～40 厘米，要一下子直穿钻透，其难度可以想见。据观察，良渚文化的玉器无论厚薄均用双面钻，且两面钻的深度相若，如有倾斜也往往相对，故有人推测当时已有两极钻具，掌握了从两面同时钻进的技术[1]。

　　花纹的雕刻有两种方式，一种是透雕，多施于玉璜和各种牌饰。镂透部分一般先画出范围，钻出小孔，再用线加解玉砂锯割，最后在透雕体上加刻阴线花纹。另一种是浮雕加线刻，一般用浮雕表现主体花纹，用阴刻表现地纹或背景纹饰，浮雕也常刻钩云纹，形成三层纹饰。在良渚文化的玉器花纹中，以神人兽面纹最有代表性，背景纹饰是一个戴羽冠的神人，他的胸部乳房和肚脐部分用浮雕强调成大兽面形，兽面上又有阴刻纹。整个纹样复杂细腻，有时 1 毫米宽度有四五道刻纹。根据刻线放大的情况观察，应是用坚硬的石雕刻器完成的。

　　这个时代的玉器主要有三类，一类是用作礼器或仪仗的工具和武器，其中主要是钺，其次是斧、锛、刀等；二类是宗教用品，主要有琮、璧等；三类是装饰品，数量最多，有头饰、耳坠、项饰、佩饰、手镯、指环等以及服装上的用品如带钩、圆扣和各种缀饰，此外还有一些单独的艺术品如人、人头、鱼、鸟、龟等

---

〔1〕　牟永抗：《良渚玉器三题》，《文物》1989 年第 5 期。

的小件圆雕。

各地玉器的种类、形制和花纹不尽相同，应用的范围也有差别。目前发现玉器最多的是良渚文化，仅余杭反山一处墓地就有 1100 余件（组），如按单件计算则达 3200 多件。余杭瑶山、上海福泉山、江苏武进寺墩等处也有大量发现，至今发现玉器的良渚文化遗址已达 20 多处。其他地方目前发现不太多，可能是大墓发现较少的缘故。

在各种玉器中，钺、琮、璧处于非常突出的地位，也是各地区文化遗存中常见的器物。

玉钺在反山和瑶山都曾发现较完整的组件。一般包括玉质的钺冠，钺身和钺柄端，三者大多为素面，也有刻精细花纹的。钺柄当为剖面呈椭圆形的木柄，有的髹红漆并镶嵌大量玉粒。从钺端到钺柄端的长度，反山 M14：221 为 74 厘米，M20：144 为 74 厘米，瑶山 M7：32 为 80 厘米。这种钺做得如此精致，又没有任何砍削的使用痕迹，当是军事首领的一种权杖。《史记·殷本纪》载："汤自把钺，以伐昆吾，遂伐桀。"《尚书·牧誓》载："（周武）王左杖黄钺，右秉白旄以麾。"商汤和周武王姬发当时都是指挥军队的最高首领，他们手里都拿着钺，可见钺是军权的象征。而良渚文化中用钺随葬的墓主人，生前也当是一位军事首领。

琮在良渚文化中占有重要地位，在所有玉器中，它是做得最讲究的。最好的一件琮出自余杭反山 12 号墓，呈乳白色，高 8.8、射径 17.1 ~ 17.6 厘米，重 6.5千克，是矮体琮中最大的一件。该琮纹饰雕工极精，四面直槽内每槽两个人体与兽面复合像，四个转角处有双重兽面纹。人体全身仅高 3 厘米，双眼圆睁，阔鼻宽嘴，嘴中露出整齐的两排牙齿。头戴宽大羽冠。上臂平伸弯肘，双手指向胸怀，有的手指头都刻出了指甲。下身盘腿而坐，足却被刻成似鸟爪的形状。全身刻卷云纹，关节部位有小片外伸，很像是穿着皮甲。人体的胸腹部以浅浮雕突出一兽面（或亦为人面）纹，眼、鼻、嘴均刻划清晰，嘴里有獠牙。样子很像是挂在那个双腿盘坐的人身上的一个兽面胸牌，用以显示其神圣和威严（图三二，9）。

迄今最大的一件玉琮现藏中国历史博物馆。该琮高 49.2 厘米，纹饰分十九节，其上端正中刻有圆圈下加火形符号，与大汶口文化陶尊上的图画文字完全相同；底部内侧刻有斜三角记号。此器形状、风格完全是良渚文化式的，却有大汶口文化的图画文字，是值得注意的，类似的情况还见于玉璧、玉镯等。

中国古代琮与璧常并提，《周礼·大宗伯》载："以玉作六器，以礼天地四方。以苍璧礼天，以黄琮礼地……"《仪礼·聘礼》："受享束帛加璧；受夫人之聘璋，享玄纁，束帛加琮，皆如初。"郑注："君享用璧，夫人用琮，天地配合之象也。"《考工记·玉人》："璧琮九寸，诸侯以享天子……璧琮八寸，以颗聘……
驵琮五寸，宗后以为权。大琮十有二寸，射四寸，厚寸，是谓内镇，宗后守之。
驵琮七寸，鼻寸有半寸，天子以为权……瑑琮八寸，诸侯以享夫人。"从这些记载
我们只知道璧琮都是礼器并且往往相互配伍，不同等级的人所用璧琮的大小亦不
同。但这是周代理想化的制度，史前时期的良渚文化当不会有这样严格。从它只
出于大墓来看，可以断定当时只有贵族才能掌握。张光直认为琮的意义尤为重大，
是巫师借以通天地的法器，并认为中国历史上有一个巫政结合并产生特权阶级的
玉琮时代[1]。就良渚文化来说，这个见解是值得注意的。但良渚文化的琮有各
种形态并可大致分为两类：一类较粗矮，上面往往有比较精细的花纹；另一类较
细高，往往被分为许多节，花纹简单，玉质也较差。前者多出于太湖南岸，以良
渚遗址群为大宗；后者多出于太湖北岸，仅武进寺墩 3 号墓就出土 32 件之多。二
者的功用也许不完全相同。

玉璧绝大部分也出于良渚文化，有时与琮同出，有时则不尽然，加工远不如
琮那么精细。但美国弗利尔美术馆的几件据传出自浙江的玉璧上，雕刻着鸟立于
柱上的图画，则是少见的精品。

（五）轮制陶器的流行

龙山时代制陶业的进步主要表现在两个方面：一是广泛使用快轮拉坯；二是
陶窑结构的改进。

陶轮又称陶车或陶钧，是一个圆盘形工作台，中轴插入地下套管，用手摇或
脚踏使其转动。陶轮早在仰韶时代便已出现，那时制坯的方法主要是泥条盘筑，
做大件器物时利用陶轮可以避免陶工来回转动，画彩时也有许多方便，那种陶轮
一般称为慢轮。龙山时代则是利用陶轮的快速转动直接拉坯，一件器物几秒钟就
拉出来了，加上必要的修理也只需要几分钟时间，劳动生产率比慢轮上用泥条盘
筑法生产要提高许多倍。尽管至今没有发现当时使用的陶轮，但若观察陶器上遗
留下来的制造痕迹，再与现代陶器上的制造痕迹进行对比，就能一目了然。大凡
用快轮拉坯制造出来的陶器（即通常所说的轮制陶器），总是器身正圆，胎壁厚薄
均匀，里外有许多旋转时留下的同心周线。有的器物表面因打磨光亮而不见同心
周线，里面总还是非常清晰的。制坯完成，一般要用细绳割下，此时轮子还没有
完全停止转动，所以割下的痕迹总是偏心螺旋纹。凡具有以上特征的，即可肯定
是轮制陶器。这样的轮制陶器在仰韶文化后期和大汶口文化后期的遗存中已发现

---

〔1〕 张光直：《谈琮及其在中国古史上的意义》，《文物与考古论集》，文物出版社，1986 年。

有极少的标本，而到龙山时代则大量出现。不过即使在龙山时代，各地的情况也有很大差别。大致说来，龙山文化和良渚文化的轮制技术最为发达，差不多所有陶器都是轮制的。即使是最不便于轮制的陶鬶，也往往分段轮旋制出颈部和袋足部再结合起来。其他许多较复杂的器物如小口高领罐、蛋壳黑陶杯、豆、圈足盘、双鼻壶等也都是分段轮制然后粘接起来的，碗、盆、杯等简单器物则一次拉坯即成。器物的附件如流、把、鼻、足、耳等不便轮制的部分，往往先手制或模制，然后粘接到器身上去（图三三）。

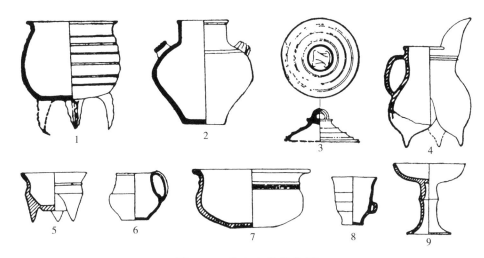

图三三　龙山文化的陶器

1、5. 鼎　2. 高领罐　3. 器盖　4. 鬶　6. 单把罐　7. 盆　8. 杯　9. 豆（1～3、6、8. 两城镇出土，4、5、7、9. 城子崖出土）

龙山文化和良渚文化的陶工不但熟练地掌握了轮制技术并加以最广泛的应用，而且在陶器造型和表面处理上也尽量表现出轮旋痕迹特有的美感，所以一般不加其他纹饰，而只是用轮子直接旋出竹节状纹、阴弦纹等，有时在局部范围有不同形状的镂孔或刻划纹。在某些最精美的陶器上则用极细的针刻图案。

龙山文化中的蛋壳黑陶杯可算是这个时期制陶技术的最高成就。这种陶杯显然是从大汶口文化的黑陶高柄杯发展而来的，但二者制法不同，造型上也有较大的差异。龙山文化的蛋壳黑陶杯一般有较高的柄，杯身为圜底形，常有宽缘盘形口，有些杯的杯身部分做成两层壁，内壁形成胆便于盛物（也许是酒），外壁则可镂刻成美丽的花纹。这种杯通高约15～20厘米，口径差等，而壁厚多在0.5～1毫米之间，最薄的仅0.3毫米，全器还不到一两重，拿起来显得十分轻巧。

这种器物是怎样制造出来的呢？有不少人做过研究和实验，近来终于比较明白了[1]。首先对原料的选择和制备比较严格，需要细腻纯净的黏土，其中绝不能含硫，否则便会烧流。经过多次淘洗，其粒度至少应在300目。稍揉后还要经过长期陈腐。用时要反复揉泥，至少要比制普通陶器时多花三倍以上的工夫，这样泥土就不至皲裂，可塑性能极好。杯坯一般分三段拉成，稍干后用泥浆粘接。此时坯体还较厚，必须在陶轮上用刮刀反复旋薄。为了车好坯子，必须设刀架。车速不能太快，一般掌握在每分钟80～100转即可；转动还必须均匀，故一定要用惯性轮。坯子车好后还要进行镂刻，因为坯体极薄，又尚未入窑，故镂刻时应十分细心，否则就容易挤碎以致前功尽弃。等一切准备妥当，即可入窑。由于坯体极轻，如果直接放在窑内，点火后由于空气的对流会使坯体浮动而相互碰碎，故必须有匣钵。现在已经发现了这样的匣钵，为厚胎夹砂陶，底部有一长方形孔，大小正好容纳一个蛋壳黑陶杯。为了获得又黑又光亮的效果，选择泥土时最好是含锰的，或在烧窑时选择芦苇等含锰的燃料，烧成后不久即出窑，趁热打磨，即十分光亮。由此可见，要制成一件蛋壳黑陶杯是十分不容易的，必须有很高技艺的专门的陶工。推测当时可能只有少数几个制陶中心能做，其他地方要设法去交换。我们在山东长岛县的砣矶岛上曾发现与潍坊姚官庄完全一样的蛋壳黑陶杯，可能就是同一陶工的制品。如果确实如此，说明当时交换的范围已经很大了。

中原龙山文化和石家河文化轮制陶器的比例不如龙山文化和良渚文化那样高，大约只有半数为快轮制造。陶器颜色也不如龙山文化等那么深，除黑陶外，还有大量的灰陶，石家河文化中还有较多的橘红粗陶。在中原龙山文化中，也是越往西轮制陶越少，黑陶越少。如客省庄二期文化约80%以上为灰陶，18%为红陶，黑陶仅占1%多些。轮制陶仅占少数，而大量的是泥条盘筑和模制。有些鬲足内有反绳纹，当是用原有鬲足为内模的一种证据。

这两个文化的陶器除素面和磨光以外，还有不少饰篮纹、绳纹或方格纹，从而造成一种与东方沿海地区的陶器很不相同的风格。这三种纹饰在各地的比例颇不相同，具体的纹样也有差别。大致说来，北部和西部的绳纹较多，如后冈二期文化、陶寺类型、客省庄二期文化等均是；中部和东部的方格纹较多，如王湾三期文化和造律台类型均是。篮纹比较普遍，但早期较多，且多斜行、纹样较宽而浅；晚期略减，多竖行，较窄而深。

由于黑陶和灰陶大量流行，在中原龙山文化和石家河文化中又多篮纹、绳纹

---

[1] 钟华南：《大汶口——龙山文化黑陶高柄杯的模拟试验》，《考古学文化论集》（二），文物出版社，1989年。

和方格纹，在这种陶器上均不适于画彩，所以曾经风行很长时间的彩陶到这时已经全然绝迹。但在某些较讲究的陶器上还有彩绘。如良渚文化的一些黑陶豆和圈足盘上常有朱绘，后冈二期文化的某些黑陶盆和圈足盘上也有朱绘或朱、黄两色彩绘，陶寺类型中更有较发达的彩绘。这种彩绘陶是在陶器烧好以后再画上去的，很容易擦掉；所用颜料比较浓厚，类似于现今水粉画的颜料。这种彩绘陶器不适于做生活用器，一般用于祭器或随葬用明器。

这个时期陶窑的结构与铜石并用时代早期基本相同而与新石器时代晚期者有很大的差别。窑室仍为圆形，有"北"字形或"川"字形火道，窑壁呈弧形弯曲。内蒙古凉城老虎山的窑保存最好，顶为穹窿顶，这样的结构便于封窑。在基本烧成后的高温情况下密封饮窑，使窑内造成还原气氛，容易烧出灰陶和黑陶。所以这时陶器以灰色和黑色为主，是与陶窑结构的改变分不开的。陶窑的体积也比以前扩大。仰韶前期的窑室直径一般为 0.8 米；龙山时代小的直径约 1 米，大的直径可达 1.5 米以上。这样每窑所烧陶器就可多好几倍。在大汶口文化晚期已可看出的专业化制陶工匠的出现，到龙山时代显然又得到了进一步的发展。

（六）纺织、漆木工和酿酒的进步

龙山时代纺织业的进步可从两个方面看得出来，一是麻织品更加精细；二是丝织品的出现。

仰韶时代已经有了麻布，根据一些陶器上的印痕知道都用平纹织法，其密度一般为每平方厘米 6 根 ×9 根至 12 根 ×15 根。到龙山时代麻布仍然是平纹织法，但有时经纬线粗细不同，纹理更加细密。如前举山西陶寺铜铃上的包布每平方厘米为 16 根 ×20 根，甘肃永靖大何庄齐家文化陶罐上的麻布每平方厘米是 30 根 ×30 根，良渚文化中最细的麻布每平方厘米是 20 根 ×30 根。这样细的麻布，不但要有相应的细扣，而且首先要给麻纤维脱胶，否则难以纺出那样细而均匀的麻纱。这时的纺轮很明显有大小两种，大约就是为纺不同粗细的麻纱而制的。

历来传说是黄帝的妻子西陵氏嫘祖发明养桑蚕缫丝，《路史》引《蚕经》说："西陵氏始劝蚕"。但这传说是否真实，黄帝究竟相当于考古学上的哪个时期，都是很难说的。现在我们知道，至少在龙山时代的良渚文化中是已经有丝织物了。浙江吴兴钱山漾良渚文化遗址中曾发现有丝带、丝线和绢片[1]。丝带分 10 股，每股单纱 3 根，编成两排平行的"人"字形纹，宽约 0.5 厘米。绢片系平纹织法，

---

〔1〕　浙江省文物管理委员会：《吴兴钱山漾遗址第一、二次发掘报告》，《考古学报》1960年第 2 期。

经纬粗细相仿，撚回方向为"S"形，织物密度为每平方厘米 47 根 × 47 根，这已经是很细的丝织物了。

漆木器是很难保存的东西，所以至今发现甚少。但从良渚文化和中原龙山文化的一些发现来看，当时漆器至少在贵族的生活中应已得到了较广泛的应用。良渚文化的漆器均发现于较大的墓葬中，能辨器形的有盘、觯和杯等，有的棺木上也很像是涂漆的。这些漆器一般为黑色，画朱红色花纹，有的还镶嵌玉粒。山西陶寺的大型墓中往往发现木器残迹，其种类有鼓、圈足盘、长方平盘、斗、豆、案、俎、匣和谷仓模型等（图三四）。这些器物的木胎均已腐朽成灰，只是通过上面的彩皮才可辨出器形。这些彩皮往往呈卷状，很可能是漆皮。往往以红色为地，上面用白、黄、黑、蓝、绿等色彩画出美丽的图案。

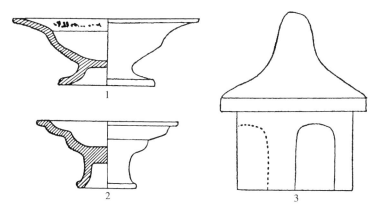

图三四   陶寺的木器
1、2. 豆   3. 房屋模型

关于夏代以前即有漆器这件事，在先秦文献中已有记载。《韩非子·十过》篇中说："尧禅天下，虞舜受之，作为食器，斩山木而财之，削锯修之迹，流漆墨其上，输之于宫以为食器。诸侯以为益侈，国之不服者十三。舜禅天下而传之于禹，禹作为祭器，墨染其外，而朱画其内。"

这段话告诉我们：（1）在尧舜禹的时代，漆器还是很珍贵的，即使是尧舜那样的贵族首领用为食器。人们还觉得太奢侈了；（2）漆器的用途是食器和祭器；（3）漆器的颜色主要是黑色和红色，用红色画花纹。这几点同在中原龙山文化和良渚文化中的发现都是基本上相符合的。

酿酒的历史不如丝织物和漆器的制作那样清楚。一般认为，至少在铜石并用时代早期就知道酿酒了，大汶口文化和屈家岭文化中的高柄杯都应当是饮酒器。到铜石并用时代酒器做得更精致了，龙山文化的蛋壳黑陶杯，良渚文化中的某些黑陶杯和漆觯、漆杯等都可能是酒器。如果这个判断不至大谬，则龙山时代饮酒的风气较前一时期又有新的发展。

（七）建筑技术的提高与房屋结构的变化

龙山时代迄今没有发现大型房屋建筑，但从大量的小型房屋基址来看，知道当时房屋的类型已比从前复杂，种类多样化了；特别是建筑技术有较大的进步。这主要表现在三个方面：

一是夯筑技术的发明。在龙山文化和中原龙山文化中，常常发现夯土的房基。如山东日照东海峪的一些房子就是这种筑法。据报道，那里房屋的建筑程序是先筑低矮的台基，然后筑墙体、室外护坡和室内地基。这些台基、护坡和室内地基均为分层筑成，土质坚硬，层次分明，每层上面有不规则形的凹窝，推测是用不规则形石块夯筑而成的[1]。至于这时普遍出现的城堡，更是夯筑技术的滥觞。

二是土坯墙的出现。现知河南永城王油坊、汤阴白营、安阳后冈和淮阳平粮台等地都发现了用土坯砌墙的房子；上海福泉山和浙江余杭大官山果园等良渚文化遗址中更发现了烧过的红色土坯或砖。王油坊、白营和后冈的土坯都没有固定的规格，一般长20~50、宽15~38、厚4~9厘米。土坯用深褐色黏土制成，内夹少量小红烧土块。这显然是和泥制坯并晒干后才使用的。砌墙的方法是错缝叠砌，用黄泥黏接。用这种土坯砌筑的都是村落中的一般房屋，往往是圆形的单间小屋。平粮台的房屋是做在城内的，有台基，每栋房分为若干小间，有的室内甚至设有走廊，比一般村落中的房屋要讲究得多（图三五）。这种房屋的土坯也比较规整，一号房的土坯长32、宽27~29、厚8~10厘米；四号房土坯较大，长58、宽26~30、厚6~8厘米。砌成墙体后在墙面抹草泥。用这种土坯砌成的房子，从外形看已与现代的土坯房没有多大区别。至于良渚文化的火烧土坯，无论福泉山还是大官山果园的，大小规格也不大整齐。发现时全部经火烧过，故外面呈砖红色，里面因未烧透而呈黑灰色。现时难以判断它们是因失火而烧成红色的，还是有意烧成的砖。如果是后者，那就是我国最早用于建筑的小砖了。

三是石灰的广泛应用。河北、河南和陕西的许多属于中原龙山文化的房子，其地面和墙壁往往抹一层厚约2毫米的白灰，表面光滑平整，质地坚硬，颜色净白。经化验其成分同现代石灰基本一样。过去以为是用料姜石烧的，但料姜石含

---

〔1〕 山东省博物馆、日照县文化馆：《一九七五年东海峪遗址的发掘》，《考古》1976年第6期。

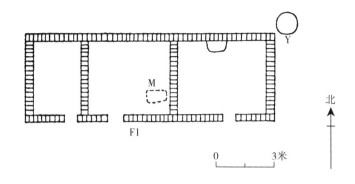

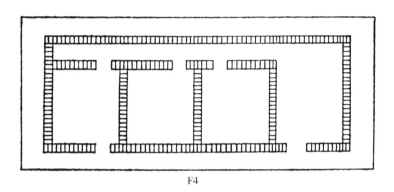

图三五 平粮台的土坯房

土较多，不易做到那么纯净洁白；也有推测是用贝蚌类烧制的蜃灰，但像龙山时代房屋建筑中那样大量使用白灰，单用贝蚌类烧制的蜃灰恐也难以满足需要。在安阳后冈曾发现白灰渣坑，为过滤石灰后残渣的堆积坑，邯郸涧沟曾发现白灰坑，为已调好的白灰浆凝固而成，后冈等遗址更发现过未烧透的石灰石堆积，有些地方还有烧石灰的窑。由此看来，当时已经知道开采石灰石矿以烧制石灰了。这同前一阶段只知用料姜石烧制不纯的石灰以调制似水泥的灰浆，还是有很大差别的。

房屋的结构颇具有地方特色，而同一地区则反映出城乡差别。

龙山文化的房屋在日照东海峪、栖霞杨家圈、诸城呈子和胶县三里河等地均有发现。一般为方形或略呈长方形，单间，室内面积 15～20 平方米，较大的有近 40 平方米者。有的先做台基，有的则在平地起建。地基常先经夯筑，地面抹黄泥或草泥而不用白灰，仅接近后冈二期文化分布区的茌平尚庄一座残房有白灰面。墙有垛泥和木骨泥墙两种。前者多用草泥层层垛砌；后者多先挖基槽，在其中立柱扎棍再抹草泥。有的基槽深挖 1 米以上，如杨家圈的几座房子便是那样。

中原龙山文化的村落中多为圆形单间房子，且多用白灰抹平地面和墙壁，与龙山文化多方形而不用白灰的风格颇不相同。但中原龙山文化分布面很大，各地方类型也有一些差别。其中以分布于河北和河南北部的后冈二期文化最为典型。东边接近于龙山文化的造律台类型则既有方形又有圆形，既有白灰面房基，又有用黄泥或草泥筑的房基，表现为龙山文化与中原龙山文化的双重风格。西边接近于齐家文化的客省庄二期文化，房子有圆形和方形的，还有前方后圆的双间房，不少有白灰面，但房基多半地穴式，表现为中原龙山文化和齐家文化的双重风格。

属于后冈二期文化的房屋以安阳后冈和汤阴白营发现较多。其他尚有安阳大寒南岗、将台、蒋台屯，河北邯郸涧沟等多处。其中安阳后冈早在1931年即发现过涂白灰面的圆形房基，以后在1958、1959、1971、1972、1979年都进行过发掘，仅1979年就发现房屋39座[1]；而汤阴白营于1976年至1978年的发掘即发现房屋63座[2]。除个别早期房屋有半地穴者外，一般均为平地起建，或筑出较周围地面稍高的地基，地基有明显的夯层和夯窝。在地基上起墙有三种形式，最多的是垛泥墙，其次是木骨泥墙和土坯墙。绝大部分室内地面和墙壁抹白灰，显得洁白亮堂，室内正中有一块圆形灶面，为取暖和炊事的地方，室外有护坡和散水。个别房屋室内有垫木板的。这种房屋同仰韶文化的一般居室相比，居住起来显然要舒适一些。

在这些房屋建筑中有两点情况值得注意：一是用小孩奠基，如后冈即有15座房子下或附近埋有小孩，从地层关系来看是在建房过程中埋入的，最多一座房子下埋四个小孩。这显然不是正常的死亡和埋葬，而是建房时举行奠基仪式的牺牲。这种用人奠基的现象，到商代得到很大的发展。二是许多房子内或房子近旁有小的窖穴，其底部和四壁常抹白灰，比较讲究，当是属于房主人的储藏窖穴。这同仰韶文化前期窖穴成群而不与个别小房子相连的情况相比，说明以一座小房子为单位的家庭已发展为在消费上更为独立的单位。

上述两点情况，在造律台类型的王油坊遗址中同样存在。说明它不是孤立的现象，而可能是社会发展到一定阶段的产物。特别是王油坊除用小孩奠基外，还有用大人奠基的。如第20号房屋东北有三人相互叠压，骨架周围的土都筑得非常坚硬，显然是筑地基时一同埋入的。这三人均为男性，年龄在25～35岁，其额部以上的头顶骨均已被去掉，显然不是正常的死亡和埋葬，很可能是战俘用来奠基。商代用于奠基的正是有小孩也有成人，说明龙山时代的社会同商代已有某些接近

---

〔1〕　中国社会科学院考古研究所安阳工作队：《1979年安阳后岗遗址发掘报告》，《考古学报》1985年第1期。

〔2〕　河南省安阳地区文物管理委员会：《汤阴白营河南龙山文化村落遗址发掘报告》，《考古学集刊》（第3集），中国社会科学出版社，1983年。

的因素。

客省庄二期文化的房址主要发现于西安客省庄、武功赵家来和临潼康家等处。客省庄发现了 10 座房址[1]，除一座残破的圆形房屋难以确定是否分间以外，其余 9 座都是双间套房，5 座前后均为方形或长方形，4 座是前方后圆房。这些房屋面积一般较小，把内室和外室的面积加起来，小的仅 10 平方米左右，大的也不足 20 平方米。外室一般有门道，有窖穴，灶址偏于一侧或掏成壁灶；内室较平，火塘设于正中，当为卧房。所有房屋都是地穴式的，口小底大，现存深度最浅 1.28 米，最深有 2 米以上。除个别较大的外室有一两个柱洞外，一般不见柱洞。推测外间是地穴式，内间有可能是窑洞。

康家的房屋基址已发现 100 多座，分若干排，每排房子又分若干组，每组房子少则两三间，多则五六间（图三六）。从而构成一种层次分明、布局有序的聚落结构[2]。所有房屋均坐北朝南，门向南偏东 10~15°。长方形单室，进深略大于宽，居住面积仅 9~12 平方米。居住面多抹白灰，也有用胶泥或草筋泥的，中间设一圆形火塘。房屋前墙有的用土坯或草泥，其余三面墙则用夯土筑成。墙壁残高多为 15~40 厘米，个别保存好的高 1.1~1.3 米。每所房屋的东西侧墙体往往向前伸出一段，形成门垛。前后两排房之间相距 6~9 米，形成公共的院落。

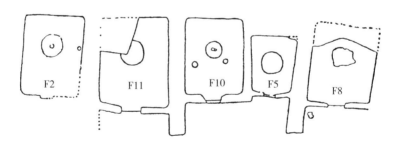

图三六　临潼康家的排房

康家的聚落大概持续了比较长的时间，所以房子毁弃以后，又在原址建造新居，有的房子上下叠压三四层，最多可达七八层，而村落的总体布局没有变化。

武功赵家来曾发现 10 座房屋[3]，有三种形式：一种是半地穴式，有 4 座，

〔1〕　中国科学院考古研究所：《沣西发掘报告》，文物出版社，1962 年。

〔2〕　陕西省考古研究所康家考古队：《陕西临潼康家遗址发掘简报》，《考古与文物》1988 年第 5、6 期。

〔3〕　中国社会科学院考古研究所：《武功发掘报告》，文物出版社，1988 年。

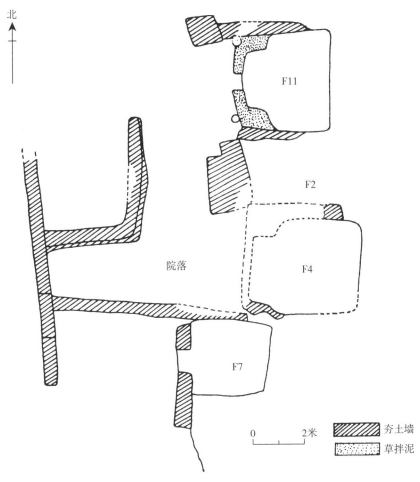

北

院落

F11

F2

F4

F7

0　　　2 米

▨ 夯土墙

▨ 草拌泥

图三七　武功赵家来的院落

长方形，面积约为 12 ~ 13 平方米；第二种是窑洞式，仅 1 座，洞壁保存高 3 米以
上；第三种是半窑洞半起墙式，有 5 座，后半为窑洞，残存洞壁高达 2.6 米，前
墙及两侧壁的前段为夯土筑成。在这些房子的前面有数道夯土墙隔成的院落，这
是在我国史前遗址中第一次发现室外的院落建筑（图三七）。它从另一角度证明家
庭独立性有了明显的加强。

　　这时期城内的住宅仅在淮阳平粮台发现几处[1]。均为长方形分间房屋，全
用土坯砌成，与一般村落多圆形单间用垛泥墙砌的风格大不相同。如 4 号房基有

　　[1]　河南省文物研究所、周口地区文化局文物科：《河南淮阳平粮台龙山文化城址试掘简
报》，《文物》1983 年第 3 期。

一长 15 米多，宽 5.7、高 0.72 米的台基，在台基上用土坯砌墙。房屋分为四间，北边有一宽 0.92 米的走廊。奇怪的是这样讲究的房屋没有用白灰面抹墙和地面。这房的位置在城东南角，推测城的中心偏北当有更高级的主体建筑。这种城乡房屋的差别，是当时社会分化的突出表现之一。

（八）城堡和水井的出现

古书谓"鲧作城"（《世本》），鲧为禹父，属夏以前的唐虞时代。假如像许多学者所主张的二里头文化是夏文化，那么唐虞时代就应相当于龙山时代，或至少是龙山时代的晚期。而考古学者所发现的最早的城堡，正是属于龙山时代的。

现知属于龙山时代的城堡有山东章丘城子崖、寿光边线王，河南登封王城岗、淮阳平粮台、内蒙古包头阿善、凉城老虎山、湖北石首走马岭和湖南澧县南岳等处。河南安阳后冈也曾发现过一段长 70、宽 2～4 米的夯土墙，因规模较小，只能算是个一般村落的土围子。事实上，上述几处城堡遗址有些也只是个土围子或石头墙围子。例如王城岗有两座夯土围墙，规模都很小[1]。东边一座仅剩西南角，西墙残长 65、南墙残长 30 米，原大不知。但因东边被水冲毁而筑西边小城堡，并以东城西墙为西城的东墙。由此推测东城大致不会比西城更大多少。而西城南墙 82.4、西墙 92 米，面积不过 7000 多平方米，确实只够得上一个小土围子。老虎山和阿善城堡是依山坡而建立的，前者略呈椭圆形，长短径大约为 380 米×310 米，比王城岗大多了。这两处都是就地采石砌起来的，或至少是石头帮砌墙边。但从围墙内的房屋等遗迹并无特殊情况来看，也只能看作是一个拥有坚固防御工事的较大的村寨遗址。另外一些城堡遗址只是发现了城墙，城内情况尚不清楚，现时也很难准确估计其意义。

多少做过一些工作，对城内情况已有一定了解的现在还只有平粮台一处。它的情况显然和一般的村落遗址不同，至少应看作是早期城市的一个雏形（图三八）。

这个城的规模并不算大，正方形，每边仅 185 米，城内面积 34000 多平方米。如果包括城墙及外侧附加部分，总面积也仅 5 万多平方米。但该城十分坚固，墙体甚厚，现存墙基宽约 13、残高 3 米多，顶部宽 8～10 米，如果复原起来，所需土方估计不少于 4 万立方米，工程还是相当大的。

---

〔1〕　河南省文物研究所、中国历史博物馆考古部：《登封王城岗遗址的发掘》，《文物》1983 年第 3 期。

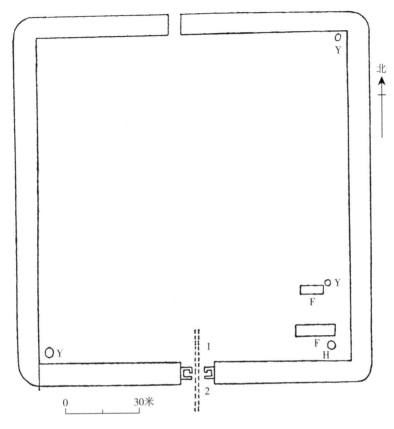

图三八　淮阳平粮台的城堡示意图
1. 地下水道　2. 门卫房　F. 土坯房　Y. 窑　H. 灰坑

这个城具有以下几个特点。

（1）规划整齐：全城为正方形，坐北朝南，方向为北偏东6°，几乎与子午线重合。南门较大，为正门，设于南墙正中；北门甚小，又略偏西，当为后门。这种格局显然是精心规划的，它所体现的方正对称的思想一直影响到中国古代城市几千年的发展，成为中国城市的一大特色。

（2）防卫设施严密：城墙本身便是最大的防卫设施。有了城墙还需要考虑城门的管理。这座城为此专门设立了门卫房。此门卫房用土坯砌成，东西相对，两房之间的通道宽仅1.7米，便于把守。门卫房中有灶面，守门人可用为炊事，亦可为冬季取暖之用。

（3）有公共下水道设施：一个城被严密地围起来后，必须解决供水和排水的问题。供水设施现尚未发现，估计应为水井。排水设施也仅发现了5米多长一段，整个长度和走向尚不清楚。虽然如此，仅就现已发掘的一段来说，已足以说明当时有了公共的下水道设施。此段下水道正通过南城门，埋设在距地面 0.3 米以下。水道本身由专门烧制的陶管套接而成，每节陶管长 35～45 厘米，直径细端 23～26 厘米，粗端为 27～32 厘米。每节细端朝南，套入另一节的粗端。而整个管道是北端（即城内）稍高于南端，故知此下水道是为解决城内废水向城外排放的。但一根管道排水有限，故用三根并拢，剖面看起来像倒"品"字形。即下面一根，上面并列两根。这样做的好处是一方面加大了排水量，另一方面又避免陶管太大难以烧造及容易压碎之虞。

（4）有较高级的房屋建筑：现在仅挖掘了十几座房基，都在东南角，应不是主体建筑。即使如此，这些房子一般都是用土坯砌筑的分间式建筑，有的用夯土做台基，房内有走廊，比一般村落的房子讲究得多。由此可知城内的居民主要是贵族，是统治者。否则他们是难以调集那么多人力，为他们建造那么坚固的城防工事的。

（5）有手工业设施：在城内东南、东北、西南都发现了陶窑；东南角第 15 号灰坑内发现铜渣，说明当时在城内炼铜和制造陶器，并不是一个单纯的军事城堡。

（6）有宗教活动的遗迹：如城西南角内侧埋一大一小两头完整的牛骨架，当为杀牲祭奠的遗迹。城内发现一些小孩埋葬，有瓮棺葬、土坑葬和灰坑埋葬。其中有些是正常埋葬，有的也可能是祭奠的遗留。

上述几个特点足以说明，像平粮台那样的城址，已经具备早期城市的基本要素。它应是政治中心，因而有较高级的房屋，有规划整齐的市政建设；它也可能是经济中心和宗教中心，因而才有炼铜（这是当时最先进的手工业）和烧制陶器的遗迹，以及宰杀大牲畜祭奠的遗迹。正因为它有如此重要的位置，才会调集那么多人力修建那么坚固的城堡。这种城堡显然已不是一般村落的土围子，而是一个雏形的城市了。

这里应当特别注意的是，平粮台遗址的规模并不大，出土器物也不见特别讲究的，龙山时代诸考古学文化中比平粮台大得多的遗址还有许多，有些遗址出土的器物相当精致，有些遗址中发现了很大的墓葬而对生活区缺乏了解，凡此都预示龙山时代应有更大的城址。

早在 1930 年发掘第一个龙山文化的遗址城子崖时就发现了一个夯土城，城子崖因此得名[1]。因为那个遗址中还有周代遗存，所以后来许多人怀疑那个城址是否属于龙山文化。1964 年作者详细察看了残留城垣的夯土结构和包含物，提出

---

〔1〕　傅斯年、李济、董作宾等：《城子崖——山东历城县龙山镇之黑陶文化遗址》，中央研究院历史语言研究所，1934 年。

有可能属岳石文化的意见。1989～1990 年春，山东省文物考古研究所对城子崖遗址进行了勘探和试掘，才第一次查明那里存在着不同时代的三个城垣，分别属于龙山文化、岳石文化和周代，其中以龙山文化的城址最大[1]。

城子崖龙山文化的城址平面接近方形，东南西三边城垣较直，北边城垣向外突出，拐角呈圆弧形。城内东西宽约 430 余米，南北最长处达 530 米，面积达 20 多万平方米。残存的城墙有些已深埋于现今地表以下 2.5～5 米处，城脚残宽 8～13 米。大部分挖有基槽，有的部位则在原有沟壑上夯筑起墙。夯土结构有两种，一种用石块夯，一种用单棍夯，二者也许不是一次夯成的，或许在龙山时期就曾经进行过局部的修补。

城子崖龙山文化城址发现的意义在于，它是足以代表龙山时代发展水平的唯一大型城址。如果说面积仅有城子崖城址七分之一左右的平粮台城址便已有了不同一般的设施，清楚地显示了城乡的差别。那么如果对城子崖遗址进行全面发掘，必将有更加完备的设施和更讲究的建筑遗存被揭露出来，使我们对龙山时代的社会有更加深刻的认识。

龙山时代的村落遗址不可胜数，其中经过较大规模发掘的有河南汤阴白营、安阳后冈、永城王油坊和陕西临潼康家等处，每处都曾发掘出土数十座乃至一百余座房址。康家的房子已如前述，几乎全是单间小屋，成组成排。显示出严密的规划而看不出明显的内部差别。其余三处基本上也都是单间小房子，排列密集，样式几乎千篇一律。直到目前，还没有听说有哪一个龙山时代的村落遗址发现过像仰韶晚期的那种分间式大房子，也几乎看不出那种在仰韶晚期出现的同一村落中房屋分化的情况。这也许是由于城市的出现，物质财富逐渐向城市集中，从而抑制了普通村落中内部分化的进程，使这时期城乡的分化逐步代替了乡村内部的分化。

城市从来都不是孤立存在的，它必须以乡村为依托，靠乡村提供粮食、原料和人力资源，又给予乡村以技术、文化和手工制品等方面的支持，从而建立起新的社会联系的格局。由于城市往往被贵族阶层控制，用作剥削和压迫乡村的工具，所以这种新的社会联系又是与城乡对立的形式所表现的社会分裂而相伴发展的。无论如何，城市的发生总是一种进步，因为在那里不但集中了物质财富，还集中了最先进的技术和最优秀的人才，故城市的产生很大程度上就意味着文明的发生，城市的发展程度往往代表文明的发展程度。不过这一切在龙山时代还刚刚露出端

[1]　山东省文物考古研究所：《城子崖遗址又有重大发现，龙山、岳石、周代城址重见天日》，《中国文物报》1990 年 7 月 26 日。

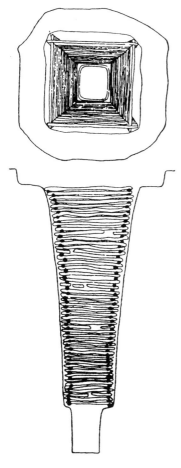

图三九　汤阴白营的水井

倪，可以算是文明的一线曙光。

水井几乎与城市同时出现。史传瞽叟使舜穿井（《孟子·万章》《史记·五帝本纪》），又传伯益作井（《吕氏春秋·勿躬篇》《世本》《淮南子·本经训》）。时代都在有夏以前，按照前面的推测，当在龙山时代晚期。现在在中原龙山文化遗存中发现水井的遗址有河北邯郸涧沟、河南汤阴白营和洛阳矬李等处，江苏吴县澄湖更有属于良渚文化的水井群。白营的水井深达 11 米，井壁用木棍自下而上层层叠起，累计有 46 层，木棍交叉处有榫，顶视呈"井"字形，于此可为井字造字时所像实物找到根据（图三九）。涧沟的井为土井，建于陶窑附近，并有水沟通向窑边的和泥坑，看来是为制陶时淘泥用的。许多水井底部都有掉下去的许多陶汲水罐，澄湖的一些罐子上还有绳络的痕迹，可知当时是用陶罐来汲水的。

有了水井，不但使制陶等用水获得方便，使居址的安排不必紧靠河湖等天然水源，从而使人们有可能开辟更多的地方，更可解决城市的供水问题。它是龙山时代具有深远意义的一项发明。

（九）朱封大墓与陶寺墓地

龙山时代的墓地以良渚文化发现得最多，以中原龙山文化的陶寺墓地为最大。但以单个墓葬来说，则以山东临朐朱封的三座墓葬为最大。

朱封遗址位于临朐县南约 5 千米，东南濒浟河，1987 年曾在那里发掘一座龙山文化的重椁墓[1]，1989 年又发掘了两座[2]。M203 是一座重椁一棺墓，墓圹长 6.30～6.44、宽 4.10～4.55、深 1.48～1.72 米。内椁之外为生土二层台，外椁

〔1〕　山东省文物考古研究所、临朐县文物保管所：《临朐县西朱封龙山文化重椁墓的清理》，《海岱考古》（第一辑），山东大学出版社，1989 年。

〔2〕　中国社会科学院考古研究所山东工作队：《山东临朐朱封龙山文化墓葬》，《考古》1990 年第 7 期。

即置于生土二层台上，外椁之外又筑成熟土二层台。外椁呈"井"字形，长4.65、宽2.75米，现存高度为0.34～0.52米，厚0.12～0.16米。未见盖板痕迹。内椁亦呈"井"字形，长3.85、宽1.60米，现存高度0.50～0.55米，厚0.12～0.15米。无底，但有盖板。棺长2.60、宽0.58～0.60米，现存高度0.30米，壁厚5～12、底厚3～4厘米。棺底下有两根垫木。人骨保存不好，头朝东，仰身直肢，仅能判断为一成年人。此墓在棺内随葬玉钺3件、玉环1件、绿松石管珠5件、绿松石片95件。内椁盖板上置石镞和骨镞共18件。在棺与内椁之间，以及内椁与外椁之间随葬各种精美陶器50件，种类有鼎、鬶、罍、罐、盆、豆、盂、盒和单把杯等，其中32件有盖。棺与内椁间有两堆陶器底部发现彩绘残迹，一片似长方形，长50、宽30厘米，有红、黑两种颜色；另一片略呈梯形，长宽各约70厘米，有红、黑、灰、白等多种颜色。推测是两件盛放陶器的彩绘木器。内椁与外椁间有一堆陶器上也发现红、黑两色的彩绘残迹，形状已不可辨，也可能是装陶器的彩绘木器的残迹。此外在棺内发现有零星的红色彩绘，内椁与外椁之间也发现数处面积较大的多色彩绘。

M1与M203的形制十分相似，规模也差不多，也是重椁一棺，但只发现了椁室，推测椁室以外还应有更大的墓圹（图四〇）。现存小墓圹长4.4、宽2.5米。外椁长4.1、宽2米，厚10厘米，两短边伸出呈"Ⅱ"字形。内椁形状与外椁相同，长2.81、宽1.61米，板厚5厘米。内椁与外椁之间设一脚箱，长1.42、宽1.20米。内椁南面置棺，北面设边箱。棺长2、宽0.64米，板厚5厘米；边箱长1.78、宽0.43米，二者均有红黄两色彩绘。外椁板内侧钉两排共12根短木桩，以防椁板往里挤。棺和边箱的底部有3根垫木。死者仰身直肢，双手交于腹部，据骨骼观察似为一中年女性。手握獐牙，头戴绿松石耳坠，胸部有玉管等，当为项饰。随葬器物主要放在脚箱，其中陶器有鼎、鬶、罍、罐、豆、盆、蛋壳陶杯、单把杯、三足盆等，另有骨匕和蚌器等共30多件。边箱中有两件蛋壳陶杯，估计还应有衣服等有机物今已腐朽无存。椁顶上则有白陶鬶和2块猪下颌骨，内椁东北角有磨制陶饼，外椁北侧有兽骨和8个泥弹丸，东侧有泥塑动物和网坠。

M202虽只有一椁一棺，但墓葬规模和随葬器物并不比重椁墓稍差。该墓长6.68米，宽度不详，有生土二层台。椁长4.38米，两短边伸出如M1者。椁顶有横梁和盖板。棺长2.64、宽0.72米，底有垫木。死者仰身直肢，身高1.75米左右，性别不辨。此墓中有小型边箱，内置蛋壳陶杯、骨匕、砺石和鳄鱼骨板数十片。棺椁之间多有彩绘，当系彩绘木器朽烂后的遗痕。随葬器物丰富，除大量陶器外，还有石器、骨器、玉器和大量绿松石制品。玉器中最精美的系两件玉笄，其一为半透明乳白色，上面有三个浮雕人面像；另一件墨绿色，呈竹节状，末端

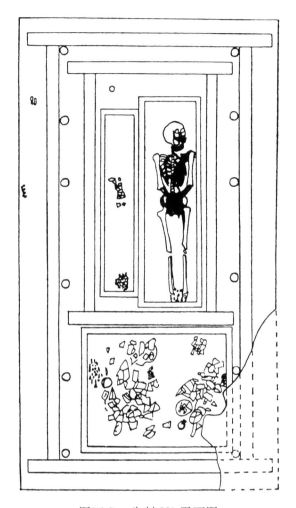

图四〇　朱封 M1 平面图

连缀一扇形透雕，乳白色，两面镶绿松石，是难得的艺术精品。

　　龙山文化墓地至今已经发现不少，其中主要有日照两城镇、临沂大范庄、诸城呈子、胶县三里河、潍坊鲁家口、潍坊狮子行、泗水尹家城等处，其中没有一个地方发现大墓。尹家城一墓稍大，也不如朱封大墓的规模。这种情况应该是与龙山时代已出现城市和乡村的差别相一致的。这就是说，朱封的大墓应该属于某个城市的贵族阶层，而其他许多地方的中小墓葬则应是埋葬一般乡村中的居民。

　　朱封大墓中还有一点也是特别值得注意的，就是重椁的出现。中国古代的棺椁制度是表示等级的礼制的重要组成部分，什么人用几重椁是有规定的。朱封大墓的重椁与单椁相比，在放置随葬品的功能上并不稍胜，其所以要用单椁或重椁，最大的可能是表示地位等级的不同。如果这个推测不至大错，则龙山时代不但已出现不同等级身份的人，且有一套反映这种等级差别的制度了。

关于在龙山时代即已出现等级制度一事，还可以从陶寺墓地的情况中得到反映。这个墓地位于山西省襄汾县，面积超过了 1 万平方米。如连居住区等整个遗址计算，总面积达 300 多万平方米。墓葬分布甚密，仅 1978～1982 年发掘的 2000 平方米范围内，即已发现墓葬 700 余座[1]。其中北部和中部情况不同，应属两个相邻的墓区。

墓葬可分大、中、小三种，分别占 1.3%、11.4% 和 87.3%。大墓长约 3、宽 2～2.75 米。有木棺，内撒朱砂，随葬品多达一二百件，其中往往有龙纹盘、石磬、木鼓、大量漆木器、陶器和玉石器等。例如 3015 号墓即有棺板灰痕，其外侧放置随葬品。右侧主要是炊器和饮食器具；右下方有木俎、木匣、石刀、石锛，右侧中部有陶灶、陶斝、陶罐，右上方有木豆、木盘和木斗。左侧主要放置乐器、工具、武器等；左下方有木鼓、石磬、石研磨盘和磨棒；左侧中部有成束的石镞和骨镞，单石镞就有 111 件；左侧上方有玉石器、骨器、木豆、木仓模型及不辨器形的彩绘漆木器等多件。足端近墓壁处有一整猪骨架，头被砍下置于右侧陶斝内。此墓骨架已朽，且较凌乱，似属二次葬（图四一）。

中型墓一般长 2.2～2.5、宽 1 米左右。一般有木棺，随葬成组陶器及少量彩绘木器、玉石器及猪下颌骨等。有的保存较好的有麻布殓衾。例如 1650 号墓，长 2.45、宽 0.96～1.18、深 3.35 米。墓底经整修，用碎陶片及烧土砸成硬面，上置木棺。木棺长 1.90、宽 0.50～0.65 米，头大尾小。底板上铺网状麻织物一层，厚约 1 厘米。死者为成年男性，平卧于麻织物上，周身裹以麻布，头部与上身为白色，下身为灰色，足部橙黄色，外部撒朱砂一层。人体上覆盖麻织物，反复折叠达十至十二层，直至棺口盖板。棺盖上再覆麻织物一层，两侧垂至棺底。外部用麻绳捆绑。棺的上方及四周撒木炭渣一层，厚约 0.5 厘米。然后填土。像这样完整的木棺和大量衣衾出土的情况，在我国史前考古中还是仅见的。

与上述大中型墓形成鲜明对比的是 87% 以上的小型墓绝大多数无任何葬具和随葬品，仅个别的有木棺，或两三件骨笄、陶罐之类的随葬品。

大中型墓与小型墓主人的区别，不仅是贫富的差别，还应有身份和社会地位的差别。因为大中型墓中往往出玉钺和石钺，应是军事权力的象征；有些大型墓中有石磬、木鼓等，更应是特殊地位的标志。由此可见陶寺墓地所代表的社会集

---

[1] 中国社会科学院考古研究所山西工作队：《1978～1980 年山西襄汾陶寺墓地发掘简报》，《考古》1983 年第 1 期；高炜、高天麟、张岱海：《关于陶寺墓地的几个问题》，《考古》1983 年第 6 期。

北

0　　　　60厘米

图四一　陶寺 3015 号大墓

团已有初步的阶级分化，这同城市的出现和城乡分化所反映的社会状况是一致的。

（一〇）良渚文化的祭坛与贵族坟山

1987 年 5、6 月间，浙江省文物考古研究所在余杭安溪乡瑶山发掘了一处良渚文化的祭坛遗址[1]。瑶山北依天目山，东南临东苕溪，为一高出河面约 30 米的小土山。其南面为冲积平原，分布着有 40 余处遗址的良渚文化遗址群，瑶山为该遗址群中的遗址之一。

祭坛建在小山顶上，平面略呈方形，每边长约 20 米，西边和北边还保留有石头砌成的护坡。坛面中心有一红土台，长约 7.6、宽约 6 米。围绕红土台有一灰土带，宽 1.7～2.1 米不等。灰土带外是黄褐土，上面有散乱的砾石，推测原先上面

---

〔1〕　浙江省文物考古研究所：《余杭瑶山良渚文化祭坛遗址发掘简报》，《文物》1988 年第 1 期。

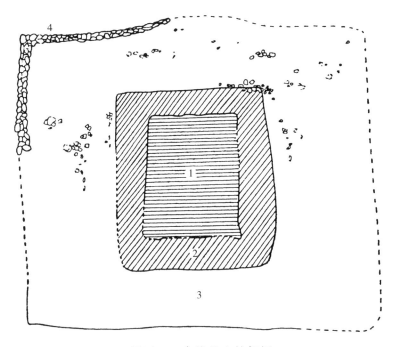

图四二　余杭瑶山的祭坛
1. 红土　2. 灰土　3. 黄褐土　4. 石砌护坡

是铺砾石的。此祭坛所用的红土、灰土和砾石都需从别的地方搬运上去，工程量是不小的（图四二）。

祭坛上没有发现房屋建筑，也没有发现生活遗物。仅在石头砌的护坡中发现一些陶片，当是建造祭坛时打碎扔弃的饮食用具。用这么大的人力在山头上构筑如此方正的坛台，其意义虽不能确知，但根据迹象推测，最大的可能是祭天礼地的场所，是祭司和贵族首领们通达天意以维护其统治的重要设施。这从良渚文化大墓中常有玉琮、玉钺并且上面常刻神徽的情况也可得到一些启示。

目前良渚文化的祭坛除瑶山外，附近的汇观山也可能是另外的一座。但这两座祭坛后来都被废除而做了贵族们的墓地。

瑶山上一共埋了 12 座墓，均南北向。分为两排：前排即南排 7 座，后排 5 座，墓葬打破祭坛，且不少是跨线打破的，如 M2、M6、M7、M12 均同时打破红土台和灰土带，M9、M11 同时打破灰土带和黄褐土台，M1 和 M3 同时打破黄褐土台和石砌护坡，可见这个墓地是祭坛废止后形成的。

墓葬形制均为长方形竖穴，长 2.5～3.7、宽 0.8～2.15、深 0.35～1.75 米。墓底平整，有的发现"回"字形痕迹，推测已有棺、椁之类的葬具。人骨均已朽坏，仅 M7 残存头骨和牙齿朽痕，位于该墓南端，知其头部朝南。其他墓多南端稍宽，推测整个墓地都是头部朝南安葬的。

墓葬的排列并不十分整齐，间距也有大小。前排 M3 和 M10 墓仅距 0.25 米，后排 M6 与 M11 则相距 6 米左右。南排的 M7 打破了北排 M11 的一角。看来这些墓并非同时，而是先后埋葬的，可能北排较早而南排较晚。两排墓虽都有大小，但南排相对较大，随葬器物较多并多有玉琮、石钺，北排未见这两种器物。看来随着时间的推移，人们的财富日渐增加，埋葬习俗上也略有变化。

南排最大的墓是已被盗掘的 M12，从盗掘者手中收集起来的玉器即达 344 件。其次是 M7，出土器物 160 件（组），其中玉器达 148 件（组），包括琮、钺、三叉形器、锥形饰、冠状饰、带钩、串饰等。由于有玉带钩的发现，结合钱山漾已发现丝织物的事实，和下述反山玉琮等器物上雕刻的人体身披皮甲的形象，可知当时的服装已是很讲究的了。同墓还出土陶器鼎、豆、罐、缸各 1 件，镶嵌玉粒并有彩画的漆觯 1 件，鲨鱼牙 4 枚。

同墓地中也有较小的墓，如 M1 随葬器物 30 件（组），M5 随葬器物仅 12 件（组）。如何理解这同一墓地中墓葬的大小和随葬品多少这种差别的性质呢？表面看起来，这似乎是表明死者生前贫富不均。但考虑整个墓地只有 12 座墓，还是前后若干年陆续埋入的，埋的地方又是不久前还做过祭坛的那样一个神圣的地方。因此很可能只是一个贵族家族的墓地而不像是几个家族的墓地。这样死者墓葬的大小和随葬品的多少就不是什么贫富差别，而不过是对同一家族内不同地位、不同声望和有不同贡献的人的不同处置罢了。

反山墓地在瑶山西南约 5 千米。所谓反山，不过是良渚文化时期人工堆筑成的一个大坟山，高 6.35～7.3、东西原长约 100、南北宽约 30 米，体积 2 万余立方米，工程颇大，根据其上有比较方正的灰色土带，原先也可能被当作祭坛用过，后来同瑶山一样作为墓地。已发掘的西头共发现 12 座墓，墓上统一封土 1.3～1.4 米[1]。

墓葬均为长方形竖穴，大体分成南北两排，但不大整齐。骨骼多已腐烂，从个别墓残留的头骨和随葬品分布位置来看，推测头向朝南略偏西，与瑶山墓地基本一致。

墓内有棺床及棺木痕迹，棺木上有大片朱红色涂层，似为漆棺，有些墓似有椁室。随葬品以玉器为多，少者数十件，多者达数百件。放置位置大体相同：头上为冠上玉饰，胸腹放玉琮，右侧放玉钺，腿脚部放玉璧和石钺，脚下放陶器，

---

〔1〕　浙江省文物考古研究所反山考古队：《浙江余杭反山良渚墓地发掘简报》，《文物》1988 年第 1 期。

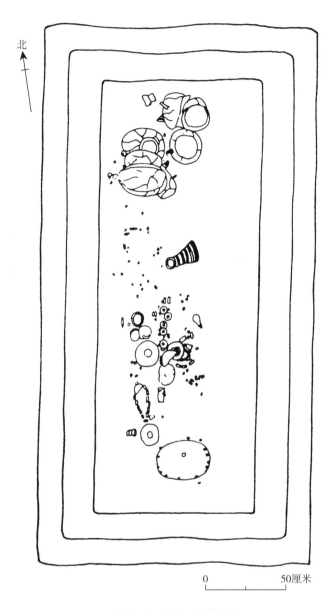

北

0　　　　　　　　50厘米

图四三　反山大墓 M22

另有许多玉管、玉珠等（图四三）。

　　M20 是一座大墓，长 3.95、宽 1.75～1.96、深 1.32 米。随葬陶器 2 件，石器
24 件，象牙器 9 件，鲨鱼牙 1 枚，玉器 170 件（组），若以单件计为 511 件，共计
547 件。M18 较小，长 2.95、宽 1.45～1.65、深 0.3 米。随葬陶器 4 件，石器 1
件，玉器 39 件（组），以单件计为 64 件，共计 69 件。这种差别的性质，正如对
瑶山墓地的分析一样，不能简单地看成贫富差别，而可能与死者生前的地位、声

望和实际贡献有关。因为即使是较小的 M18，仍然有棺和几十件器物，特别是几十件玉器，并且同其他大墓一起埋在一个特意筑成的大坟山上，这同普通遗址的小墓是无法相比的。

在良渚文化中，像反山这样的坟山多有发现，其中著名的有上海青浦福泉山、江苏武进寺墩、吴县草鞋山和张陵山等处。这些所谓山、墩实际上都是由良渚文化时期的人们堆筑起来的坟山。其中福泉山的一些墓葬上还发现红烧土坯或原始砖。是否存在墓上建筑，是很值得注意的。在上述坟山上都埋着较大的墓葬并出土许多玉器。相形之下，一些遗址附近的小型墓地完全未加营建，墓坑甚小，无棺痕，随葬品一般仅有几件石器和陶器，实在是鲜明的对比。像这样把贵族墓地与平民墓地完全分离开来，对贵族墓地普遍营建巨大坟山的做法，在龙山时代的各个考古学文化中是仅见的。说明良渚文化居民的贫富分化和阶级分化都已达到相当尖锐的程度。

（一）埋葬习俗所反映的阶级分化现象

龙山时代的墓地，不只见于良渚文化、龙山文化的朱封和陶寺墓地，在内蒙古自治区伊克昭盟的朱开沟、山东胶县三里河、诸城呈子、日照两城镇和东海峪、泗水尹家城、临沂大范庄，湖北天门石家河窑场等龙山文化和石家河遗存中也多所发现。这个时期的埋葬习俗存在着以下几个共同特征。

（1）普遍存在公共墓地，但规模不如前一时期那么大，说明一个墓地所代表的社会组织与以前有所不同。假如以前常以胞族和氏族为单位的话，这时则可能是以氏族和家族为单位的。

（2）除良渚文化外，同一墓地中往往有大墓和小墓的差别，有时这种差别表现得十分突出。陶寺是这样，尹家城、石家河窑场等地也是这样。大墓往往有棺或有棺椁，随葬成百件的器物，其中不乏十分珍贵的玉器、象牙器和漆木器等。而小墓不但没有任何葬具，且绝大部分也没有任何随葬品，极少数有随葬品的也只是一两件质量甚劣的陶器和骨锥等。有些墓地大墓有专门的墓区，如陶寺即是。而良渚文化则有专门为埋贵族大墓而建的坟山。这说明当时已存在着以家族为单位的明显的贫富分化现象。

（3）在一些大墓中，往往随葬象征军权的石钺或玉钺，象征宗教权的玉琮或玉璧。说明富人常常是把握军事、宗教和经济特权的。他们至少已部分地脱离普通群众而成为氏族贵族。

（4）这时一般为单人葬，不见前一时期常见的夫妻合葬。只是在陶寺的大墓群中，有的男性大墓两旁有女性墓葬。这一变化究竟代表什么意义，尚有待于进一步的研究。

（5）这时除正式墓葬外，还有大量的乱葬坑。每坑里面埋数人至十数人不等。其中有的身有伤痕，有的身首异处，有的作挣扎状。这些死者可能是战争的牺牲者或被处死的战俘乃至奴隶。

（6）在许多房屋和城墙下往往有奠基坑，其中埋小孩或成人，他们更可能是奴隶或家童。

因此，从埋葬习俗来看，这时期显然已存在初步的阶级分化，这同从城堡和村落遗址中观察到的情况是一致的。

（一二）头盖杯和剥头皮风俗

河北邯郸涧沟遗址的两座半地穴式房址中，各放置 3 个人头盖骨，位置在房屋中央，其年代应属后冈二期文化的早期[1]。

所有头盖都是从眉弓经颞骨到枕后砍下来的，目的在获得一个完整的头盖。从头盖上的斧痕来判断，砍头的方法当是将被砍者打倒在地并捆绑起来，甚至被他人踩在脚下。先砍后部，因为那里斧痕最多，且有砍偏了的痕迹，表明被砍者尚在挣扎。然后顺次把脑盖揭下来。

两座房子中的头盖都是两整一残，可能是有意识的安排。其中 H13 中的 3 个骨壁特厚而粗糙，可能是属于中青年男性的；T39（6B）中的 3 个骨壁甚薄，额部较高而平光，有的骨缝还没有完全密合，可能是属于青年女性的。有趣的是后三个头骨上都有割头皮的刀痕：一个从额部经头顶直至枕部有一条笔直的刀痕；一个顶骨中央有从前到后来回锉动的刀痕，其中有两条向前一直延伸到额部，向后隔了一段，到枕骨上又有同方向的刀痕，显然是刀子不快，割了多次才割下来的痕迹；另一个残头盖骨上也有类似的刀痕。由此可见，同出在 T39（6B）这座半地穴房子的可能属于 3 个年轻女子的头盖都被从正中切开头皮而剥下来。H13 的 3 个可能属中青年男性的头盖骨上没有这种痕迹，他们或者不剥头皮，或者是剥头皮的方法不同，即揪着头皮整个儿地剥下来，这样就不会留下刀痕。

用头盖做杯碗的风俗曾经广泛地流行于欧亚大陆的北方草原地区，以斯基泰人为最甚。我国中原地区也很盛行。例如郑州商城东北宫殿区的一条壕沟中就堆集着近百个人的头盖骨，其中有八十多个层层叠压成两大堆。这些头盖多是从眉弓和耳际的上端横截锯开的，不少标本上保留着明显的锯切痕迹，因而断口比涧

---

〔1〕　严文明：《涧沟的头盖杯和剥头皮风俗》，《考古与文物》1982 年第 2 期。

沟那种用斧子砍的整齐一些[1]。涧沟的头盖骨与西伯利亚托木斯克出土的头盖杯几乎完全相同，后者也是齐眉弓经耳际到后枕砍下来的，断口不大整齐，明斯认为它是古代北方游牧民族所使用的头盖杯[2]，可见涧沟的头盖骨也当是用为饮器的头盖杯，战士或首领用它喝酒或喝敌人的血以显示自己的勇武和战功。至于商代头盖杯的发展，除承袭龙山时代的风俗外，还应掺进了阶级压迫和民族斗争的内容。

商代晚期曾有不少人头骨片上刻着文字：

"□丑用于……义友……（掇二 49）

……且乙伐……人方白。（明氏）

……用……（甲室）

……□躰……（善斋）

……隹……（掇二 87）

……白……（存 1.2358）"

这里所谓用，当是用人于祭祀，即所谓人祭，然后将所祭人头砍下作器，并刻辞以记其事。至于祖乙伐人方，乃是商代对东夷的一场很大的战争，可能把人方的首领即人方伯打死了，用他的头盖做了饮器，因而刻辞以记其事。

在商代甲骨文中还有以下几条：

"用 凸方 田 于匕庚，王宾。（明续 669，康丁卜辞）

其用羌方 田 于宗，王受又。

羌方 田 其用，王受又。（甲 507）"

陈梦家指出："上述某方 田，可有两种解释：一可释作《说文》卷九下鬼头之 甶，一可释为《说文》卷十下之凶（脺），训为'头会脑盖'。卜辞之 田 象头壳之形，其义为首脑，或为脑壳。"[3]由此看来，到商代晚期用人头或头盖于祭祀可能还较普遍，而所用人头往往为敌方部族者。《战国策·赵策一》记载："及三晋分知（智）氏，赵襄子最怨知（智）伯，而将其头以为饮器。"所谓将其头者自然是将其头盖骨，否则则无法作为饮器。如果战国时代根本没有用头盖杯做

---

〔1〕　河南省博物馆：《郑州商城遗址内发现商代夯土台基和奴隶头骨》，《文物》1974 年第 9 期。

〔2〕　E. H. Minns, 1913. *Scythian and Greeks*, Cambridge University Press, Fig. 26.

〔3〕　陈梦家：《殷虚卜辞综述》，科学出版社，1956 年，327 页。

饮器的遗风，赵襄子是很难想出这个办法来的。可见用人头盖做饮器的风俗，在素称文明礼仪之邦的华夏民族中是有传统的，其源盖出于龙山时代的后冈二期文化。

剥头皮的风俗也曾广泛地流行于古代北方游牧民族和美洲印第安人。但有这种风俗的民族并不一定做头盖杯。两者兼而有之的仅见于斯基泰人，涧沟也是两种风俗并行。其发生的原因也与部落或部族间战争的加剧有关。前面已经谈到，龙山时代生产力的发展已有可能创造剩余产品，从而提供了人剥削人的可能。这时的确已出现明显的贫富分化，甚至已出现了初步的阶级分化。氏族贵族为了掠夺到更多的财富不断地发动战争。这便是为什么在龙山时代武器特别改善并出现城堡的原因，也是为什么在这个时代到处出现乱葬坑的原因。在这个社会背景下，必然会出现一些为社会所敬重的战争英雄，他们以猎取敌人的头盖和头皮为荣耀是不足为奇的。

（一三）卜骨和占卜风俗

在龙山文化、中原龙山文化和齐家文化等遗存中，常常可以发现卜骨。这种卜骨均由个体较大的动物如牛、鹿、猪、羊等的肩胛骨做成，一般不加修治。占卜时在背面用火烧灼，烧成直径约半厘米的焦黑疤痕或灼号，正面也出现颜色较浅的灼号。在所发现的标本中，较少的有五六个灼号，多的可达五十多个灼号。有的灼号烧得较老而出现裂痕，但多数灼号没有裂纹。

同样的卜骨在二里头文化以及大体同时的岳石文化和夏家店下层文化等也有发现，而且数量有所增加。到商代早期，为了使卜骨易于烧裂，往往在背面先钻一些圆窝。在圆窝处烧灼，正面就会出现裂纹，即所谓卜兆。巫师即根据卜兆来占验吉凶。到商代晚期，除肩胛骨外，还大量使用龟的腹甲。占卜之前，先在背面凿出长条并在旁边钻出圆窝，这样在钻凿过的地方烧灼，正面必定出现卜形兆纹。巫师用钻凿的深浅和相配的位置可以控制兆纹，以达到假传上帝旨意的目的。龙山时代毕竟纯朴一些，还没有这一套故弄玄虚的假把戏。但他们相信神，相信占卜是沟通神人关系的一种手段，所以许多地方都差不多同时用肩胛骨占卜。由于占卜的用具和方式在各地都相当一致，可知当时的人们必定有相似的信仰，而且很可能出现了专司卜事的巫师。

不过，到目前为止，卜骨仅见于黄河流域的文化遗存中，长江流域及其以南似乎主要是用玉琮为法器沟通神人之间的关系。如良渚文化便有大量玉琮和祭坛，没有见到一件卜骨；黄河流域则相当普遍地发现卜骨而很少有玉琮，说明南北宗教活动的方式有所不同。到了商周时代，这两种宗教活动都被继承下来并得到发展。

（一四）刻划记号和图画文字

在龙山时代的各文化遗存中，有时发现一些刻划记号，有时又发现一些与大汶口文化的图画文字颇相类似的资料。只是目前这些资料比较零散而不集中、不系统，尚难进行详细的比较研究。

刻划记号过去曾见于龙山文化和良渚文化的遗存中。前者主要出土于山东章丘城子崖。在那个遗址下层的黑陶片上，曾发现刻有竖形记号和叶形记号；在上层的黑陶片上发现有更多的刻划记号，显然是由下层混入的〔1〕。不过城子崖下层并不单纯，除龙山文化外还有岳石文化的遗物，那些刻划记号也不能排除属于岳石文化的可能。除此之外，青岛赵村的龙山文化遗址里，也曾发现有"×"形记号的陶片〔2〕。

河南永城王油坊上层属造律台类型的陶器中曾发现两例刻划记号。一例为一陶碗，外面刻竖形符号和"×"形符号；另一例为一高领瓮，肩上刻五个"✖"形符号〔3〕。

良渚文化的刻划符号主要见于浙江余杭良渚遗址群，在那发现的黑陶器上刻有竖形、"×"形、"∨"形、"∧"形、"＋"形、"✖"形等十多种符号〔4〕。上海马桥第五层的某些陶器底上也刻有"×"形、"＋"形、"××"形等记号〔5〕。

上述刻划记号有一些的分布面很广，如竖形记号、"×"形、"＋"形记号等便是如此。而且其中有一些与仰韶文化半坡类型的刻划记号相同；更与龙山时代以后的二里头文化和马桥四层文化的某些刻划记号相同；有的甚至与更晚一些的记事符号相同。说明这种刻划记号已为许多人所通用，能够在一定范围内记录和传达某些思想和信息。但鉴于（1）目前所见刻划符号的种类并不很多，信息的载荷能力十分有限；（2）绝大部分符号是单个的，仅极少数可能是两个一组或复体记号，因而无法记录语言。而文字的主要功能便是记录和传达语言，所以这类陶器上的刻划记号不是文字。但它们既已先于文字而发生并被较广泛地应用，在创造文字时自然也可能吸收其中的许多因素进去。甲骨文中的"×""∧""＋""丨"等与龙山时代的刻划记号相同，可能就是吸收后者的部分因素而来的。

---

〔1〕　傅斯年、李济、董作宾等：《城子崖——山东历城县龙山镇之黑陶文化遗址》，中央研究院历史语言研究所，1934 年。

〔2〕　孙善德：《青岛市郊区发现新石器时代和殷周遗址》，《考古》1965 年第 9 期。

〔3〕　中国社会科学院考古研究所河南二队、河南商丘地区文管会：《河南永城王油坊遗址发掘报告》，《考古学集刊》（第 5 集），中国社会科学出版社，1987 年。

〔4〕　施昕更：《良渚——杭县第二区黑陶文化遗址初步报告》，浙江省教育厅，1938 年；何天行：《杭县良渚镇之石器与黑陶》，吴越史地研究会，1937 年。

〔5〕　上海市文物管理委员会：《上海马桥遗址第一、二次发掘》，《考古学报》1978 年第 1 期。

　　龙山时代还有一些图画文字，其形体与刻划记号大不相同。例如在陕西西安客省庄曾发现一件陶斝足内模，上面刻着一个蝎子形，与古文"万"字很相似。湖北房县七里河不少陶器上有刻划符号和图形；天门石家河有的大陶尊上刻杯形等图画文字，陶尊形状、图画文字所在的部位、刻法等都与大汶口文化晚期陶尊上刻图画文字的作风相似。良渚文化中有些玉器上刻图画文字，例如美国收藏家弗利尔（1856～1919 年）购买的据传出自浙江的玉器中，有一件玉镯上便刻着一个圆圈加火形的图画文字，与大汶口陶尊上的图画文字完全一样。同批玉器中有几件璧也刻有似图画文字的画面，如其中一个璧上刻一鸟立在阶梯形基座上，基座中一圆圈纹，下面有一新月形，这后一部分也跟大汶口文化陶尊上的图画文字相同[1]。

　　过去研究文字起源的人曾有种种说法，其中刘大白的主张是很值得注意的。他认为最早的文字应有两个来源，一个是图画，另一个是记号，而后者是更早的。由这两个来源所造的字就是象形字和指示字[2]。现在看来，我国用刻画符号记事产生于仰韶文化早期的半坡类型，在它之前的老官台文化还有画彩的记号，年代估计为公元前 5000 多年。图画文字最早见于大汶口文化晚期，年代约当公元前3000 年。的确是记号产生得较早，到龙山时代，两种记事的方法都已经过或长或短时期的发展，尽管二者都还不能算是真正的文字，但距形成真正文字的时间应不会太远了。

（一五）　文明曙光的出现

　　近年来由于一系列考古的重要发现，关于中国文明起源的问题成了学术界谈论的热点。正如夏鼐所说："中国的考古工作者，现正在努力探索中国文明的起源。探索的主要对象是新石器时代末期或铜石并用时代的各种文明要素的起源和发展，例如青铜冶铸技术、文字的发明和改进、城市和国家的起源等等。"[3]为什么把探索的主要对象放在新石器时代末期或铜石并用时代呢？因为文明不是一个早上从地平线上升起来的，而是由尚处于"野蛮"阶段的新石器时代和铜石并用时代的人民通过长期奋斗而创造出来的。

　　我国的铜石并用时代已经有了铜器，其成分多数是红铜，也有个别的青铜和黄铜，从而为青铜时代的到来准备了条件。这个时代出现了两种记事方法，一种

　　〔1〕　J. K. Murray, 1983. *Neolithic Chinese Jades in the Freer Gallery of Art*, Orientations, 14 (11).

　　〔2〕　刘大白：《文字学概论》，大东书局，1933 年。

　　〔3〕　夏鼐：《中国文明的起源》，文物出版社，1985 年。

是由新石器时代继承下来的刻划记号，另一种是铜石并用时代才有的图画文字。摩尔根认为图画文字产生前后还有一系列相关联的发明："一、手势或个人符号语言；二、图画文字或表意符号；三、象形文字或约定俗成的符号；四、表音的象形文字或用于简单记事的音符；五、拼音字母或书写下来的声音。"[1]这种把文字的起源和发展归结为五个相联系的阶段的说法不无商榷的余地，但他认为在象形文字产生以前还有图画文字，以及与二者并行还有一种表意符号的见解，同我国的情况是基本相符的。再说商代的甲骨文已是比较成熟的文字，故一般认为夏代很可能已有真正意义的文字。这样龙山时代就已处在真正文字产生的前夕了。

私有制、阶级和国家的产生也有一个过程。铜石并用时代早期，如大汶口文化墓地所表现的那样，已经出现明显的贫富分化，这是私有制出现的最好证明。到铜石并用时代晚期出现了乱葬坑、奠基葬、头盖杯和剥头皮风俗，出现了人奴役人的迹象。而一些富有者的大墓中又常常出土某些标示特权的遗物，人们显然已被分裂为不同的等级或阶级。铜石并用时代早期出现中心聚落，到晚期发展为城堡。此种城堡固然同后来的都城或城邦还有很大的差别，但毕竟是不同于一般的村落，已逐步发展为统治人民的中心据点，因而距国家的产生也就不远了。

以上是从总的发展趋势而言，说明到龙山时代，已经临近文明的门槛。如果就中国古代文明的许多因素或特征而言，更是有不少是在铜石并用时代甚至更早一些就已产生，到夏商周才进一步发展的。例如陶器中的鼎、鬲、斝、甗、盉、豆等，玉器中的璧、琮、璜等，还有卜骨、丝绸、漆器，建筑中的夯筑技术、左右对称和前堂后室的布局，以及埋葬中的棺椁制度等都是如此。由此可见，中国古代文明的根基是深植于遥远的古代的，早在仰韶后期就已经孕育着某些因素，到龙山时代则更进一步，已经露出文明的曙光了。

[1]　摩尔根：《古代社会》，商务印书馆，1971 年，536 页。

第三章　周边地区的远古文化

三　东南与华南

（一）自然环境与历史背景

中国的东南与华南包括今福建、台湾、广东、海南和广西等地，以及浙江、江西、湖南各省的偏南地区，面积有七八十万平方千米。这里地处我国的最南部，北回归线横穿其间，因而气候比较炎热，五岭以南几乎全年无冬。又因靠近海洋，受季风影响甚大，雨量十分丰富，年降水量多在 1500 毫米以上，属亚热带—热带湿润季风气候。

这里的地形有两个突出的特点：一是海岸线长，岛屿众多；二是丘陵纵横，平原甚少。本区不但海岸线长，而且多是岩岸，港湾甚多，加上就近有很多岛屿，包括我国最大的两个岛台湾岛和海南岛在内，使得本地的许多居民长期与海洋打交道，发展了一种独具特色的海洋文化。在史前时期，已有许多居民采食海贝等物，从而在海边、河口形成了许多贝丘遗址，是海洋文化的最早的遗存。

这里的丘陵多在海拔 1000 米以下，主要山脉有武夷山、罗霄山和南岭等，还有很多较小的丘陵。丘陵地区坡缓谷宽，自然资源丰富，有利于史前人类的生存与发展。但因地形过于分割，彼此不相连续，又没有一个明显的中心，所以本区的史前文化也被分割成许多小区。这些小区往往围绕着一条小河和海岸小平原发展起来，以后就在这个基础上建立起许多古代的国家，史称百越，包括钱塘江流域的于越，瓯江流域的东瓯，闽江流域的闽越，珠江流域的南越，西江中游的西瓯和红河流域的骆越等，此外在山区还有山越。因此东南和华南的史前文化实为百越先祖的文化[1]。

早在旧石器时代，这里便有人类居住。广东曲江曾发现属早期智人的马坝人

---

〔1〕　陈国强、蒋炳钊、吴绵吉等：《百越民族史》，中国社会科学出版社，1988 年。

的化石，广西柳江则发现了属晚期智人的柳江人，其体质特征已接近现代蒙古人种。台湾也发现过属晚期智人的左镇人。至于旧石器时代晚期的文化遗址，则更是遍及广西、广东、福建和台湾等省区。

（二）华南新石器时代早期遗存

华南有非常丰富的新石器时代早期遗存，其本身又可分为两个阶段：前段以独石仔、黄岩洞、青塘圩和大龙潭为代表，后段以甑皮岩和仙人洞为代表。至于西樵山的细石器遗存，则可能是属于中石器时代的。

1. 西樵山细石器遗存

西樵山位于广东南海县，是珠江三角洲冲积平原上一座孤立的古火山。该山周围约 13 千米，有许多小山峰，主峰海拔 354 米。从 1955 年以来曾在此进行过多次考古调查和试掘，发现有 20 多个地点有文化遗存，但大多年代较晚，只有火石岗、旋风岗、太监岗和南蛇岗 4 处可能是属于新石器时代早期甚至是中石器时代的[1]。

在西樵山东麓，北起火石岗，经旋风岗、南蛇岗向南至张坑一带的山坡上，有许多燧石、玛瑙等硅质岩石料，火石岗的南坡更是燧石、玛瑙的丰富产地，它们是制造细石器的理想原料。在太监岗南坡进行试掘，发现有含细石器的原生文化层，其中出土细石器石核、小石叶和石片石器。在火石岗、太监岗、南蛇岗和旋风岗也都分布着许多细石器。由此可见西樵山可能是一个细石器的制作场，也是使用细石器人群的一个文化遗址。

西樵山的细石器制品至今已发现 1000 多件，包括石核、石叶、石片石器和石核石器。其制作方法大体上接近于陕西沙苑石器和内蒙古海拉尔松山的石器，但缺乏尖笔头式石核，也没有圆刮器、雕刻器、石镞和石钻，西樵山的三角形楔形石核和带把石核亦为华北细石器遗存中所未见。可见西樵山细石器还有自己的明显特点。

2. 独石仔和黄岩洞

在广东和广西的丘陵地带喀斯特地貌充分发育，有很多天然的石灰岩溶洞，其中有不少适于人类居住。大多数新石器时代的早期遗址就是在这种洞穴中发现的，独石仔和黄岩洞都属于这样的洞穴遗址。

---

〔1〕 黄慰文、李春初、王鸿寿等：《广东南海县西樵山遗址的复查》，《考古》1979 年第 4 期；曾骐：《西樵山东麓的细石器》，《考古与文物》1981 年第 4 期。

独石仔位于广东省阳春县城北 30 千米，洞口朝东，高出当地河面约 10 米。洞内堆积分上中下 3 层，均出有数量不等的文化遗物[1]。这里出土石器 243 件，其中绝大多数是打制的，包括砍砸器、刮削器、石锤、石砧和许多石核与石片。磨制或局部磨制的仅 16 件，包括石斧和穿孔石器等。此外还有骨镞、骨锥和大量野生动物骨骼，以及炭屑、灰烬、烧骨和烧石，有些地方还有大量的螺蚌壳。由此可知当时的经济主要是狩猎采集和捞取水生软体动物。

黄岩洞在广东省封开县东北 60 千米，高出当地河面 15 米[2]。该洞曾经过多次调查发掘，发现石器 122 件，绝大部分为打制的，主要是砍砸器和刮削器，此外还有石锤和石核等。磨制石器仅见石斧和穿孔石器各 1 件。从制法和种类来看，均与独石仔大致相同。与石器同出的其他遗存包括人颅骨化石、大量动物骨骼、螺壳蚌壳、炭屑、灰烬等，其经济和发展水平都应和独石仔相近。

这两处遗址唯一可定为新石器时代的特征是几件磨制石器，比例不及打制石器的十分之一，且磨制和作孔均很粗糙。这里没有发现任何陶器，也没有发现原始农业和养畜业的痕迹，因此它们的发展阶段应属旧石器时代向新石器时代过渡或新石器时代的开头。独石仔上层螺壳的碳－14 年代为公元前 12950±300 年，黄岩洞贝壳有两个碳－14 年代数据，分别是公元前 9980±200 年和公元前 9000±300 年[3]。但石灰岩地区贝类碳－14 年代往往偏老，这些数据仅供参考。

3. 青塘圩和大龙潭

青塘圩原属翁源县，位于县城西南 44 千米，后划归英德管辖，滃江和青塘河流贯其间，该处有许多石灰岩小山，高 50～100 米不等。山多溶洞，在朱屋岩、仙佛岩、吊珠岩和狮头岩黄岩门 1～4 号洞均发现了新石器时代早期遗存[4]。这些洞中的堆积多数为微红色或灰色的半胶结文化层，内含大量田螺壳动物碎骨、烧骨和炭屑等，也有个别人额骨和股骨碎片。所出石器多打制，器形有斧、锛、砍砸器、刮削器、石砧、砺石等，也有个别局部磨制的石锛。同出少量陶片，有夹砂粗陶和泥质软陶两种，颜色不纯，有红、灰、黑等色，表面饰细绳纹等，有的似有红赭色陶衣。

---

〔1〕 邱立诚、宋方义、王令红：《广东阳春独石仔新石器时代洞穴遗址发掘》，《考古》1982 年第 5 期。

〔2〕 宋方义、邱立诚、王令红：《广东封开黄岩洞洞穴遗址》，《考古》1983 年第 1 期。

〔3〕 中国社会科学院考古研究所：《中国考古学中碳十四年代数据集》，文物出版社，1983 年。

〔4〕 广东省博物馆：《广东翁源县青塘新石器时代遗址》，《考古》1961 年第 11 期。

　　大龙潭位于广西柳州市南郊，离市区仅 1.5 千米。遗址位于龙潭山南名为鲤鱼咀的岩厦处，岩厦高 8、深约 2.5 米，大龙潭潭水即在前面流过。遗址长约 10、宽 5～8 米，面积约 60 平方米，有 2 层文化堆积[1]。上层为灰褐色土，含大量螺壳和动物骨骼；下层为黄褐色土，含大量贝壳和动物骨骼，土质已部分胶结。两层都有许多文化遗物出土。

　　下文化层内有 2 处灰烬堆积，中有烧骨、螺壳和红烧土，是固定烧火的地方。下文化层上部发现至少代表 6 个个体的人骨，当为墓葬。人骨蜷曲，似属蹲葬和跪葬（图四四）。本层石器绝大部分为打制，除石核、石片外，主要有砍砸器、刮削器和尖状器，其中有 30 件为近细石器的燧石刮削器。磨制石器仅石斧和穿孔石器各 1 件。同出骨锥、骨针、骨刀和 8 块陶片。陶片有红黑两种，质软，饰粗细绳纹（图四五）。

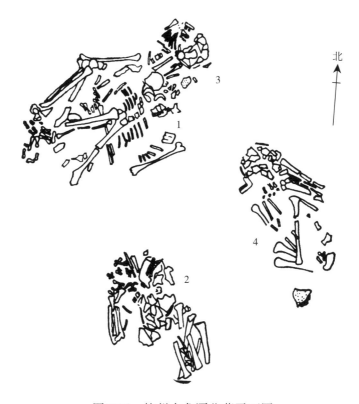

图四四　柳州大龙潭墓葬平面图

　　〔1〕　柳州市博物馆、广西壮族自治区文物工作队：《柳州市大龙潭鲤鱼嘴新石器时代贝丘遗址》，《考古》1983 年第 9 期。

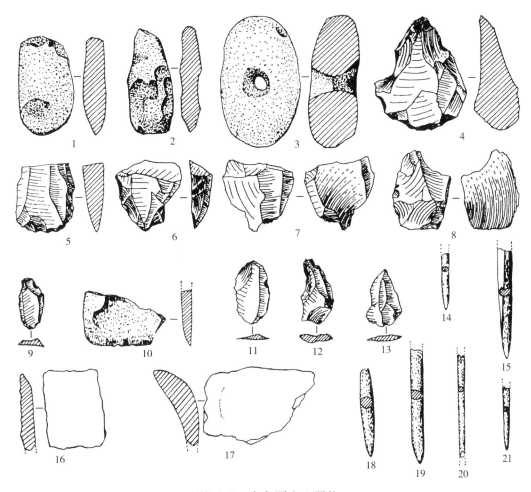

图四五　大龙潭出土器物

1. 石斧　2. 石锛　3. 穿孔石器　4. 尖状器　5、6、8、9、11～13. 刮削器　7. 石核　10. 骨刀
14、20、21. 骨针　15、18、19. 骨锥　16、17. 陶片

　　这层的石器从制法到类型都同独石仔和黄岩洞相近，只是新出现了极少的陶片，因此总体文化特征同青塘圩更加接近。关于这层文化的年代共测过 4 个碳－14 年代标本，其中 2 个是测的螺壳，分别为公元前 19070±450 年和公元前 16610±300 年，2 个人骨的标本分别是公元前 9500±150 年和公元前 8560±150 年[1]。由于石灰岩地区贝类的碳－14 年代一般偏老，而人骨的年代则是比较可靠的，故知华南最早的新石器时代遗存，包括尚没有陶器的独石仔、黄岩洞在内，大致为公元前 10000～前 8000 年。

――――――――――

〔1〕　黎兴国、刘光联、许国英等：《柳州大龙潭贝丘遗址年代及其与邻近地区的对比》，《第四纪冰川与第四纪地质论文集》（第 4 集），地质出版社，1987 年。

4. 豹子头贝丘遗址群

在广西南宁地区的邕江两岸，分布着许多贝丘遗址，其中较重要的有豹子头、敢造、西津等 14 处[1]。位置多在大河拐弯处，或在大小河汇合的三角咀上，依山面水，遗址高出河面 3～20 米不等。豹子头在邕江大拐弯的北岸，高出水面约 15 米，地表有大量灰白色螺壳堆积，从被河水冲刷的断崖来看，螺壳堆积厚约 3 米，其中发现许多石器、骨器、蚌器、陶片和动物骨骼。敢造发掘的一条探沟中发现人骨 14 具，未见墓圹，有蹲葬、屈肢葬和仰身直肢葬。有的人骨较乱，葬式不明。一般无随葬品，个别的头骨旁有骨笄。在西津发掘 144 平方米，发现人骨 100 多具，也无墓圹。绝大多数都是蹲葬，发现时头骨坐于四肢骨上，上肢骨屈向胸前，下肢骨作蹲踞式，成抱膝状。此外还有少数仰身、俯身和侧身屈肢葬者。又在长塘发掘的一个探方中发现 15 具人骨，也是蜷曲很甚，其中 2 具周围撒赤铁矿粉，1 具用石子围成墓塘，1 具用螺壳垒成墓圹，1 具手握蚌器，1 具人骨上有 1 牛腿骨。

这些遗址中出土的石器大多经过磨制，但制作不精，大部分留有天然岩面或打击疤痕，器形有斧、锛、凿、刀、矛、杵等，显然比大龙潭等处的石器要进步得多。此外还有骨角器和蚌器等。陶片甚多，但无可复原者。多为夹砂粗陶，以灰褐色和红褐色为主，也有黑色的。多泥条盘筑，多饰粗细绳纹，有的内壁也有反绳纹。器壁较厚重，器形大抵多直口鼓腹圜底釜和圜底钵。

豹子头曾测定 7 个碳 – 14 年代数据，其中 6 个系螺壳标本，测得年代为公元前 8785～前 7675 年，显然偏早。另一兽骨的数据是公元前 3205±300 年，似又偏晚。

5. 甑皮岩和仙人洞

甑皮岩在广西桂林市南郊、距市中心约 9 千米的独山的西南麓，为一洞穴遗址[2]。该洞高 8、宽 13 米，离现在山脚高约 5 米，洞左后侧有一含水充沛的地下溶洞。洞内新石器时代堆积约分 2 层，中间有钙华板隔开。洞内有火塘、烧火堆和一个灰坑，洞内后部有一堆砾石和一些稍经打制的半成品。洞内还发现 18 具人骨，多为蹲踞葬，也有侧身屈肢葬和二次葬的。其中有 6 人头骨穿孔，2 人有撒赤铁矿粉的痕迹，1 人随葬 2 件蚌刀（图四六）。出土石器中打制和磨制大约各占一

---

〔1〕 广西壮族自治区文物考古训练班、广西壮族自治区文物工作队：《广西南宁地区新石器时代贝丘遗址》，《考古》1975 年第 5 期。

〔2〕 广西壮族自治区文物工作队：《广西桂林甑皮岩洞穴遗址的试掘》，《考古》1976 年第 3 期。

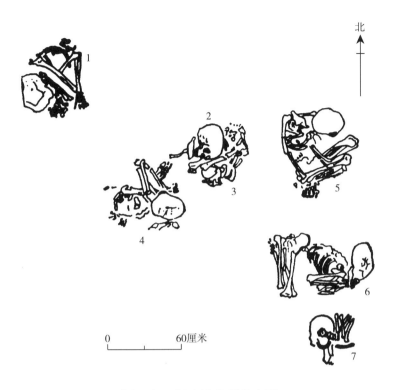

图四六　甑皮岩墓葬分布图

半，打制石器有砍砸器、盘状器、刮削器、砧、杵等，磨制石器有斧、锛、矛、穿孔器和砺石，其中有不少是通体磨光者。同出骨器有鱼镖、锥、针、笄、镞，蚌器仅刀一种（图四七）。陶片甚多，多为红色，其次是灰陶，均有泥质和夹砂之分。多饰绳纹，也有少量划纹和席纹。器形可辨者大约有釜、罐、钵等，还有少数三足器。发现有大量动物骨骼和螺蚌壳。其经济当以狩猎、采集为主。同出的动物骨骼中有不少猪骨，经鉴定应为家猪，这是我国最早的家畜遗存。

　　仙人洞在江西省万年县大源镇，是一处洞穴堆积，1962 年和 1964 年曾做过两次发掘[1]。洞内新石器时代堆积可分上下两层。下层发现烧火堆 10 处、灰坑 3 个。出土石器中磨制与打制者大体相当，磨制石器有梭形器和穿孔器，打制石器有砍砸器、刮削器，另有石核和石片。骨器较多，有鱼镖、锥、针、镞、凿等，另有角凿、牙刀和较多的穿孔蚌器。陶片也较多，主要是夹砂陶，颜色不纯，大

---

〔1〕　江西省文物管理委员会：《江西万年大源仙人洞洞穴遗址试掘》，《考古学报》1963 年第 1 期；江西省博物馆：《江西万年大源仙人洞洞穴遗址第二次发掘报告》，《文物》1976 年第 12 期。

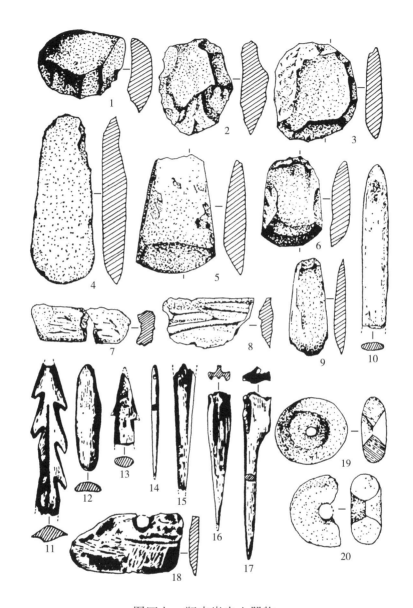

图四七 甑皮岩出土器物

1、2. 砍砸器 3. 盘状器 4. 石斧 5、6、9. 石锛 7、8. 砺石 10. 石矛 11. 骨鱼镖
12、13. 骨镞 14. 骨针 15～17. 骨锥 18. 蚌刀 19、20. 穿孔石器

部分饰绳纹，有的里外都有绳纹，有的绳纹上加网格形划纹，有的在器口戳印圆窝纹。器形主要是圜底釜一种。

上层器物较少，陶器中除夹石英砂粒者外，又有夹蚌壳末者，石器制作亦略显进步。从总体特征来看，仙人洞的上下层文化大体相当于甑皮岩的上下层文化。

甑皮岩曾测过许多碳－14 年代数据，其中以螺蚌壳为标本的共 9 个，年代在公元前 9360 年和前 7020 年之间；用骨骼测的 2 个标本，分别是公元前 7150 ± 250 年和前 5630 ± 410 年；用木炭测的 2 个标本是公元前 7050 ± 150 年（下层）和前 5730 ± 150 年（上层）。仙人洞上层蚌壳的碳 – 14 年代是公元前 8920 ± 240 年，下层骨骼的碳 – 14 年代是公元前 6875 ± 240 年。

从文化特征来看，甑皮岩和仙人洞下层应属新石器时代早期后段，磨制石器和陶器都已显著增加，还出现了家畜饲养，这是比前段进步的地方。但其经济的主要成分仍属狩猎采集这种攫取经济的范畴。这个阶段的年代，从各种碳 – 14 实测结果来推算，大约为公元前 8000 ~ 前 7000 年。

6. 沿海地区的早期贝丘遗址

在广西防城各族自治县（原称东兴县）临海河口的小山岗上，有亚菩山、马兰咀山和杯较山 3 处贝丘遗址，前两处经过试掘[1]。3 处都有大量的贝壳堆积，出土石器绝大部分是打制的，其中有蚝蛎啄、砍砸器、网坠、手斧状石器和三角形石器等。有些蛋圆形或近球形的砾石上常有敲砸痕迹，可能也是砸击贝壳的工具。磨制石器仅见斧、锛、凿等，还有磨盘和石杵，但数量都很少。骨器有锥和镞，蚌器有铲，还有一种穿孔蚶壳，可能是做网坠用的。此外还有大量的动物骨骼。遗址中出土陶片不多，夹砂或蚌末，颜色不纯，有红陶和灰黑陶等，上饰绳纹，也有划纹。器形可辨的多为釜、罐之类，均为圜底。

广东省潮安的沿海地带也曾发现一些贝丘遗址，其中主要有陈桥村、石尾山和海角山 3 处[2]。这些遗址中都有大量的斧足类和腹足类贝壳，其中陈桥村距海岸稍远，仍主要是海贝堆积，以牡蛎壳为最多，另有少量淡水产的蚬和蚌，还有为数极多的鱼骨和海龟、海鳖的遗骸。陆生动物有牛、鹿、猪骨等。这些遗骸最清楚地反映了当时的经济主要是狩猎采集和捞取水生动物。遗址中出土的石器是与这种经济相适应的，以打制的为主，种类有蚝蛎啄、砍砸器、敲砸器和手斧形器等，磨制石器仅锛一种，上面仍留有部分打制痕迹，骨器为数甚多，制作精致。有斧形器、三角形刀、锥、镞、针等，还有不少经过加工的骨料。陶片多夹砂或掺贝壳末，火候甚低，多外红内灰，饰绳纹、划纹和蚶壳压印纹，有的口部涂赭红色带，器形可辨的有釜、罐、钵等，均为圜底。

---

〔1〕 广东省博物馆：《广东东兴新石器时代贝丘遗址》，《考古》1961 年第 12 期。
〔2〕 广东省文物管理委员会：《广东潮安的贝丘遗址》，《考古》1961 年第 11 期。

（三）石峡文化

1. 发现与分布

石峡文化是因广东省曲江县石峡遗址的发现而命名的。遗址位于县治西南 2.5 千米马坝人洞穴所在的狮头山与狮尾山之间，因是两座石山之间的峡地，故名石峡。这个遗址是 1972 年发现的，1973 ~ 1976 年进行发掘，发现了大批墓葬和富有特征的器物，因而被称为石峡文化[1]。

石峡文化主要分布于广东省的北江与东江流域，过去发现的曲江坭岭、葡勺山下层、始兴新村、河源上莞墟、宝安大石寨、龙川坑子里等地，都有石峡文化的遗存。

关于石峡文化的年代目前研究尚不充分。石峡遗址的墓葬曾被分为三期，其中一期的 M79 碳－14 年代为公元前 2730 ± 155 年，三期的 M43 出土木炭的碳－14 年代为公元前 2865 ± 185 年，前后颠倒。另有期属不明的 M26（一说属三期）碳－14 年代为公元前 2480 ± 150 年[2]。比照与石峡文化关系密切的良渚文化和樊城堆文化的年代，大致可以推定石峡文化约为公元前 3000 ~ 前 2500 年，当属铜石并用时代。

2. 生产工具和武器

石峡文化的生产工具和武器几乎都是石器（包括部分玉器），陶器仅纺轮一种。未见骨角牙蚌器，可能与酸性土壤不易保存有机质材料有关。

石器大多通体磨光，并且广泛地运用切割法和管钻法。许多器物棱角分明，线条刚直，器身薄而均匀，有的还有明显的切割痕迹。穿孔多为两面钻，也有单面钻的。石器种类主要有以下几种（图四八）。

镢：是石峡文化特有的工具。长身、弓背，两头有刃且不对称，一头较短较窄，一头较长较宽，形制很像现代的"丁"字镐，当是挖土的利器。

斧：全部为穿孔扁斧，一般器身扁薄，上穿一孔。未见黄河、长江流域普遍使用的那种剖面呈椭圆或长方形的厚重石斧。

锛：多为近长方形的梯形锛，有长短两种。

有段锛：它是东南沿海特有的石器，石峡发现 29 件。

---

〔1〕 广东省博物馆、曲江县文化局、石峡发掘小组：《广东曲江石峡墓葬发掘简报》，《文物》1978 年第 7 期；苏秉琦：《石峡文化初论》，《文物》1978 年第 7 期。

〔2〕 以上年代均据达曼表进行树轮校正。

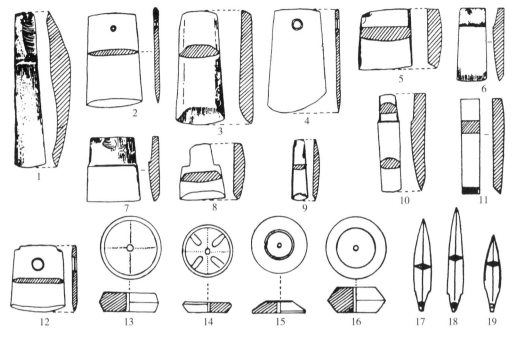

图四八　石峡文化的工具和武器

1. 锛　2. 斧　3、5. 铇　4、12. 钺　6、7. 有段铇　8. 双肩铇　9～11. 凿　13～16. 陶纺轮　17～19. 镞

有肩铇：它是华南特有的石器，石峡发现 8 件。

凿：体形窄长，有普通凿、有段凿和圆凿三种。后者是石峡文化所特有的，可凿圆孔。石峡 M47 曾出土大小 4 件一套圆凿，墓主人当为一专门的木作工匠。

钺：多梯形斜弧刃，器身扁薄，有的是用玉材制作的。还有少数有肩石钺，其造型已与商周时期的铜钺十分接近。

镞：数量甚多，仅石峡就有 574 件，剖面呈菱形，多数有铤。

陶质生产工具仅见纺轮一种，制作精致。形制多样，有的上面戳刺美丽的花纹。

3. 稻作农业遗存

在石峡文化的遗址中，曲江石峡和坭岭均曾发现稻谷遗存，以石峡较为丰富。石峡下文化层中有些经火烧过的草拌泥（墙壁涂料）中，或灶坑边烧过的硬土块中，有许多稻壳和稻草碎屑；有的灰坑中发现有零星的炭化稻米。有 9 座墓葬（都是随葬品丰富的大墓）中随葬稻谷或稻米，发现时已与泥土凝结成 1 升左右的团块[1]。根据鉴定，这些稻谷和稻米均属于栽培稻，包括籼稻和粳稻两个亚种，

---

[1] 杨式挺：《谈谈石峡发现的栽培稻遗迹》，《文物》1978 年第 7 期。

以籼稻为主。许多籽粒不够充实饱满，且大小不一，反映当时品种不纯，种植技术还比较原始。

除稻谷外，石峡遗址中还发现了山枣核和桃核，反映当时还存在一定的采集经济成分。

4. 日用陶器

石峡文化的陶器比较发达，有泥质和夹砂两类，前者多灰褐色和灰黄色，后者多灰褐色，也有少量红陶、黑陶和白陶。大多数陶器是轮制或模制的，或者是轮模合制的。大约70%的陶器是素面无纹的，其余陶器或饰绳纹，或饰附加堆纹、划纹与印纹。釜和釜形鼎常饰绳纹，壶、罐、釜、鼎常有附加堆纹，豆、盘等圈足器常有镂孔，瓮、罐、豆、鼎有时有几何形印纹。

陶器造型的突出特征是圈足器、三足器和子母口特别发达，圜底器较少，只有个别的平底器。器盖甚多，一般无把、无耳、无嘴、无流，只有少数双鼻。陶器种类虽较复杂，但最主要的只有釜、鼎、三足盘、圈足盘和豆五种。其次是壶、罐，甗、鬶、杯、盂、瓮、觯形器等都很少（图四九）。

釜为侈口扁腹圜底，多饰绳纹，有的底部有烟炱。

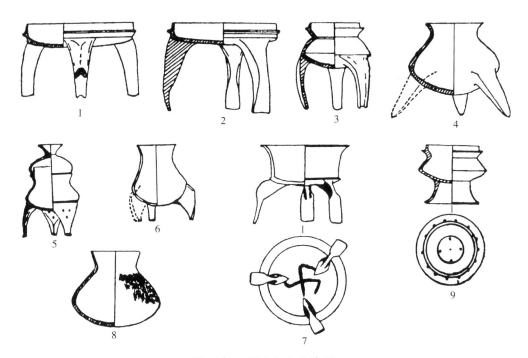

图四九　石峡文化的陶器

1、2. 盘形鼎　3、4. 釜形鼎　5. 白陶鼎　6. 异形鼎　7. 盆形鼎　8. 釜　9. 甑

鼎有三种，即釜形鼎、盆形鼎和盘形鼎，以后者为多，其差别可能是用于炊事上的具体功能不同所致。

三足盘、圈足盘和豆乃是主要的炊器。

5. 装饰品和宗教用品

石峡文化中所出装饰品和宗教用品比较复杂，有琮、璧、瑗、璜、玦、环、管、珠、坠饰、圆片饰、鸟形饰和绿松石饰等。原料多为软玉和近玉的美石，加工比较精细，多为较大墓葬的随葬品。

6. 埋葬习俗

在石峡共发现墓葬64座，分布密集，有不少互相叠压或打破的情况。墓葬形制单纯，基本上只有长方形竖穴一种。比较特别的常在墓底抹草拌泥，其中夹杂有稻壳和稻草屑，有时四壁也抹草泥。其次是入葬前将墓穴烧烤，不少墓边被烧成红色。墓坑多东西向，未见葬具，只有个别墓中堆放大量石灰岩石块。

埋葬方式分一次葬和二次葬两种。人骨多已朽坏，仅个别保存完好。例如M70是一座较大的墓，长3.1、宽1.1、深0.37米，人骨头部朝东，仰身直肢，经鉴定为一40多岁的女性。她的前额有一道已经愈合的伤痕，左翼部有一穿孔的伤洞。墓中堆放大量石块。二次葬墓一般较深，约0.8~1.2米，周围墓壁经火烧烤，形成2~3厘米厚的红烧土，墓底或填土中常见木炭、竹炭和烧土块。二次葬的尸骨多放置在墓底东南隅，仅3座在东北隅，上面或附近往往撒放赤铁矿粉。这种墓一般有两套器物，一套是随人骨迁来的原一次葬时的器物，陶器多破碎残缺，分散在墓底或填土中；另一套比较完好，摆放整齐，是二次葬时的随葬物品。同墓地中有些一次葬墓骨骼凌乱不全，器物破碎残缺，应是二次葬时被迁走的墓。这种二次葬制明显不同于仰韶文化和大汶口文化中所见的二次葬方法，是石峡文化特有的葬制（图五〇）。

绝大多数墓有随葬品，以随葬陶器和石器为大宗，同时有较多的装饰品。大小墓有明显的差别，大墓随葬品一般在60件以上，最多的有110多件，小墓则仅数件或一无所有。M43是较大的一座，长2.62、宽1.19、深1.15米。一次葬时的器物迁来散放在墓底，多已破碎残缺，其中有釜形鼎、盘形鼎、甑、罐、三足盘、豆、夹砂盖豆、器盖等陶器和锛、凿、镞、石片等石器。迁来的尸骨放在东头偏南一次葬陶片上，二次葬陶器及其他器物则放在墓中一次葬陶片上，其中有釜、釜形鼎、盘形鼎、圈足盘、豆、夹砂盖豆、夹砂罐等陶器，有穿孔扁斧、镬、锛、有段锛、有肩锛、凿、钺、镞等石器，还有陶纺轮及玉璧、玉笄和玉珠等。这显

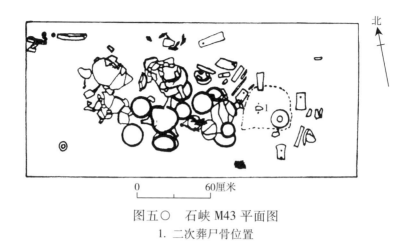

图五〇　石峡 M43 平面图
1. 二次葬尸骨位置

然是一位较富有者的墓葬，既随葬钺，当有一定的军事权力和地位。这是当时社会已明显发生分化的有力证明。

7. 同周围原始文化的关系

石峡文化不是孤立的，它同周围的原始文化有相当密切的关系。

首先，石峡文化同江西的樊城堆文化有非常密切的关系。例如石峡文化中的盘形鼎和多种特殊式样的鼎足、鬶和有段石锛等，便和樊城堆文化的清江筑卫城下层和修水山背的同类器十分相似；特别有趣的是石峡 M54 出土的一组器物，竟和山背跑马岭 1 号房子的一组器物表现出明显的相似性。这种情况表明，当时通过北江到赣江的河谷是一条重要的交通孔道。

石峡文化同江苏南部和浙江北部的良渚文化也有比较密切的关系。例如石峡文化中的双鼻壶、玉琮、王璧、穿孔扁斧和有段石锛等，都是良渚文化中常见之物。特别是其中的玉琮和双鼻壶，与良渚文化同类器几乎没有区别，显然是良渚文化影响下的产物。

至于石峡文化同广东南部珠江三角洲的西樵山文化的关系问题，后文将要比较详细地分析，此处从略。

（四）西樵山文化

1. 西樵山遗址与西樵山文化

前面已经讲到广东南海西樵山的细石器文化遗存问题，实际上西樵山的大部分文化遗存是以双肩石器、大型打制石器、绳纹陶或几何形印纹陶为特征的，年代比细石器遗存要晚得多。

这些遗存分布在山岗上和西、南、北三边的山麓，山上地点往往在霏细岩露头的地方。在主峰大科峰以西的云路村附近发现了 7 个洞穴，它们均处于霏细岩脉上。其中最大的滴水岩纵深 37 米，洞壁上到处有火烧的痕迹及人工剥离岩石的痕迹，洞里和附近的山上堆积着大量人工打制的霏细岩碎屑。经过试掘的虎头岩洞穴内，堆积着 1 米多厚的霏细岩碎屑以及炭渣、灰烬和烧石等。根据这些痕迹推测，当时可能是烧热岩石然后浇水使其炸裂，再撬下石块来制作石器的，由此可见西樵山是一个大型采石场遗址。

在西樵山发现的 20 多处石器地点中，大部分都堆满人工打制的石片碎屑，还有不少石器的半成品或残次品。器形有双肩的斧、锛、铲等，石片石器有刮削器、尖状器、龟背形砍砸器、矛形器等。还有一些用霏细岩、细砂岩、石英砂岩制作的各种锛、凿等。这些成品半成品或残次品等大约有三四千件，其中通体磨光的不过一二百件，砺石一二十件。比照同时期的其他遗址多以磨制石器为主的情况，这里显然是个大型石器制造场和粗加工的场所。

在这样大规模的遗址群中，至今只发现少数几处有明确的文化层，但堆积很薄，范围又小。保存最好的镇头西坡也只有长 20 多米，厚约 1 米的文化层，主要是淡水沙蚬等贝壳堆积。各处发现的陶片也很少，加在一起不过一二百片。这些情况也证明西樵山主要是采石场和石器制造场，而不是一般的聚落居址。

根据西樵山的地理位置及西樵山石器的分布情况来看，这里的石材和石器主要是供给珠江三角洲各小岛的渔猎采集民使用的。从西樵山没有一般的永久性聚落居址而只有一些零星的文化层来看，可以断定西樵山并没有居住着一个专营采石和制作石器，并同其他地方进行交换的社群或部落团体；而是由各地的渔猎采集民随时到西樵山采石制器，然后把成品或毛坯带回各地。离西樵山近的可能当天就返回了，离得较远的可能要住几天。他们要生火要吃饭要使用少量陶器，这就是西樵山为什么会有少量文化层，并且只有少量文化层的原因。

西樵山出土的陶片尽管很少，但对于确定遗址的年代和文化性质十分重要。这些陶片大体上可分为两类，一类是夹砂褐陶，常饰绳纹和刻划纹；另一类是几何形印纹陶。比照西樵山周围同类遗址的分期情况，前一类当属新石器时代晚期，后一类至少已进入铜石并用时代甚至更晚。

杨式挺将西樵山和珠江三角洲的许多遗址进行了比较研究，认为它们是以西樵山石器制造场为纽带和以西樵山类型的石器（主要是霏细岩制造的各种有肩石器）及陶器等遗物共存为标志的一个古文化遗址的群体，应当命名为西樵山文化[1]。

---

〔1〕 杨式挺：《试论西樵山文化》，《考古学报》1985 年第 1 期。

据目前所知，这个文化的遗址主要分布在所谓狭义的珠江三角洲大约 1 万平方千米的范围以内。这里数千年前大概还只是珠江口外的一些小岛，故遗址一般都呈小岗，并有大量的贝壳堆积。其中经过发掘的比较重要的遗址有佛山河宕、南海灶岗和鱿鱼岗、增城金兰寺、东莞万福庵、深圳小梅沙、香港深湾和南丫岛多处。但若只是以霏细岩的有肩石器为标准，则其范围可扩大到整个广义的珠江三角洲，其面积达 3.4 万多平方千米。由于这些地区的遗址多未经过科学发掘和详细研究，也不大了解西樵山文化周围其他原始文化的情况，所以暂时还无法肯定这些地区是否都应包括在西樵山文化的范围以内。

杨式挺将西樵山文化分为三期：早期以西樵山细石器遗存为代表，中期以饰绳纹、划纹的夹砂褐陶为代表，晚期以泥质素面陶和几何形印纹陶为代表。但他又说将来如证明细石器遗存属于中石器时代以至更早，则不应包括在西樵山文化内。其实这类遗存即使没有那么早，因它与后两期的遗存差别太大，看不出有多少共同特征，也不宜算作是同一文化的遗存。职此之故，这里所说的西樵山文化只包括杨文的中晚两期，并且为了方便起见，将中期改称为早期。

早期遗存目前发现较少，主要有增城金兰寺下层、东莞万福庵下层、南海观音庙口、深圳小梅沙和香港深湾 F 层等，西樵山出有肩石器及绳纹、划纹粗砂陶的遗存即属此期。西樵山镇头西坡第 3 层贝壳测定的碳－14 年代为公元前 4170 ± 140 年（经树轮校正），可供本期年代的参考。

晚期遗存比较发达，西樵山镇头西坡第 2 层和第 7、10、11、12 等地点、金兰寺中层、河宕、灶岗、鱿鱼岗等处都是。所测碳－14 年代数据也较多。如西樵山镇头西坡第 2 层贝壳为公元前 3710 ± 125 年（经树轮校正，下同），灶岗贝壳为公元前 4090 ± 140 年，河宕两个人骨标本分别为公元前 1950 ± 100 年和公元前 2250 ± 100 年，高要茅岗两个木炭标本分别为公元前 2340 ± 150 年和公元前 2785 ± 140 年。如果把贝壳标本测年一般偏老的因素考虑进去，那么晚期年代可能在公元前 2700～前 1900 年之间，大体与龙山时代同时期。

2. 生产工具

主要是石器，也有少量骨角牙蚌器。

以霏细岩为主要石料的有肩石器是西樵山文化中最有代表性的生产工具。西樵山石器制作场出土的多打制的半成品、残次品，也有一部分磨制较好的；其他遗址中则以磨制为多，包括通体磨光和只磨刃部者。器形以锛为多，其次是斧，也有一些似铲者。此外还有一些梯形的或有段的斧、锛、凿，甚至还有一些既有肩又有段的石器（图五一）。根据各遗址石器的统计资料，西樵山文化中有肩石器

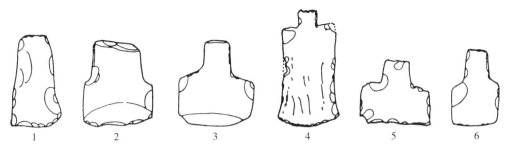

图五一　西樵山文化的霏细岩石器
1. 锛　2、3、5. 双肩锛　4. 双肩铲　6. 双肩斧
（1. 万福庵　2. 金兰寺　3、5. 高要　4. 西樵山　6. 南海藤涌岗）

约占60％，早晚都有；有段石器只出现于晚期，且数量要少得多。这同石峡文化中有段石器远多于有肩石器的情况形成鲜明的对照。

在西樵山文化的许多遗址中，还曾发现石镞、骨镞、穿孔蚝壳。还有一种甚粗的穿孔骨针，似为织渔网的工具。有些遗址还有石、陶网坠。

3. 经济生活

西樵山文化的分布区全部位于珠江三角洲，现在是河道纵横的低洼平原，稻作农业和桑蚕业十分发达。但在数千年前的情况则完全不是这样。因为西樵山文化的遗址一般不在平地而是在一些小岗子、土墩或沙洲上，贝丘和沙洲遗址约占一半，出土贝类和其他水生动物大部分表现为海生或河口型。其中有马来鳄、硬头海鲶、断斑石鲈、海豚、大𫚖鱼、丽蚌或河蚌、蓝蚬或河蚬、蚶、牡蛎、螺壳等。陆生动物则有象、牛、猪、猕猴等。说明当时陆地远没有现在多，大部分是小岛、沙洲，从而人们的生计只能以渔猎、捕捞业为主，而很少见到农业的痕迹。生产工具中缺乏明确的农业工具，而多半是手工工具和渔猎工具也说明了这一点。这与石峡文化以农业为主的情况形成鲜明的对照。

4. 日用陶器

西樵山文化的陶器种类少，数量也不算多，这是农业经济不发达的又一表现（图五二）。早期以夹砂褐陶为主，泥质红陶也占一定比例。一般为手制，纹饰在夹砂陶多绳纹、划纹，有时有篦点纹；泥质陶则多素面，同时有彩陶和镂孔。彩陶多用红色或赭色在原色底子或白衣上绘成，母题多横带，平行线纹，或似波浪纹等。多圈足器和圜底器，也有少数平底器。器形有釜、罐、钵、圈足盘、豆、杯和器座等，其中以圜底釜和圈足盘为最多，其他器物为数甚少。

图五二   西樵山文化的陶器

早期：1、3、4. 盘   2、7、11. 钵   5、6. 豆   8、12. 圈足盘   9. 圈足杯   10. 釜
晚期：13、14. 豆   15、17. 釜   16、18. 圈足罐（1、2、4、7. 金兰寺   3. 宝安捕鱼山   5. 葫芦山
6. 高要永山   8. 深圳小梅沙   9、12. 香港春坎湾   10、11、15. 香港深湾   13、14、16~18. 佛山河宕）

晚期陶器的主要特点是几何形印纹盛行，泥质陶和夹砂陶都有。除绳纹、条
纹、波状划纹以外，大多是曲尺纹、梯格纹、云雷纹、长方格纹等，单河宕就有
20 多种。河宕下层还发现过少量彩陶，当属晚期中较早的遗存。这时仍以圈足器
和圜底器为主，主要器类是圜底釜、圈足罐、圈足盘和豆，另有少量钵和器座。
深圳赤湾等地发现一种粗砂陶的炉箅，据说是烤鱼类用的，当是本地的特产。

5. 埋葬习俗

早期仅高要龙峡发现一批蹲踞葬，其他遗址发现个别瓮棺葬，无法全面了解
其埋葬习俗。晚期墓葬发现较多，计金兰寺 4 座、灶岗 6 座、鱿鱼岗 36 座、河宕
旧墟 77 座。一般东西向，头东脚西，长方形竖穴，有的墓坑不甚明显。河宕中下
层经鉴定的墓中，发现成年男性一律头西脚东，女性一律头东脚西。这也许说明
当时实行族外婚制，男女属于不同的氏族，因而才有不同的葬法。葬式多系仰身

直肢，单人一次葬。河宕有两具人骨相距很近，但不能肯定是合葬。华南新石器时代早期流行的蹲踞葬，在西樵山文化早期仍存，到晚期已完全绝迹了。

大约40%的墓葬有随葬品，少则一件，多则两三件。随葬器物有陶器（釜、豆或圈足盘、罐和纺轮等）、石器（锛、镞、矛等）和装饰品（象牙镯、骨镯、牙约发器、骨梳、佩饰等）。河宕经性别鉴定的墓葬中，女性多随葬陶纺轮，男性则多锛、镞、矛等，表明当时存在着两性间的劳动分工。

从总体情况看，西樵山文化的墓葬都很小，随葬品不丰富，墓葬间的差别很小，这又是和石峡文化大不相同的。其所以然者，主要是渔猎经济限制了社会的发展。只有农业发展起来以后，这种情况才会改变。

6. 西樵山文化的居民

对河宕人骨的研究表明，西樵山文化的居民应属于蒙古人种的南亚类型或南部边缘类型，同时有一些同赤道人种相似的特性[1]。男性平均身高1.66米，女性约1.54米，比黄河流域的大汶口文化和仰韶文化的居民都矮一些。

考古发现表明西樵山人有拔牙的风俗，其中河宕发现19例、鱿鱼岗4例、金兰寺有1例。一般拔除一对上侧门齿，也有只拔一颗上侧门齿的。此外，河宕还有5例拔上中门齿或中门齿与侧门齿的，鱿鱼岗有2例拔上右前臼齿。后两种部位的拔牙是其他地方所少见的。《大藏经》五一卷《唐大和上东征传》载鉴真和尚漂泊到崖州（海南岛文昌一带）时，见"人皆雕题凿齿"，应是西樵山文化拔牙风俗的遗留。

7. 与石峡文化的关系

西樵山文化与石峡文化一南一北彼此邻近，应有比较密切的关系；但是由于二者所处自然环境不同，经济类型不同，从而限制了相互关系的发展。在石器方面，主要是手工工具比较接近，如都有双肩或有段的斧、锛、凿等，只是比例不同，形状也略有差别。至于石峡文化的专门农具如石镢等，在西樵山文化中根本不见；西樵山文化中一些专门用于渔捞的工具也不见于石峡文化。在陶器方面，二者都有较发达的圈足器和圜底器，但石峡文化多三足器而西樵山文化不见。西樵山文化早期是没有几何形印纹陶的，到晚期则大为流行，很可能是受石峡文化影响的结果。在埋葬习俗上，两个文化都流行单人葬，长方形竖穴，东西向。但

---

〔1〕　韩康信、潘其风：《广东佛山河宕新石器时代晚期墓葬人骨》，《人类学学报》1982年第1卷第1期。

石峡文化特有的二次葬风俗不见于西樵山文化。石峡文化的大墓与小墓已有明显分化，西樵山文化中目前只发现小墓，看不出有分化的迹象。

（五）闽台新石器时代早期遗存

1. 从八仙洞到大坌坑

台湾最早的人类文化遗存是从台东长滨乡八仙洞获得的，有人称之为长滨文化。所谓八仙洞包含有 3 个洞穴：潮音洞、海雷洞和乾元洞。在这些洞内含陶片的新石器时代文化层之下，均发现了仅出打制石器和骨器而没有陶器的文化层。3 个洞穴共出土打制石器 6000 多件，包括砍砸器、刮削器、尖状器和经过加工修理并有使用痕迹的石片石器。同出的骨器有 100 多件，包括锥、穿眼的针和两头尖的针（钓针或网针）等。此外还有许多动物骨骼和木炭渣等。

八仙洞中木炭的碳 - 14 年代共测得 5 个标本，其中 1 个超过 15000 年，其余 4 个距今仅 6000～5000 年。也许长滨文化本身延续的时期较长，代表着一种从旧石器时代向新石器时代过渡的文化遗存。

在台湾，一种可以确定较早的新石器文化被称为大坌坑文化。它是以台北八里乡大坌坑贝丘遗址的发现而得名的。这个文化主要分布在台湾西海岸地带，以西南海岸最为密集，东海岸也有零星的分布。主要遗址除大坌坑外，还有台北圆山下层、台南归仁乡八甲村及高雄林园乡凤鼻头等处，大体都属于贝丘遗址。

大坌坑遗址出土的陶片多夹粗砂，红褐色或灰褐色，火候甚低，胎壁较厚。多饰绳纹和划纹，有的在口沿涂一圈红色陶衣。器形甚为简单，大致有釜、罐、碗几种。多属圜底，个别的罐有矮圈足（图五三）。

台南归仁乡八甲村所出蚌壳曾进行碳 - 14 年代测定，其中标本 SI - 1229 为距今 5480 ± 55 年（按半衰期 5568 ± 30 年计算），树轮校正的年代为公元前 4355 ± 160 年。

2. 壳丘头和富国墩

在福建沿海的比较早期的新石器时代遗址主要有壳丘头和富国墩。壳丘头位于闽江口以南的海潭岛上，属平潭县，1985 年进行发掘，是一处文化内涵丰富的贝丘遗址。出土石器以打制为主，其次是打制后稍经磨制的，通体磨制的为数极少。石器种类有砍砸器、刮削器、锛、穿孔石斧和穿孔石刀等，还有数量可观的石球。同出骨器有凿、匕、锥、镞、笄等，还有用蚝壳制的器具。

壳丘头陶器以夹砂陶为主，掺粗砂和贝壳末，火候低，颜色不纯。以圜底器为主，其次是圈足器，器形有釜、罐、圈足盘、碗，豆和支脚等。纹饰中多拍印

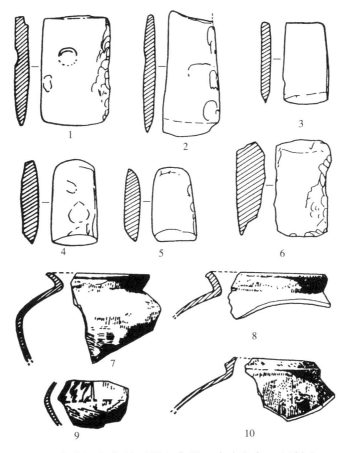

图五三　大坌坑文化的石器和陶器（台南归仁八甲村出土）
1~3. 石斧　4~6. 石锛　7~10. 陶罐残片

麻点纹和绳纹，其次是贝印纹，即用贝壳边缘压出的花纹，此外还有戳点纹和刻划纹。少数陶器还有红衣（图五四）。

　　与壳丘头性质相同的遗址还有平潭南厝场，白沙溪头下文化层中也可见到少量与壳丘头类似的文化因素。金门岛上的富国墩遗址则可能是与壳丘头有密切关系的一处遗址。

　　富国墩又名蚵壳墩，是一处贝丘遗址。所出陶片有黑色和红色者，颜色不纯，纹饰中有贝印纹、刻划纹和指甲纹等。其中贝印纹乃用各种不同的贝壳边缘压印出的波浪纹、点线纹和直线纹等，与壳丘头所见十分相似。富国墩遗址的年代，曾用贝壳测得 3 个碳-14 年代数据，分别是距今 6310±370 年（底层）、5800±340 年（中层）和 5460±320 年（上层）。这是以半衰期 5568±30 年来计算的，若用树轮校正，当在公元前 5500~前 3940 年之间，与大坌坑文化接近。壳丘头的

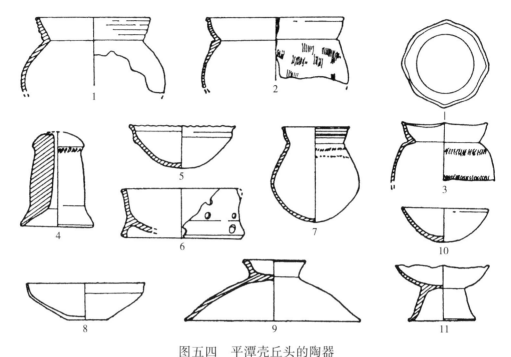

图五四　平潭壳丘头的陶器

1、2. 罐　3、7. 釜　4. 支脚　5、8、10. 钵　6. 圈足盘　9. 盖　11. 豆

年代也应与此相当。

（六）昙石山文化

1. 发现与分布

　　昙石山文化是因福建闽侯昙石山遗址的发现而得名的。遗址位于闽江下游，是一个高出江面 20 余米的长形土岗，旁边是闽江的冲积平原。1954～1965 年对遗址进行了六次发掘[1]，1974 年又进行了第七次发掘[2]。昙石山有三个文化层次，中下层是贝丘遗址，属新石器时代，上层属青铜时代。一般认为昙石山文化仅指中下层的文化遗存。

　　现知昙石山文化主要分布于闽江下游及沿海一带，经过发掘的重要遗址除昙石山外，还有闽侯庄边山下层、溪头下层[3]和福清东张下层等处。在闽西北的清流、光泽和闽东的霞浦等地也发现过类似昙石山文化的陶器，当是昙石山文化

〔1〕　福建省博物馆：《闽侯昙石山遗址第六次发掘报告》，《考古学报》1976 年第 1 期。

〔2〕　福建省博物馆：《福建闽侯县昙石山遗址发掘新收获》，《考古》1983 年第 12 期。

〔3〕　福建省博物馆：《闽侯溪头遗址第二次发掘报告》，《考古学报》1984 年第 4 期。

影响所及的范围。

2. 生产工具和经济

昙石山文化的生产工具有石器、骨器和贝制器物（图五五）。石器大多经过磨制，但精磨的很少。器形有锛、斧、凿、铲、镰、刀、钺、镞等。锛的数量最多，一般为长方形，横剖面呈梯形、长方形或三角形，后者是昙石山文化中特有的形制。没有发现有段石锛，只有个别的有脊石锛。过去认为有段石锛是福建新石器时代文化的重要特征，值得商榷。骨器主要有镞、凿、锥等。所谓贝制器，主要是牡蛎壳磨制而成，有的有两个穿孔，似可作铲用。陶质工具有纺轮、网坠和圆

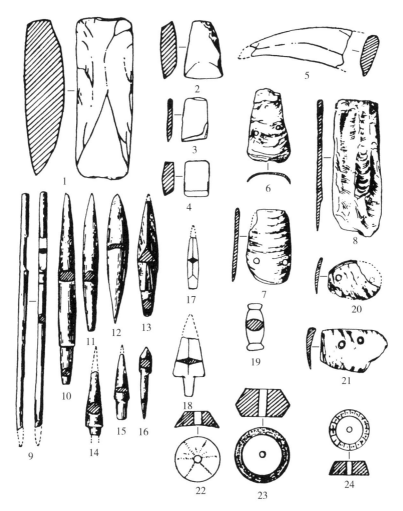

图五五　昙石山文化的工具和武器

1～4. 石锛　5. 石镰　6～8. 蚌铲　9. 骨笄　10～16. 骨镞　17、18. 石镞　19. 陶网坠　20、
21. 蚌刀　22～24. 陶纺轮

陶片等。

从昙石山遗址发现的动物遗骸，经鉴定有印度象、叶猴、棕熊、虎、狗、猪、牛、梅花鹿、水鹿等，水生动物有鱼、蚬、魁蛤、牡蛎、小耳螺等，爬行动物有鳖。但因未分层次，不知是否都属于昙石山文化。溪头下文化层出土的动物遗骸有象、水鹿、家狗、家猪、鳖、蚬、魁蛤、牡蛎、小耳螺等。有些偶蹄类动物头后骨骼有烧烤痕迹。结合生产工具来看，当时应有一定的农业，饲养猪、狗等家畜，同时进行狩猎和捕捞大量水生动物。

3. 陶器的制造

在昙石山曾发现了一个烧制陶器的窑场，在十多平方米的范围内便发现 7 座陶窑，均依缓坡而建，窑门朝东或东偏南，大多保存较好。均为无窑箅的横穴窑，窑室直径 0.7 ~ 0.8 米，深 0.5 ~ 0.6 米，上口略收呈袋形。窑内壁已烧成青绿色，至为坚硬，窑底有 2 ~ 3 厘米厚的灰烬夹木炭块，火口旁则堆着 3 ~ 8 厘米厚的灰烬。火膛在窑室前方，平底拱顶，斜坡通向窑室。有的窑火膛与窑室之间用大石封口。为解决没有窑箅的困难，每个窑的窑室内均放置若干截尖锥状体的陶器作为支垫。像这种无窑箅的陶窑，在我国史前文化遗址中是独一无二的。

昙石山文化的陶器以夹砂陶为主，约占 80%，其中又有夹粗砂和夹细砂之分，颜色多灰色，其次是红色或红褐色，并有少量黄陶和黑陶。一般用泥条盘筑，口沿轮修，晚期有用快轮拉坯者。陶器纹饰有绳纹、篮纹、方格纹、附加堆纹、刻划纹、戳印纹和镂孔等多种，也有少量彩陶。有的是红陶绘深红彩，有的灰陶带把壶于细绳纹上也画麻点状红彩。

陶器造型以圈足器和圜底器为主，有个别三足器（鼎），未见平底器。一般无嘴无流无鼻无耳，仅有个别的角状把手。器形主要有釜、豆、圈足盘、壶、杯等，也有少数鼎、簋、罐和器盖。圜底扁腹釜、圈足豆盘和圈足壶，是这个文化中数量最多并最富特征的器物。这里的炊器主要是釜，也有少数鼎，没有甑、甗一类器物，说明谷物类粮食有限，一般不会蒸食干饭（图五六、图五七）。

4. 埋葬习俗

昙石山第六、七次发掘共发现墓葬 35 座，溪头第二次发掘发现墓葬 42 座。两地墓葬的分布都比较密集，并有不少叠压打破关系。两处墓地都各分为两片，片与片之间相距 6 ~ 15 米不等，说明当时存在着不同层次的社会组织。假定每片墓是某个氏族在一定时期的死者，则整个墓地至少是属于胞族的。假如一片墓只是一个家族在一定时期的死者，则整个墓地可能属于某个氏族。

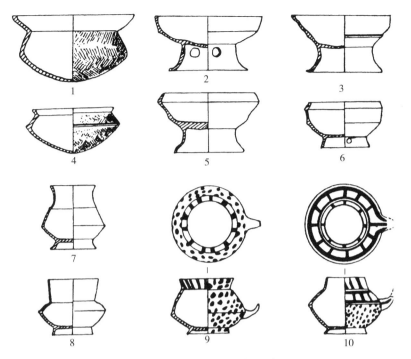

图五六　昙石山文化早期的陶器

1、4. 釜　2、3、5、6. 豆　7、8. 壶　9、10. 彩陶壶

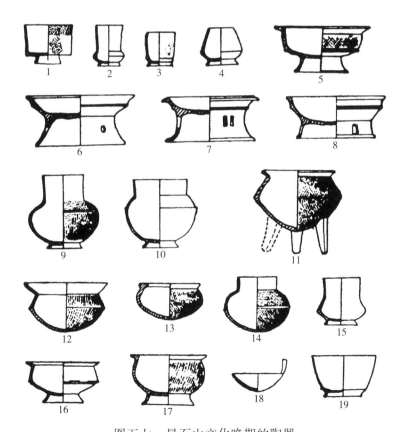

图五七　昙石山文化晚期的陶器

1~4. 杯　5、16、17. 簋　6~8. 豆　9、10、15. 壶　11. 鼎　12、13. 釜　14. 罐　18. 勺　19. 碗

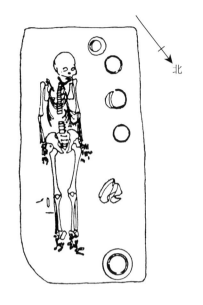

图五八　昙石山 M24 平面图

墓葬的排列不甚整齐，方向却有一定。溪头较早的墓头朝东南，较晚的则头朝西北，正好相反。昙石山多数头朝西南，少数头朝东北，另有几座头朝西北或东南的。无论成年人或小孩的墓塘都是长方形竖穴，边缘不甚整齐，个别的有二层台，没有发现葬具。葬式以仰身直肢为主，也有个别仰身屈肢、侧身屈肢和侧身直肢的（图五八）。

较早的墓大约只有半数有随葬品，较晚的墓绝大多数有随葬品，每墓随葬品的数量也有增长。随葬器物以陶器为多，釜、豆（簋）、壶为最常见，少数墓随葬石锛、石镞、陶纺轮等。M18 是溪头出土器物较多的墓，墓塘长 2.4、宽 1.35 米。死者为一 42 岁左右的男子，头朝西北，仰身直肢葬。随葬器物均放置在死者左侧，排成一排，计有陶釜 9 件，壶 4 件，豆、碗、杯各 2 件，簋、尊各 1 件，共计 21 件陶器，另在脚头随葬石锛 1 件。大多数墓随葬器物仅一两件或三四件，看来社会内部已发生财富的差别，只是这种差别还刚刚露头，也很有限。

5. 昙石山文化的居民

根据对昙石山部分人骨的研究，比较接近于蒙古人种中的南亚类型，并具有一部分澳大利亚—尼格罗人种的特征[1]。男性平均脑量 1521 毫升，女性 1485.6 毫升。男性身高仅 163.5 厘米，远低于黄河流域新石器时代居民的身高，而与河宕西樵山文化居民的身高比较接近。

昙石山 M13 中一位 50 岁左右的男人拔除了上颌两个侧门齿，由此可知闽越的先人也有拔牙的风俗。古文献中虽没有闽越拔牙的记载，但有与闽越关系极为密切的台湾先民拔牙风俗的记载。例如《太平御览》卷七八〇引三国吴人沈莹的《临海水土志》中，就说到夷州人俗，"女已嫁，皆缺去前上一齿"。夷州就是台湾。清《台海使槎录》载："哆啰社成婚，男女俱去上齿各二，彼此谨藏，以矢终身不易。"过去在台湾南部恒春垦丁寮和鹅銮鼻石棺墓中均发现过拔牙的人骨，证明历史记载不虚。而台湾少数民族多为越人后裔，故福建史前居民有拔牙习俗

---

〔1〕　韩康信、张振标、曾凡：《闽侯昙石山遗址的人骨》，《考古学报》1976 年第 1 期。

也是情理中事。

（七）芝山岩、圆山文化和凤鼻头文化

1. 芝山岩遗址与芝山岩文化

芝山岩遗址位于台北市士林区芝山岩一带，附近有双溪与石角溪流过，遗址即在两溪交会的地方。芝山岩海拔仅 40 米，顶上和坡下均是遗址分布的地方[1]。1979 年和 1981 年，台湾大学人类学系曾对该遗址进行发掘，在圆山文化层之下，发现了一种新的文化层，因此命名为芝山岩文化。

芝山岩文化的石器以磨制为主，但磨制不精，同时还有部分打制石器。种类有砍砸器、斧、锛、凿、刀、杵、锤、磨石、镞和网坠等。骨角牙贝器也比较发达，其中骨器有锥、鱼叉、镞和两头尖的骨针。后者可能是钓针，也可能是网针，总之跟渔业有关。角器系用鹿角制成，有角锥和角钩两种，后者也许是角锄。

由于遗址所在地下水位较高，不少有机质材料得以保存下来，包括木器、编织物和稻谷遗存。木器大多残断，其中有掘土棒、残木柄、残木片和残尖头器。残木片可能是桨，残尖头器经火烧后再磨尖，或可作枪头用。

编织物包括草编、藤编和麻绳等。草编系"人"字纹织法制成的草席。藤编发现时缠在一角锥柄部穿孔处。绳子发现两段，均用两股搓成，质地可能是麻。

在芝山岩文化层的底部曾发现两块保留穗形的炭化稻谷，在 A 区 1 号探沟的贝壳堆积层中也筛出许多炭化稻米。米粒较小，形状粗短，长约 4.2、宽约 2.5 毫米，长宽比约为 1.7：1，应属圆粒形粳稻。

遗址中出土了大量动物骨骼，其中以鹿类为最多，包括骨、角和牙齿等，分属梅花鹿和水鹿两个品种。其次是猪，包括头骨、颌骨和牙齿等；再次是狗。猪、狗可能是家畜。其他还有鱼、鳖、龟和大量贝类遗骸。

根据生产工具和大量动植物遗存，当时已有稻作农业和家畜饲养，同时还有渔猎和捕捞业。特别是稻谷遗存的发现，填补了台湾农业史的一段空白。

芝山岩文化有一套独具特色的陶器。在 1 万多片陶片中，90% 以上为不含砂或含砂量少的泥质陶，这与壳丘头和昙石山文化正好相反。颜色不纯，有灰黑、红、褐、橙等色。均为手制，口部慢轮修整。绝大多数陶器素面无纹，有纹饰的陶片不足 4%，主要有绳纹、附加堆纹、戳印纹和刻划纹等。彩陶约占 4% 强，以黑彩为主，少数为橙红彩。一般饰于陶罐和陶钵上，陶罐彩纹从口到底被于全身，

---

　　〔1〕　游学华：《介绍台湾新发现的芝山岩文化》，《文物》1986 年第 2 期。

陶钵有的饰外彩，有的饰内彩，有的内外兼施彩纹。彩纹母题主要是平行线纹、平行条纹、网格纹、圆点纹、叶状纹和三角纹等。

陶器造型比较简单，有平底、圜底和圈足器三类，一般无嘴无流无鼻无把，仅少量双耳和捏手。陶器种类以罐为最多，约占全部陶片的70%。有圜底、平底和圈足之分，其中圜底罐可能是釜。其次是钵，有平底和圜底两种。其他器物还有碗、盘、豆和器盖等。从这些陶器来看，与它以前的大坌坑文化相比有极大的区别，但其中一部分绳纹陶和刻划纹陶也许是继承大坌坑文化而发展起来的。与福建昙石山文化相比，只有豆和个别圈足罐相近，二者的关系至少是不密切的。

芝山岩文化的年代可由两方面来推定，一是地层关系，芝山岩遗址上叠压着圆山文化的地层，表明芝山岩文化比圆山文化早。二是碳－14测量，共得3个数据。用蚬壳测的（标本号KSU－423）为公元前2145±65年（经树轮校正，下同），用木炭测的2个标本分别是公元前1625±105年和公元前1535±125年。比起圆山文化的年代，显得偏晚。

2. 圆山文化

圆山文化因台北圆山贝丘遗址而得名，该遗址1953~1954年进行发掘，以后发掘的同类遗址还有台北大安寮土地公山、淡水河口大坌坑遗址上层以及芝山岩上层等处，现知圆山文化主要分布于台湾北部。

圆山文化的石器以磨制为主，器形有斧、锛、凿、铲、镞等，有比较多的有段石锛，同时也有少数有肩石斧。同出的骨器有矛、镞、锥、针等。

圆山文化的陶器多夹细砂，棕灰色，常饰锥刺纹、戳印纹等，也有彩陶，以红色平行条纹为主，当与昙石山文化彩陶的影响有关。

圆山贝丘曾分上中下三层采集贝壳测碳－14年代，其中下层为公元前1910±80年，中层为公元前1590±80年。上层更晚，当已进入青铜时代。

3. 凤鼻头文化

大约与圆山文化同时，分布于台湾西部平原的中南部和澎湖列岛的是凤鼻头文化。它是以高雄县林园乡凤鼻头贝丘遗址而得名的，该遗址下层为大坌坑文化，中上层即凤鼻头文化，相对年代与圆山文化处于同等位置。

凤鼻头文化可分两期，早期主要遗址除凤鼻头外，还有台中县清水镇牛骂头遗址下层、南投县草屯镇草鞋墩遗址、屏东县恒春镇垦丁和鹅銮鼻遗址等处。其特征是以红陶为主，饰绳纹、席纹、刻划纹和附加堆纹，器形中出现鼎、豆，还有盆、碗、壶、罐等。晚期主要遗址有台中县大肚乡营埔遗址、南投县埔里镇大马璘遗址、台南市永宁乡牛稠子遗址和高雄县湖内乡大湖贝丘遗址等处。其特征是灰陶和黑陶常见，常饰刻划纹、绳纹、条纹，有许多刻划符号。黑陶多磨光，胎壁较薄。彩陶以深红色彩纹为主，也有用黑彩的，大多为错向平行线纹、网格纹和连点纹等，与昙石山文化彩陶有相近之处。

凤鼻头文化的石器中多斧、锄、镰等，营埔和垦丁等地都发现有稻谷遗存，表明当时是以稻作农业为主要经济的。而许多贝丘遗址本身就说明捞取水生软体动物也是重要的谋生手段。

关于凤鼻头文化的年代，据草鞋墩遗址木炭的碳－14测定，为公元前2170±205年和公元前2050±200年，同芝山岩文化和圆山文化接近。

凤鼻头文化中的细绳纹陶可能是由大坌坑文化发展而来的，但陶器中的鼎、豆、彩陶纹饰乃至稻作农业等，则应是在福建昙石山文化等的影响下产生的。

（八）江西的樊城堆文化

1. 发现与分布

樊城堆文化过去称筑卫城下层文化，并被并入山背文化中。因樊城堆遗址面积较大，保存较好，文化特征清楚，不宜归入山背一类文化遗存之中，故近来江西考古工作者提出樊城堆文化一名[1]。

樊城堆遗址位于江西清江县樟树镇三桥乡庙下村旁，地处赣水支流肖江上源河谷地带，为一高出周围地面1～3米的土堆。1977、1978和1980年曾进行了较大规模的发掘[2]。同类遗址有清江筑卫城、永丰尹家坪、靖安郑家坳等处，它们都是樊城堆文化的典型遗址。根据现有资料来看，樊城堆文化主要分布于赣江流域。其影响所及，则东达福建武夷山区，南抵广东北部的石峡文化。

2. 生产工具和武器

主要是石器，还有部分陶质器具（图五九）。石器几乎全部是磨制的，不少器物通体磨光。其种类有斧、锛、凿、铲、刀、钻、钺、镞和砺石等。斧多扁薄，有的为穿孔扁斧，缺乏厚重的石斧。锛有普通型锛、有脊锛和有段锛三种，制作均较精致。这里石刀多上宽下窄呈倒梯形，穿孔，也有两侧带缺口的刀。钺多作

---

〔1〕　李家和、刘林、刘诗中：《樊城堆文化初论——谈江西新石器时代晚期文化》，《考古与文物》1989年第2期。

〔2〕　江西省文物工作队：《江西樊城堆遗址发掘简报》，《考古与文物》1989年第2期。

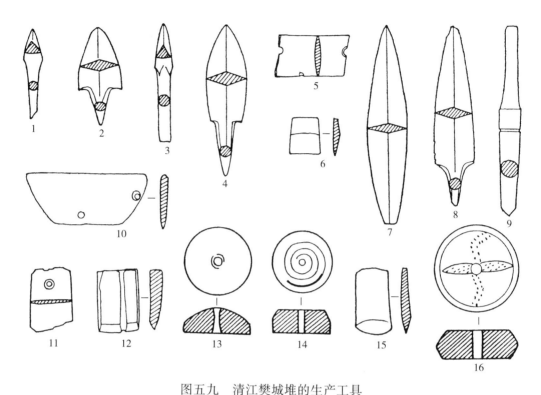

图五九　清江樊城堆的生产工具

1~4、7、8. 石镞　5、10. 石刀　6、12、15. 石锛　9. 石钻　11. 石斧　13、14、16. 陶纺轮

扁薄梯形，有的有两肩，穿孔，形制与石峡文化所出相似。石镞出土甚多，绝大部分横剖面呈菱形，有的镞身不分，多数镞身分明，有的似有双翼，很像是商周时期青铜镞的祖型。此外还有少数镞身分明的三棱形镞。

陶质工具只有纺轮一种，剖面多作梯形，也有鼓形和半月形的。有些纺轮上有戳印或刻划的螺旋纹、叶形纹、弧形纹和八角星纹等。

从出土工具的种类以及从樊城堆、尹家坪等处出土稻谷遗存的情况来看，樊城堆文化应是以稻作农业为主要经济的。

3. 日用陶器

樊城堆文化的陶器以红陶和灰陶为主，也有少量黑陶或黑皮陶，甚至还有白陶（图六〇）。大多素面无纹，少数有绳纹、篮纹、戳印纹、刻划纹、弦纹和镂孔等。还有少量彩陶，系泥质黄陶上画红彩，彩纹有平行条纹、斜线纹和网格纹等，其风格与屈家岭文化的彩陶有相似之处。

陶器中以圈足器和三足器为大宗，其次为圜底或圜凹底器，平底器极少。其中炊器以鼎为主，并有少量鬶。鼎有罐形、釜形、壶形和盘形之分而以盘形鼎占

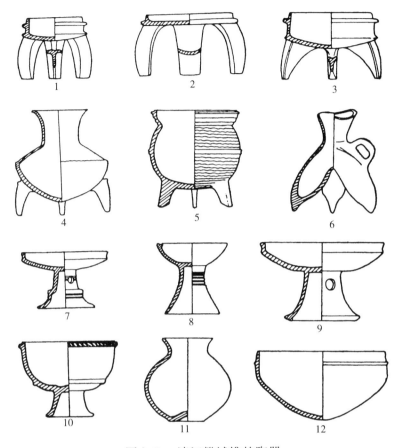

图六〇　清江樊城堆的陶器

1～3. 盘形鼎　4. 壶形鼎　5. 罐形鼎　6. 鬶　7～10. 豆　11. 罐　12. 盆

大多数。一般是直壁、平底或微圜底，有子口。足部变化多端，总体是外撇成弓形，具体式样有瓦形、剖面"T"字形、侧扁、卷边、鸭嘴形、扁管形、角形等。这种器物与广东石峡文化所出几乎完全相同，证明二者曾发生密切关系。至于靖安郑家坳所出鱼鳍形鼎足，当是受良渚文化影响的产物。

饮食器中数量最多的是豆，且形制非常复杂。其中豆盘有浅盘形、浅钵形、碗形等，有的直壁，有的弧壁、斜壁或折壁；豆圈足有高有短，有喇叭形或呈有台阶的塔座形，素面或镂孔。其他饮食器则有碗、钵、盂、杯等。

盛储器有罐、壶、盆、缸等，数量均很少。器盖特别发达，捉手多呈倒圈足形，也有冠形或瓶形者，多是用于鼎的盖子。

4. 埋葬习俗

樊城堆文化的墓葬至今发现甚少，仅在靖安郑家坳发现10座土坑墓，樊城堆发现 3 座瓮棺葬。土坑墓均南北方向，一般长 2、宽 0.5～0.8、深 0.2～0.5 米。未见葬具，人骨也全部腐朽无存。随葬品大多放在两头，其中有石锛、石钺及各类陶器，包括鼎、豆、壶、罐、盆、尊、杯、钵等，火候甚低，触之即碎。此外还有一些小件玉器。

5. 樊城堆文化的年代

樊城堆文化既同石峡文化具有十分密切的关系，又同良渚文化和屈家岭文化有一定的联系，年代当与这些文化大体同时。在清江筑卫城下层所采木炭经过碳 - 14 方法测定并经树轮校正，为公元前 3215±175 年，也许稍稍偏早。

四　西南地区

（一）云南的新石器时代文化遗存

1. 地理环境

云南在我国西南边疆，地理条件十分复杂。西部为横断山脉，众多高山和江河相间排列。山地海拔一般为 4000 米左右，河谷强烈下切，高差可达 3000 米以上。元江以东是云贵高原的主体，有脉络不明显的山地分布。高原东部则广泛分布着岩溶地貌。整个云南的山地与高原约占 93% 以上，仅 6% 为山间小盆地，当地称为坝子，其中以滇池和洱海周围的盆地最大。

云南纬度甚低，北回归线从省境南部穿过，但因地势较高，年平均温度并不很高。由于地形复杂，对气候也有强烈的影响。例如东川市的新村、汤丹、落雪三个地方水平距离不过 30 千米，因相对高差各约 1000 米，使得年平均温度相差极大，分别为 20℃、13℃ 和 7℃，无霜期则分别为 316 天、260 天和 173 天。这是极端的例子，但可说明云南气候的一般情况。降水量一般比较丰富，但差别也很大，金沙江上游河谷年降水量仅约 500 毫米，西盟佤族自治县一带可达 2500 毫米。

云南地理条件复杂带来的两个直接后果，第一是生态环境复杂，资源丰富，这大概是云南很早就有人类居住的一个重要原因；第二是交通阻隔，妨碍了文化交流，也妨碍了人们之间的联合。所以云南的史前文化极为复杂，云南的民族成分也极为复杂。只是在滇池和洱海地区，才逐渐联合为较大的国家，但那是很久以后的事情了。

2. 新石器文化的发现与分布

早在一百七八十万年以前，云南就出现了元谋人，创造了元谋文化，属于旧石器时代早期，此后在旧石器时代中期和晚期也都发现过人类化石和遗物。到新石器时代，文化遗址已遍及全省。

云南新石器时代的考古工作早在20世纪30年代就开始了，1938～1940年原中央博物院吴金鼎、曾昭燏等曾在点苍山下、洱海之滨调查、发掘了马龙等一批遗址，1949年后主要由云南省文物考古部门进行了广泛调查和重点发掘。在此基础上，李昆声等提出将云南新石器文化划分为八个地方类型，并探讨了它们同华南等地新石器时代文化的关系[1]。这个划分充分反映了云南地理条件复杂和文化多元化的特点。但因发掘遗址较少，迄今还无法建立一个考古学文化的编年体系。有些现时认为是新石器时代的遗存也可能晚到青铜时代，这都有待于进一步的田野工作去解决。

3. 滇池地区的新石器文化

昆明附近的滇池、抚仙湖和星云湖，都是断层陷落形成的内陆湖泊，周围有比较宽广的平坝，分布着相当密集的新石器时代遗址，其中有官渡、石寨山、河泊所等20多处。这些遗址有的在平地，有的在几米至几十米的小岗子上，两者都有大量的螺壳堆积，一般厚4～5米，最厚的可达9米。螺壳尾部都有一个被敲穿的小孔，是取食后的废壳堆积。

出土石器以磨制为主，种类有斧、锛、铲、刀、锤、砺石和敲砸器等。斧、锛类器物除普通型以外，还有双肩的、有段的及有肩有段的各种类型，明显是受到了华南新石器文化的影响。

陶器中以红陶为多，次为灰陶。手制，火候甚低。器形以大量泥质红陶的凸底浅盘为显著特征，不知何用。其他器物有碗、钵、盆、罐等，有些罐带流，还有个别圈足器。陶器上的纹饰主要有各种刻划纹，也有少量几何形印纹。泥质红陶凸底浅盘的外表常有稻壳印痕，可知这个地区的新石器文化的居民已知种稻。

4. 洱海地区的新石器文化

洱海也是因断层陷落形成的内陆湖，面积仅次于滇池，为云南第二大湖，周围有比较宽阔的平坝，动植物资源十分丰富。这里的新石器文化遗址除吴金鼎等

---

〔1〕　李昆声、肖秋：《试论云南新石器时代文化》，《文物集刊》(2)，文物出版社，1980年。

在 20 世纪 30 年代末发现的十多处外，1949 年以后又发现二十多处，其中宾川白羊村、祥云清华洞和大理鹿鹅山等处均经过发掘和详细调查。

白羊村遗址位于洱海以东的宾川县治东北约 3 千米，西临宾居河，高出河面约 6 米。由于河水长年冲刷，遗址遭到严重破坏，现存面积仅 3000 平方米，文化层厚达 4.35 米。1973～1974 年进行发掘，发现房址 11 座、火塘 14 个、窖穴 48 个和墓葬 34 座[1]。

房屋多呈长方形，较早的挖槽立柱，柱间编缀荆条，然后在两边抹草筋泥；较晚的不挖槽，同样栽柱、编荆条和抹草筋泥，有的有柱础。

在 34 座墓葬中有土坑墓 24 座、瓮棺葬 10 座。土坑墓均为长方形竖穴，均无葬具，也没有随葬品。葬式十分复杂，最突出的是无头葬，其次是仰身直肢葬和二次葬，也有个别的仰身屈肢葬。无头葬共有 10 座墓，其中成年单人葬 5 座，小孩单人葬 1 座，成年二人合葬 1 座，成年三人合葬 1 座，成年与小孩各一人合葬 1 座，成年十人以上合葬 1 座（图六一）。死者一般为仰身直肢，合葬墓中的死者有的同一方向，有的相互倒置。除全部无头外，还有缺股骨或其他骨骼的，又都是一次葬，显然是非正常死亡者。云南有的民族曾有过猎头风俗，这些无头葬也许是猎头风俗的牺牲者。

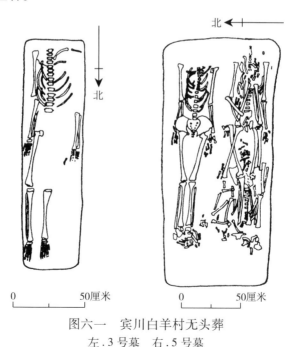

图六一　宾川白羊村无头葬
左．3 号墓　右．5 号墓

〔1〕　云南省博物馆：《云南宾川白羊村遗址》，《考古学报》1981 年第 3 期。

　　瓮棺葬中有幼儿葬9座，成人葬1座，后者骨骼不全，仅有股骨、胫骨与少许脊椎骨，也是一座无头葬。幼儿据牙齿和头骨判断多不满周岁，有的还是初生不久的婴儿。

　　白羊村遗址出土的石器以磨制为主，只有个别是琢磨兼施或打制的。种类有斧、锛、凿、刀、镞、网坠、纺轮、砺石、印模、杵、刮削器、敲砸器和石球等（图六二）。其中石刀颇有特色，多半月形，上背较直或稍凹，刃部呈圆弧状，近背部有二穿孔，有的刃部刻成锯齿状，可作锯用。印模系砺石改制而成，在一头刻成"米"字格纹，与某些陶器上的印纹是一致的。

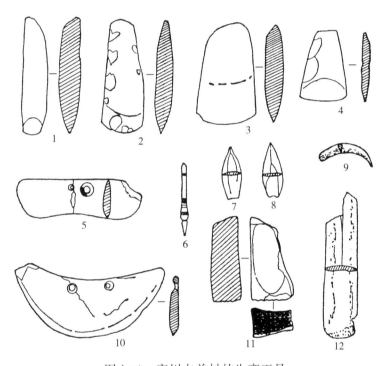

图六二　宾川白羊村的生产工具

1. 石凿　2、3. 石斧　4. 石锛　5、10. 石刀　6. 骨锥　7、8. 石镞　9. 牙饰　11. 石印模
12. 骨抿子

　　骨器不多，主要有镞、凿、锥、针等，还有一种扁薄骨器，可能是抹泥的抿子。

　　陶器几乎都是夹砂的，以褐陶为最多，其次是灰陶，红陶甚少。均为手制，个别有慢轮修整痕迹。纹饰十分复杂，有划纹、绳纹、篦纹、剔刺纹、乳丁纹、印纹、附加堆纹等，以划纹、绳纹和篦纹为主。划纹中有细线纹、弦纹、菱形纹、三角纹、网格纹、曲折纹、斜平行线纹等。绳纹较早的纵横交叉，疏密不等，较晚的细而整齐。篦纹早期较多，有曲折纹、"之"字纹等。划纹和印纹中也有

"之"字纹，它同中原磁山文化的"之"字纹以及内蒙古东南与辽宁等地的"之"字纹似不属一个系统。

陶器造型比较简单，主要是圜底器和平底器，无盖无把，仅少数有耳。器形主要有釜、罐、匜、钵、缸等。釜均为圜底大口，有的口外有錾手。罐有圜底和平底两种，常有复杂的纹饰。匜全为圜底宽流。此外还有陶支脚等（图六三）。

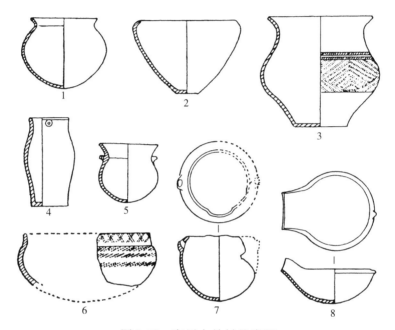

图六三　宾川白羊村的陶器
1、5. 釜　2. 缸　3、4. 罐　6. 钵　7. 带嘴锅　8. 匜

在白羊村遗址的 2 号窖穴中曾出土灰白色的粮食粉末与稻壳、稻秆痕迹，1 号窖穴中也有灰白色粮食粉末，可知当时已种植水稻。

白羊村遗址的年代，曾分别对两个炭化木柱进行测试，其碳 -14 年代经树轮校正后分别为公元前 2165 ± 105 年和公元前 2050 ± 105 年，大体相当于龙山时代。

5. 滇东北地区的新石器文化

滇东北主要指昭通地区，西与大小凉山相邻，境内多山，有五莲峰等，横江由南向北汇入长江。这里的新石器时代遗址主要有昭通闸心场、小过山洞、鲁甸马厂以及较南的宣威尖角洞等处。陶器多单耳平底罐、细颈小平底瓶和碗等，多泥质或夹细砂灰陶，也有打磨光亮的黑陶。纹饰有划纹、点纹和弦纹等。石器一般磨制较精，主要是斧、锛。除普通石锛外，还有有段石锛。宣威尖角洞的石锛绝大部分为双肩有段式，当与两广新石器时代晚期文化有一定联系。

6. 金沙江中游的新石器文化

金沙江中游主要指楚雄地区，北与凉山彝族自治州接界，境内多高山峡谷。新石器时代遗址主要有元谋大墩子、龙街、张二村、马大海、下棋柳、大那乌、新发村、禄丰十八犁田、火车站等处。其中大墩子曾进行发掘。

大墩子位于元谋县治东约 4.5 千米，南距元谋人出土地点上那蚌约 4 千米。遗址地处张二村河上游两条季节性河沟之间，高出河床约 14 米，南岸被河水冲刷破坏，现存面积约 5000 平方米。1972 ~ 1973 年曾进行三次发掘，揭露面积 496 平方米。发现房基 15 座、火塘 7 个、窖穴 4 个和墓葬 37 座，出土了石器、骨器和陶器等大批遗物[1]。

房屋均为地面起建，长方形，单间或双间，长 5 ~ 8、宽 3 ~ 4 米不等（图六四）。一般在四周挖基槽栽柱，柱间编荆条，再在两面抹草筋泥。房顶推测是稍倾斜的平顶，也是在椽上编荆条再抹草筋泥。室内地面稍加修整，垫黄土或抹草泥，有的铺一层碎石，上垫黄土。室内有椭圆形或圆角长方形火塘，大致与居住面平或稍稍下凹，周围有泥埂。整体形状和建筑技术与宾川白羊村遗址的房基基本相同。

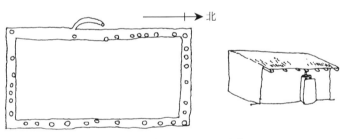

图六四　元谋大墩子 13 号房屋
左. 房基平面图　右. 复原示意图

大墩子墓葬也同白羊村一样有土坑墓和瓮棺葬两种。土坑墓 19 座，多长方形竖穴，仅部分坑壁较整齐。未发现葬具。头向颇不一致，以东南向为主，也有东北向或西南向者。一般为单人葬，仅有 1 座为一 30 岁左右女性与一 6 ~ 8 岁的幼童合葬。葬式比较复杂，有仰身直肢、仰身屈肢、侧身屈肢和俯身屈肢者。最值得注意的是这里不少人骨是生前断肢的，如 M3 为一男性青年，缺左上肢；M5 为一男性中年人，大腿折断，置于胸腹部位；M7 为一男性中年人，缺右下肢；M9

〔1〕 云南省博物馆：《元谋大墩子新石器时代遗址》，《考古学报》1977 年第 1 期。

为一中年女性与幼童合葬，女人的右手右腿均被砍断；M11 死者年龄性别不明，胫骨折断并置于盆骨两侧；M13 死者年龄性别不明，右股骨折断并置于腹部；M14 系一男性青年，右股骨胫骨及左股骨均被砍断，缺左胫骨，左右肱骨也被砍断并置于胸部两侧；M15 为一女性青年，双腿折断置于胸腹部位；M19 为一青年，性别不明，缺上肢与右下肢，左腿折断。以上断肢缺肢者占全部成年死者的 55%以上，且均系中青年，又以男性为多，推测是战场上被敌方残酷杀死的。

绝大部分墓没有随葬品，仅 4 座有骨镯、骨珠、牙饰、角凿或石锛，大致都是随身携带的装饰品和个别工具，看不出有专为埋葬而准备的随葬品。许多墓人体部位发现石镞，例如 M3 死者右颧骨和尾椎骨处各射入石镞 1 枚；M4 人体胸腹部位有石镞十余枚；M7、M8、M10、M11 的胸腹部位均有石镞十余枚；M9 女人臀部有石镞 1 枚；M17 人体脊椎骨旁有石镞 4 枚。这些石镞所在的部位大多是容易致命的胸腹部，当是射入体内无法拔除，尸体腐烂才掉出来的。结合前面所述断肢缺肢的情况，更证明这墓地的死者均非正常死亡，而是被敌方在战场上杀死的（如不是在战场上，用不着弓箭）。这种情况在我国史前文化的墓地中是仅见的，应当是原始社会发展到晚期掠夺性战争出现的一种反映。

大墩子有瓮棺葬 17 座，主要埋在房屋附近。先挖浅坑置瓮，上盖陶罐、陶瓮或石板。人骨大多朽坏，初步判断大多是不足周岁的婴儿。有 7 座瓮棺有随葬品，包括小陶罐、陶壶、鸡形壶和穿孔骨珠等（图六五）。有随葬品的瓮棺比例之高，

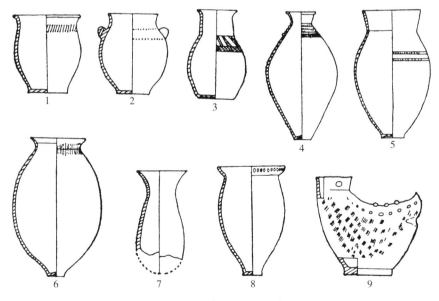

图六五　元谋大墩子的陶器
1、2. 罐　3. 壶　4～6、8. 瓮　7. 杯　9. 鸡形壶

是我国史前文化各墓地中所仅见的。

大墩子出土的石器绝大部分是磨制的，有的通体磨光，有的残留打坯时留下的石片疤，打制石器为数甚少。种类有斧、锛、凿、刀、镞、纺轮、砺石、印模、杵、刮削器和石球等，总体特征同白羊村遗址比较接近。这里石刀也有圆角长方形和半月形两种，唯后者较少，直背弧刃，多穿双孔，未见刃部刻锯齿者。镞多扁薄无铤，平底或凹底，与白羊村者颇不相同。

骨器有锥、凿、抿子、针、镞及管、珠等装饰品。鹿角制品有锥、凿、抿子等，还有少数牙器、蚌刀、蚌饰和海贝等。

陶器多夹砂者，以灰褐陶为主，次为橙黄陶和红陶。泥条盘筑，用陶拍整形，骨抿打磨光平。纹饰有绳纹、划纹、篦纹、剔刺纹、印纹、乳丁纹和附加堆纹等，以绳纹、划纹和篦纹为主。绳纹有粗细两种，较早的多交叉绳纹，较晚的则比较规整。划纹有弦纹、菱形纹、三角纹、网格纹、曲折纹和平行斜线等。篦纹有的疏朗、有的繁缛，构成比较复杂的图案。大墩子同白羊村一样也有"之"字纹，但主要是压印和刻划而成，未见"之"字形篦纹。

器物造型比较简单，基本上都是平底器，仅见个别的圜底器和圈足器。主要器物有罐、壶、瓮和深腹钵等分别用作炊器、水器、存储器和食器，不少瓮用作婴儿葬具。

大墩子1号窖穴内发现大量灰白色粮食粉末、谷壳和禾草类叶子，7号火塘的3个陶罐内发现大量炭化谷物，经鉴定属于粳稻。结合工具中有石刀和蚌刀等农具，说明大墩子史前居民的经济主要是稻作农业，并且畜养猪、狗等家畜。也可能驯养牛、羊、鸡等。遗址中除发现这些动物的骨骼外，还有更多的野生动物骨骼，包括水鹿、赤鹿、麝鹿、野兔、豪猪、松鼠、竹鼠、黑熊、猕猴等许多种，水生动物则有厚壳蚌、田螺和鱼骨等，说明狩猎、捕鱼和捞取软体动物仍然是当时经济的重要组成部分。

关于大墩子遗址的年代，曾采集5号房基的12号柱洞内的木炭进行测定，其碳－14年代经树轮校正为公元前1470±155年，可能偏晚。因为曾出大量铜器的剑川海门口木桩的碳－14年代经树轮校正为公元前1335±155年，与大墩子年代十分接近而文化面貌相差甚远。相反文化面貌与大墩子比较接近的宾川白羊村年代则比大墩子早许多。如果以后能多测几个数据，也许能够提早一些。

7. 滇西北的新石器文化

滇西北主要指迪庆藏族自治州一带，考古工作比较薄弱。主要遗址仅维西县戈登村西约1千米腊普河东岸的一处洞穴遗址。出土磨制石斧、石刀、石镞、石锥等。石刀有长方形和半月形两种，均为单孔。陶器多夹砂者，灰褐色，器形仅见单把罐和侈口罐，均为平底，底部印有树叶纹或麻织物纹。

8. 滇东南的新石器文化

滇东南主要指文山壮族苗族自治州一带，目前考古工作也较薄弱。已发现的遗址主要有麻栗坡县治附近的畴阳河西岸的小河洞。该处为一洞穴遗址，洞内有溪水流出，文化堆积大部已被冲毁。出土石器多磨制，有斧、锛、刀和印模等，锛多为双肩者，也有靴形者，当与华南新石器文化有一定联系。陶器多夹砂者，以灰褐陶为主，红陶较少。纹饰以绳纹为主，还有划纹和附加堆纹。出土动物遗骸较多，其中有鹿、熊、野猪和大量螺蛳，说明渔猎经济还占有重要的位置。

9. 澜沧江中游的新石器文化

在澜沧江中游两岸，特别是澜沧江与怒江之间的地区，曾发现一系列新石器时代遗址，其中有忙怀、曼志、忙亚、忙卡、大水坪、安定、丫口、大芒介、小芒介、下景张、新寨、小田、老赵田、拉叭寨、大协厂等遗址，分别属于云县、景东和澜沧拉祜族自治县等，云县忙怀是其代表。这些遗址大多用砾石打制石器，种类有双肩斧、靴形器、钺形器、网坠等，未见磨制石器。另有刻槽的印模，可在陶器上印出方格纹等。陶片极少，均夹砂，有绳纹等纹饰，唯因陶片太碎，器形不辨。

10. 西双版纳地区的新石器遗址

西双版纳位于北回归线以南，地势较低，已属热带地区，自然条件与其他地区有较大不同。这里发现的新石器时代遗址有景洪的曼蚌囡、曼运、曼迈、曼景兰、曼厅，勐腊的大树脚、卡比寒，孟连的老鹰山等多处。这些遗址的石器均以砾石为原料，以打制为主，也有少量局部磨制或通体磨制的。种类有斧、锛、尖状器、盘状器、敲砸器、研磨器和网坠等，还有一些打剩下来的石核与石片。石斧中除普通型外，还有双肩石斧。

老鹰山是一处洞穴遗址，出土石器有磨制石斧和大量打制的网坠。陶器多夹砂者，饰绳纹、划纹、剔刺纹和波浪纹，器形有罐、钵、碗、盘等，此外还有陶纺轮。

（二）西藏高原的旧石器与细石器遗存

1. 地理环境

西藏高原位于我国西南边疆，全境平均海拔在 4000 米以上，号称世界屋脊。

西藏地形可分为三大区。一是藏北高原，面积约占全区的三分之二，平均海拔在4500米以上，高原丘陵与湖边盆地相间，高差不过300~500米。这个地区气温甚低，全年平均气温在0℃以下；即使在夏季的8月，夜间最低气温也可达-10℃左右。气候干燥，雨量稀少，年降水量仅200~300毫米。冬季漫长且有强大的西风，土壤瘠薄，几乎不长树木，草亦矮小，为干寒的高山草地或寒漠。加上空气稀薄，故人烟稀少，北部很大一片为无人区。二是藏南谷地与高山地带，包括冈底斯山、喜马拉雅山及二者之间的雅鲁藏布江河谷地带，喜马拉雅山是世界最高山脉，终年积雪；藏南谷地气候较好，是西藏的主要农业区和人口集中地带。三是藏东高山峡谷区，是著名的横断山脉的北段，在不同的高度具有不同气候和生态环境。

　　西藏高原主要是新构造运动时期逐渐隆起的，据研究，最近10多万年便上升了1500~2000米，最近1万多年内也上升了200~300米。因此，西藏史前时期的自然地理条件比现在要好得多。大约在中晚更新世，藏北高原曾有很大的淡水湖。如色林错当时可能是一个东西200多千米，南北40~60千米的浩瀚大湖，并可能通过一些宽浅的谷地与恰规错、吴如错、孜桂错、格仁错等连在一起。到全新世早期及气候最适宜期（大西洋期），当地气候也比现在温暖得多。如藏南聂拉木细石器地层的古植物学研究，证明当时气温比现在要高3~5℃。现在的干寒气候主要是在新冰期到来以后（距今约3000年）才逐渐形成的。这就是在今天的少人或无人区能够发现一系列旧石器晚期到新石器早期地点的缘故。

2. 发现与分布

　　1956年夏季，中国科学院地质研究所赵宗浦在黑河镇（那曲）发现1件长1.5厘米的柱状石核[1]，它是在西藏高原发现的第一件细石器制品，从而第一次证实西藏有史前人类的活动。1966年，珠穆朗玛峰地区综合考察队在聂拉木县的亚里村和羊圈两个地点采集到30件细石器标本[2]。1976年，中国科学院青藏高原综合科学考察队在藏北的申扎、双湖一带发现了一批细石器地点，连同当地群众采集的细石器标本等，一共涉及18个地点[3]。与此同时，在阿里地区也发现3个细石器地点[4]。此后通过零星调查和1986~1987年的文物普查，又陆续发

〔1〕　邱中郎：《青藏高原旧石器的发现》，《古脊椎动物学报》1958年第2卷第2、3期。

〔2〕　戴尔俭：《西藏聂拉木县发现的石器》，《考古》1972年第1期。

〔3〕　安志敏、尹泽生、李炳元：《藏北申扎、双湖的旧石器和细石器》，《考古》1979年第6期。

〔4〕　刘泽纯、王富葆、蒋赞初等：《西藏高原马法木湖东北岸等三个地点的细石器》，《南京大学学报》1981年第4期。

现 22 处细石器地点，其中包括青海境内与西藏接壤地区的 4 个地点。

总计各次调查的结果，发现旧石器地点 3 个，均分布在藏北高原，最高海拔 4830 米；细石器地点 46 个，主要分布于藏北高原，也有藏南和藏东的，最高海拔达 6200 米。

3. 旧石器时代晚期遗存

目前在西藏已发现可能属于旧石器时代晚期的 3 个地点，即那曲地区申扎县雄梅区奇林乡珠洛勒、申扎县多格则乡和阿里地区日土县扎布乡[1]，三处均在藏北高原，海拔分别为 4800、4830 和 4400 米。前者位于错鄂湖盆东南近珠洛河口的河谷边山麓洪积扇的前沿，第二处位于多热藏布河左岸二级阶地上，后者在古班公湖边，高出湖相沉积面 3～5 米。在史前时期，这些地点都应是水草比较丰富的处所，至少可供人们短时期的停留。

从上述地点采集的石器主要属石片石器，砾石石器和石核石器都很少。加工方法主要是锤击法，个别用碰砧法，并以单面反向进行修理。器形不太复杂，以刮削器为主，雕刻器、尖状器、砍砸器均比较少。刮削器种类繁多，可大致分为长刮器与短刮器两类。长刮器中有直刃长刮器、凹刃长刮器、凸刃长刮器、双边刮削器、多边刮削器等；短刮器中有平端刮削器、圆端刮削器、两端刮削器等。这些工具主要是处理兽肉兽皮用的，反映当时的经济应以狩猎为主（图六六）。

关于这些石器的年代，因为缺乏原生地层和共生动物化石，无法确切地断定。只能根据石器制作技术和类型大体同富林文化和安阳小南海等旧石器时代晚期遗存接近，故推测属于旧石器时代晚期。

4. 聂拉木的细石器遗存

聂拉木县位于珠穆朗玛峰西侧，珠峰综合考察队在对珠峰周围进行考察时，于聂拉木县的亚里村和羊圈附近采集到一批细石器。

亚里村石器地点在村南约 1.5 千米的波曲河东岸阶地上，海拔 4300 米。阶地上覆盖有石灰华板，在石灰华顶层中发现一件石器和许多植物化石，在地表面采集 26 件石器及石制品，其中包括石核 6、小石叶 12、石片 8、圆头刮削器 1 件。地层中采集的为半锥形石核，左侧有修理痕迹，可称之为石核刮器。

羊圈石器地点在朗弄曲河左侧阶地上，海拔约 4900 米，采集石制品 3 件：石

---

[1] 刘泽纯、王富葆、蒋赞初等：《西藏高原多格则与扎布地点的旧石器》，《考古》1986 年第 4 期。

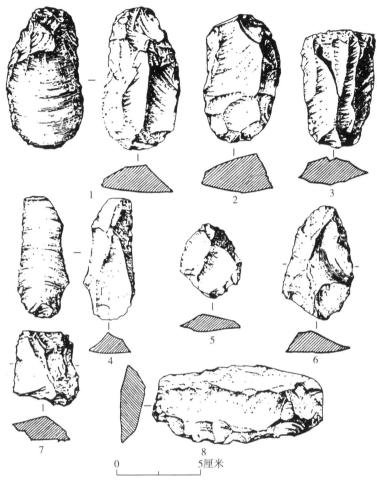

图六六　西藏申扎珠洛勒的石片石器
1～4、7. 圆头刮器　5、6. 尖状器　8. 双边刮器

核、石片和石片刮器各1件。

　　亚里村石器绝大部分属细石器系统，并且是比较成熟的细石器，同时有一些较大的打制石片石器，同陕西沙苑石器比较相近，推测属中石器时代或新石器时代早期。

5. 藏北细石器遗存

　　目前藏北已发现36处细石器地点，分布于安多县、班戈县、申扎县、双湖办事处、文布办事处、日土县、普兰县、札达县等地。加上青海的可可西里、沱沱河沿和各拉丹东等4处，共计40个地点，分布范围将近60万平方千米。这些地点海拔一般在4500～5200米之间，以海拔4800～5000米者为最多。青海各拉丹东海拔6200米，是全世界石器地点中海拔最高的一处，如今只有夏季极短的日子才可能适合人类生活。

这些细石器分布地点主要有三种情况，即湖滨平原、河流阶地和山麓洪积扇，只有个别地点位于盆地边缘的干沟崖上。所有石器均为地面采集，没有发现原生的文化层。

各地点采集的细石器有相当大的统一性。原料主要是火石、燧石、凝灰岩、碧玉和玉髓等，类型以石核为主，有圆体石核（锥形、柱形、半圆锥形、半圆柱形等）和扁体石核（楔形、船底形等）两大类，台面多稍凹或呈坡状，有的有进一步加工痕迹，用作石核刮削器。石叶较少，可能与采集时的选择有关。还有一些石片，一般短而宽，片身较厚，形状不甚规则，有的有使用痕迹。精细加工的细石器也比较少，主要是刮削器，包括长刮器、短刮器（直刃、凸刃等）、圆刮器（厚脊的、扁平的）、双边刮器和复刃刮器等（图六七）。

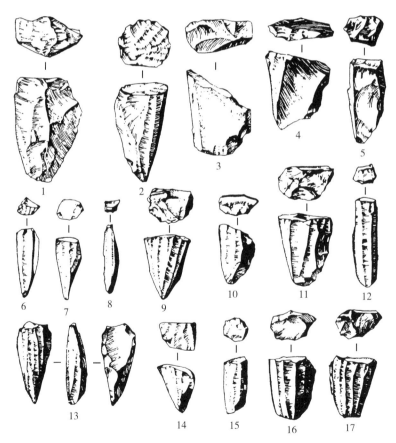

图六七　藏北高原的细石器
1、3、4、10、11. 楔形石核　2、5~9、12~14. 锥形石核　15~17. 柱形石核

西藏细石器的广泛存在并且大多处在海拔甚高的藏北高原，证明史前时期的气候条件比现在好，水草比较丰富，才会有许多人在这一带生活，留下了他们的遗物。这里的细石器同我国北方的细石器有不少共同点，如楔形石核、圆锥形石核和圆柱形石核等，在北方地区也都有广泛的分布。至于这里所出带侧翼的圆锥形或柱形石核、半圆锥形和半圆柱形石核，以及台面呈坡形的石核等，为他处所少见，当是本地区细石器的特点。在印度次大陆，广泛分布着以梯形、三角形石刃为特征的几何形细石器，缺少典型的细石核，与我国细石器显然不属于一个系统。但在靠近西藏的印度东北部则出锥形和柱形石核，还有石叶和半月形石刃等，同印度大部分地区的细石器不同，相反与西藏细石器比较接近，显然是受到西藏细石器的影响。

（三）西藏的新石器晚期遗存

1. 林芝和拉萨的新石器晚期遗存

1974～1975年，王恒杰等在林芝的云星、红光、居木、加拉马和拉萨市郊的纳金等地进行考古调查，发现了一批新石器时代晚期遗址[1]。

云星遗址在尼洋河东岸坡地上，有清楚的文化层，堆积有灰土和红烧土，其中出土大量石器和陶片，以及经火烧过的动物骨骼和炭屑等。同样的遗物在其南部的红光以及红光以南、尼洋河与雅鲁藏布江的汇合处都有广泛的散布。

居木遗址在尼洋河西岸，那里有一条无名小溪流入尼洋河，小溪两边的漫山坡上、梯田里、水沟和防牛沟的断崖上，都散布着石器和陶片等文化遗物。小溪南边的断崖上还发现了清晰的文化层，层中包含有石器和陶片。

加拉马遗址在尼洋河东岸，与居木遗址隔河相望。在山坡上、麦地里和水沟边到处都散布着夹砂褐陶片，并采集到1件细石器石叶。

上述遗址的遗物基本相同，应属同一文化系统。其中石器有打制和磨制两种，打制石器主要是盘状器和敲砸器，还有网坠。另有1件细石器的石叶，刃部有使用痕迹。磨制石器有斧、凿、刀等。斧较厚重，器身琢制，仅刃部磨光。刀为长方形，穿一孔或二孔，有的通体磨制，有的仅磨刃部，器身琢平。

陶片以夹砂者为多，泥质较少，褐色为多，红色较少，还有少量黑色者。全部都系手制，大部分为素面，有些泥质陶表面经过打磨。纹饰主要有绳纹、划纹和附加堆纹。器形因陶片较碎，不易准确辨认，大致有罐（瓮）、碗（钵）和器

---

[1] 王恒杰：《西藏自治区林芝县发现的新石器时代遗址》，《考古》1975年第5期。

盖（盘）几种，有桥形耳和鋬，个别有流，大抵都是平底。

在拉萨市东北纳金乡北侧山坡上采集到少量夹砂褐陶和红陶片，从陶质陶色上看可能与林芝诸遗址比较接近。

2. 墨脱的新石器时代晚期遗存

墨脱县位于雅鲁藏布江下游，与林芝相邻，但比林芝海拔更低，河谷地带海拔仅 500 ~ 600 米，属亚热带气候，动植物资源十分丰富。雅鲁藏布江在这里出现一个大拐弯，先是从林芝往东及东北流，然后折转向南，通过墨脱转向西南。两岸山高谷深，河谷地带是重要的农业区，现为门巴族和珞巴族居住。

1973 年，在墨脱马尼翁发现了磨制精致的石斧；1976 年，又从门巴和珞巴群众那里收集到一批石器和少数陶片。出土石器的地点主要有墨脱乡墨脱村、达木乡卡布村、背崩乡背崩村和格林村、地东乡地东村和西让村等处，在墨脱村还采集到一些陶片。

各地点采集的石器有斧、锛、凿和纺轮等，一般通体磨光，棱角分明，仅少数有打坯时留下的石片疤。陶片均很破碎，为夹砂红陶和夹砂灰陶，饰绳纹和划纹，器形有小口罐等。从石器制作远较林芝所出为精来看，这批石器遗存的年代当较林芝所发现的新石器遗存为晚。

（四）卡若文化

1. 卡若遗址与卡若文化

卡若遗址位于西藏东部昌都县加卡区卡若村，北距昌都县治约 12 千米。遗址东靠澜沧江，南临卡若河，北依子隆拉山，正好在两河交汇的三角形台地上，面积约 10000 平方米，海拔为 3100 米。

遗址是 1977 年昌都水泥厂施工时发现的，1978 年和 1979 年进行了两次发掘，揭露面积 1800 平方米，发现房基 28 座、石墙 3 段、石圆台 2 座、石围圈 3 座、道路 2 条，同时出土了大批石器、陶器等文化遗物[1]。

卡若遗址大量采用石料建房、砌圈、修路，半地穴草泥墙则采用"井杆式"木结构；在生产工具中打制石器、细石器和磨制石器共存，并具有许多特殊的类型；陶器全部系手制夹砂陶，以罐、盆、碗为基本组合且均为平底，以刻划纹、锥刺纹和附加堆纹为基本纹饰。这几方面都具有鲜明的特色，不同于任何别的考古学文化，因而被命名为卡若文化。

---

〔1〕 西藏自治区文物管理委员会、四川大学历史系：《昌都卡若》，文物出版社，1985 年。

2. 房屋建筑

卡若房屋若从剖面看有半地穴式的、圜底的和平地起建的三类，若从平面看有圆形（包括椭圆形）和方形（包括长方形）两类，若从建筑材料看有木骨泥墙和石砌墙两类。绝大多数房子是单间的，也有个别双间的大型房屋。

圜底房屋是早期的建筑形式，共 10 座，其中圆形 4 座、方形 3 座、形状不明者 3 座。这种房屋地面下凹呈圜底状，周围与地面相平而没有穴壁。凹陷的程度颇不一致，最浅的仅 12 厘米，最深的达 54 厘米。这是卡若所特有的一种建筑形式（图六八）。

图六八　卡若 26 号房子复原示意图
左. 外貌　右. 内景

圜底式房屋的面积不大，一般约 10 ~ 16 平方米，最大的一座有 25 平方米。居住面的做法有三种：（1）挖成浅凹坑后稍加平整；（2）坑底铺一层约 10 厘米厚的黑灰土并踩踏平实；（3）中部铺一排直径 5 ~ 10 厘米的圆木，上面抹 5 ~ 10 厘米厚的草泥，一直抹至房屋周围并稍加烘烤。多数房屋以中间凹陷最低处为火塘，形成灰烬堆，有的在灰堆旁放几块石头，用以支架炊具或支垫木柴。这类房屋周围用扁平砾石作明础，砾石面随地面向内倾斜，有的柱子接近石础的地方包一泥圈。房屋外围的柱洞也向内倾斜，中间往往有一较大的柱洞。根据这些迹象复原起来很像一个圆锥形窝棚。

半地穴式房屋共有 12 座，均为方形或长方形。其中木骨泥墙的 9 座，年代较早；砾石砌墙的 3 座，均属晚期。

木骨泥墙的半地穴式房屋面积多在 11 ~ 16 平方米之间，最大的有 24.5 平方米。房基穴深 0.3 ~ 0.64 米不等，穴壁直立或略向外敞。居住面的做法有三种：（1）挖穴后稍加平整；（2）地面铺厚约 10 厘米的黄土或红烧土，有的掺细砂或碎石子，个别居住面铺垫两层，先铺细砂，再垫黄土；（3）地面抹一层厚 5 ~ 10 厘米的草拌泥，然后烧烤结实，或先铺细砂石子再抹草拌泥。火塘多设在中央，有的挖一深坑，周围嵌放一圈石块；有的不挖坑，只围一圈石块；有的连石块也没有，直接在地面烧，形成一个灰堆，地面也被烧硬。这类房子的四壁有时立密集的小柱，有时嵌木板或横圆木，有时在一面砌石块，再用草拌泥填缝或抹平。穴壁四周一般有柱洞或柱础，较小的房屋室内无柱，较大的房屋室内有许多排列不规则的柱洞，推测四周还有较矮的木骨泥墙，而房顶应为稍微倾斜的平顶。

这类木骨泥墙的半地穴式房屋的结构及功能可以 8 号房基为例来加以说明。这房平面略呈正方形，门向东北，南北长 5.1、东西宽 4.8 米，面积 24.5 平方米，是这类房屋中面积最大的一座。地穴深 0.64 米，周壁基本垂直而略向外敞。壁面有一层木板，如北壁上下横置两块木板，均嵌入穴壁内；西壁横置两根圆木，两端各有两块炭化木板，一竖一斜。房角在木板上又抹草泥土，穴壁与地面的转角也抹草泥土，显得十分光滑。地面先铺一层掺小石子的细砂，上面再抹一层草泥土。火塘位于中央，用 7 块砾石嵌在居住面上，形成直径约 45 厘米的圆圈，内有少量灰烬。室内有 12 个柱洞，另有 1 个辅柱柱洞，洞径 19～28 厘米，分布很不规则，推测房顶是稍稍倾斜的平顶，室内柱子是主要的承重结构。地穴四周也有 23 个柱洞，直径 12～14 厘米，推测是筑矮墙的木骨，由于柱子细，主要起围护结构的作用。房门在北墙中部，宽 0.6 米，有三级台阶。

这房子显然是被火烧毁的，其中堆积着大量红烧土块，上面有清晰的木板、圆木、树枝、草筋和绳索等痕迹，还有熏黑烧裂的石板，这些应是木骨泥墙、檩条、椽子和草泥顶倒塌下来的遗迹。由于房子被火烧毁而倒塌，室内的许多器物都来不及搬走而遗留下来，包括陶器、石器和骨器等，总数达 150 件之多。这些器物往往成堆出土，如西南角便集中放置工具 35 件，包括大型打制石器、细石器、磨制石器和骨器等。东南角有大量粟类谷物，有的已炭化成黑色颗粒；东壁附近的粟灰呈白灰色，零散分布范围长达 4 米，宽 15～25 厘米。从有灶及存放大量生产工具、生活用具和粮食来看，这房子显然是住人的。但如果从它与其他房屋的关系来看，还可以有更深一层的理解。

前面已经说到，8 号房是一座面积达 24.5 平方米的较大的半地穴式房子，做工也比较讲究。以它为中心，四周还有几座其他类型的房子；西部仅 0.75 米之隔便是 6 号房，19 平方米，是地面建筑；向北 1.25 米处为 3 号房，25 平方米，是凹底的窝棚；向南 2.8 米处为 15 号房，27 平方米，也是地面建筑；向东 3.5 米处为 9 号房，半地穴式，仅 5 平方米。这几座房子集中在一起，很可能属于一个家族所有，不同的结构可能有不同的用途或功能。其中 8 号房可能是中心建筑，9 号房则可能是一座仓库。

9号房的结构是很特殊的，它的平面略呈方形，长2.3、宽2.2米，地穴深0.93米。四壁嵌木板，四角立木柱，四壁木板在四角交错呈"井栏式"，地面抹草泥。这房子也是被火烧毁的，室内堆积大量房顶及墙壁塌下的红烧土，并出大量陶器和石器。没有灶，也没有出入的台阶，面积狭小，防潮设施较好，不宜住人，可能是储物的仓库。

石砌墙壁的半地穴式房屋均属晚期，平面呈正方形或略作长方形，面积25.5～32平方米，穴深1米左右。四周依穴壁砌石墙，残墙略高出穴口，从旁边倒塌的石块来看，原墙还要高出许多。石墙厚约0.25～0.35米。三座石砌房紧靠在一起，呈曲尺形，应属一组建筑。各房内柱洞分布无规则，当为平顶；石墙外均有柱洞，当有擎檐柱。根据室内堆积的情况判断，其中两座可能有楼，另一座为平房（图六九）。

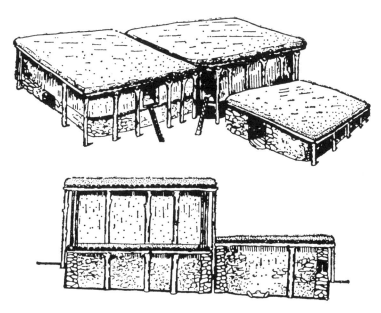

图六九　卡若晚期石基房屋复原示意图
上．外貌　下．剖视

地面起建的房屋共6座，均属早期，平面方形或长方形。这类房面积较大，一般为20～30平方米，最大的一座双室房近70平方米。地面较考究，一般先铺圆木、小石子或红烧土等，上面再抹草泥土。火塘为浅坑，周围用草泥筑埂并嵌砌石块，有的直接在地面嵌砌石块。房屋四周及中间均有许多柱洞，推测是木骨泥墙平顶房。

22、29号房是卡若发现的唯一双室房，南北通长11.6、东西宽6米，面积

69.6 平方米。这座房子也是被火烧毁的，房内堆满大量红烧土。红烧土块背面有圆木、木板、树枝、草筋及绳索捆扎痕迹，表面有平坦、凹弧、凸起、折角等多种形状，显然是屋顶和墙壁各个部位的残迹。堆积底部有 4 根炭化木柱，较长的 2 根分别长 2 米和 2.04 米，大致就是墙壁的高度。地面先垫圆木、树枝或砾石，上面铺土抹光。南部用石头嵌成 4 个圆圈，当是火塘所在。柱洞共 64 个，除周围分布外，中间并列两行，把全房一分为二。房内发现有大量石器、骨器、陶器、海贝、项链和成片的炭化粟壳。是一座颇具规模的居室。

3. 石路、石墙、石圆台和石围圈

卡若晚期地层发现砾石铺筑的道路两条，残长分别为 4 米和 5.4 米，路宽分别为 2 米和 0.6 米。铺路砾石的直径一般为 6~13 厘米。路基厚 7~20 厘米，石缝中用土填充。

卡若发现石墙 3 段，均为平地起墙，砾石筑砌，属晚期遗迹。其中一段长 8.6 米，底宽 2 米，上部略窄，残高 0.7~0.8 米。用大块砾石砌在两边，中间填较小的砾石和碎石块。另两段相互平行，距离 4 米，残长各约 15 米，宽 1~2 米，大部倒塌，残高仅 0.25 米左右，不知何用。

石圆台有 2 处，属晚期。用大块砾石围圈，中间填小砾石及碎石块。其一高 0.23、直径 2 米；另一个高 0.25、直径 1.5 米。

石围圈有 3 座，亦属晚期。均为半地穴，平面呈圆形或方形，面积不超过 6 平方米，周围用砾石砌墙。由于面积小，又无柱洞、火塘和门道，地面也无任何加工，不像是房屋遗迹，用途不详。

4. 生产工具

卡若出土生产工具 8346 件，其中石器占 95.6%，其余为骨角器和陶质器具。石器中又分打制石器、细石器和磨制石器三大类，以打制石器为多，占全部石器的 85.6%，而且从早到晚有逐步增多的趋势。

打制石器的原料基本是细砂岩、石英岩和石英砂岩的砾石。一般不修理台面，直接在较平的砾石面用锤击法单向打出石片，再将石片加工成各种器物。打制石器的种类大致有砍砸器、敲砸器、切割器、尖状器、刮削器、雕刻器、锄状器、铲状器、斧、矛、镞、钻、砧等，前五种占绝大部分。

细石器约占全部石器的 8%，同样是从早到晚逐渐增加（图七○）。细石器的原料主要是玛瑙、硅质岩、石英和燧石等，加工工艺与藏北高原的细石器相近但稍有进步。卡若石核所占比例远不如藏北石核高，而种类复杂得多，有船底形、

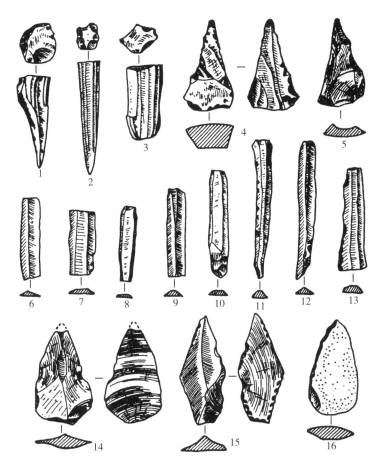

图七〇　卡若的细石器
1、2. 锥形石核　3. 柱形石核　4、5. 尖状器　6～13. 细石叶　14～16. 石镞

楔形、锥状、柱状、龟背状和板块状等六种。细石叶较发达，长2～3.8厘米，一般长宽之比为6：1左右，两侧往往有使用痕迹。细石器种类主要有镞、尖状器、雕刻器、刮削器等多种，多经第二步加工，还有未经第二步加工而仅有使用痕迹的石片刮器。在数量上以刮削器、石片刮器和尖状器占绝对优势。石镞颇像尖状器，缺乏我国北方细石器中那种典型的凹底三角形镞。

　　磨制石器的数量是最少的，仅占全部石器的6.4%，而且从早到晚越来越少（图七一）。所用石料主要有硬玉、火山岩、硅质蛇纹岩、流纹岩、大理岩和板岩。一般通体磨光，仅少数有局部磨制的。不少磨制石器是用切割法取材的，切割的方法有两种：一种是两面对割，另一种是单向切割，前者采用较多。穿孔器主要有石刀和重石两种，石刀的穿孔方法有两种，一种是刻槽穿孔，一种是锥形钻穿孔，后者较多。重石则全部用锥形钻穿孔，遗址中发现有相应的钻具。石刀钻孔

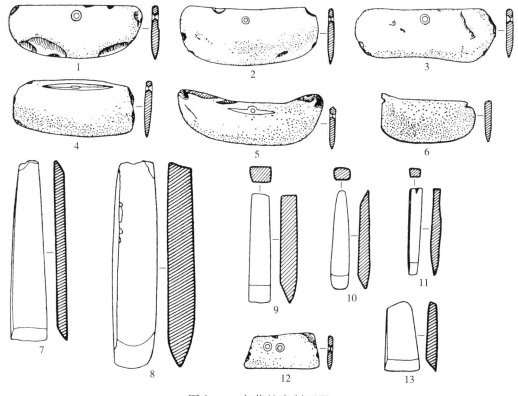

图七一　卡若的磨制石器

1～6、12. 石刀　7、13. 锛　8. 斧　9～11. 凿

有的是对穿，有的是单向钻穿，重石则全部是对钻穿孔的。

　　磨制石器的种类有斧、锛、凿、刀、重石、研磨器、镞、矛和切割器等，其中数量最多的为锛、凿、刀、重石和研磨器五种。斧有梯形和长条形两种，斜弧刃，横剖面近长方形，通体磨制，有的有切割痕迹。锛体较薄，亦有梯形和长条形之分，刃部平直，少数锛两端开刃。凿多长条形，横剖面有方形、长方形、梯形和五边形等。刀有 73 件，约占全部磨制石器的七分之一。以圆角长方形者为多，次为直背弧刃的半月形和凹背弧刃的新月形，也有个别凸背直刃的半月形刀。约85％穿单孔，少数有双孔或无孔，当为收割的主要器具。研磨器 81 件，包括磨谷物的石磨盘、石磨棒及研磨其他东西的磨盘与磨石等。重石达 252 件，几乎占磨制石器的一半，实际上包括三种器物，一是有孔重石，大约是套在掘土棒上使用的；二是石球，应是狩猎用流星索的加重部分；三是菱形石，一面或两面有浅窝，当是钻具的轴碗。

　　骨角器有 366 件，占工具总数的 4.4％。多用兽肢骨及鹿角为原料，经过劈裂、截断、修理、粗磨、精磨和穿孔几道工序制作而成。种类有骨角锥、骨针、骨刀梗、骨抿子、骨印模、骨卡子和带齿骨片等（图七二）。其中骨刀梗一边有凹槽，是镶嵌细石片用的。骨抿子可能是制陶工具，用来抿泥和打磨陶器表面。骨印模系用兽肢骨的一端刻成八个乳丁，用以压印陶器花纹。刻齿骨片往往在骨片的一边或两边刻成等距离的锯齿，有的骨锥的一边也有刻齿，其中一部分可能是压印陶器纹饰（篦纹）的，大部分不知何用。骨卡子是两头尖的小骨器，或称钓针，是一种渔具。

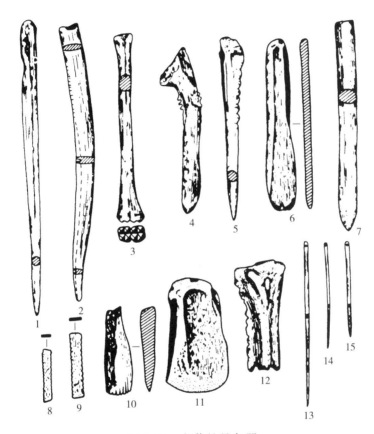

图七二　卡若的骨角器

1、5、7. 骨锥　2. 骨刀梗　3. 骨印模　4. 角锥　6、10. 骨抿子　8、9. 刻齿骨片
11. 骨斧　12. 带齿骨器　13～15. 骨针

　　陶质工具仅有纺轮一种，仅见6件，且均用陶片改制而成，没有发现专门制作的陶纺轮或石纺轮，可见卡若文化的纺织业并不发达。

5. 经济生活

　　卡若所在的昌都地区位于青藏高原的东坡和横断山脉的北部，属于山地寒温性针叶林地带。根据卡若遗址的孢粉分析，推测当时的山坡地带有茂密的森林，阴坡发育有松林，阳坡发育着栎林，林下生长有各种蕨类和草本植物；沟谷地带生长耐旱的蒿、藜、麻黄等。蕨类植物中凤尾蕨、里白、桫椤植物的存在，说明当时的气候比今日温暖湿润得多，有利于发展农业生产。

前面已经谈到在 8 号房和 22、29 那座唯一的双室房都发现了大量粮食朽壳和炭化谷粒，经中国科学院植物研究所刘亮鉴定为粟［*Setaria italica*（L）*Beauv*］。结合生产工具中有大量铲形器、锄形器、石刀和磨谷器等农具和粮食加工器具，可知当时的粟作农业经济已占有十分重要的地位。

卡若遗址中发现了大量动物遗骸，经鉴定有猪、狐、獐、马鹿、狍、藏原羊、青羊、鬣羚、牛、猕猴、兔、鼠兔、家鼠和喜马拉雅旱獭等，其中猪骨个体比野猪小，多属幼年或老年，牙齿构造也比野猪简单一些，应为家畜。其余各种绝大部分应是狩猎的对象。可知家畜饲养和狩猎也都是经济的重要组成部分。

此外还有石器、骨角器和陶器的制造，以及纺织与皮毛加工等，则是当时主要的手工业部门。卡若不但纺轮少，制作不精，织物也很粗糙。在一件陶器 T62③：117 底内留有布纹痕迹，每平方厘米范围内经纬线各仅 8 根，比仰韶文化的稀多了。

6. 日用陶器

卡若陶器数量不少，但类型简单，差不多只有罐、壶、盆、碗四种，且全部是平底器。除个别罐、壶有耳或流外，一般无嘴无流、无耳无把、无足无盖，造型极为简单。

陶器的质地差不多都是夹砂的，只有夹粗砂和夹细砂之分。器表的颜色有黄、灰、红、黑四种，以黄色和灰色为最多，红色和黑色均甚少。由于烧制技术不高，火候不匀，颜色也很不纯。所有陶器均为手制，以泥条盘筑法为主，小型器物则用手捏。一般先做平底，再在上面盘筑器壁。大型的器物为分段制作，然后再拼合在一起，为了使拼合处牢固，往往在外面加一道附加堆纹。

陶器的纹饰比较丰富，按其制作方法可分为刻划纹、绳纹、抹刷纹、附加堆纹、剔刺纹、压印纹、篦纹、篮纹和彩绘九种。刻划纹约占全部纹饰的 22.1%，多饰于盆和罐的上腹，其图案有平行线纹、平行带纹、网格纹、菱形纹、三角形纹、连弧纹、叶纹和贝纹等。剔刺纹多饰于器口、颈部或上腹部，有麦粒形、圆形、方形、三角形和指甲形纹等多种。压印纹多饰于附加堆纹上，有的饰于器物口部或近底部，纹样有圆圈纹、布纹、菱形纹等。彩绘陶极少，约占陶片总数的 0.1%。为黑色折三角纹和菱形纹，有的先绘彩地，再饰刻划纹。下面对几种器物稍加说明。

罐的种类比较复杂，但可大致分为两类。一类是夹粗砂的罐，一般器体较瘦高，口部较大，纹饰简单，且带有烟熏痕迹，个别的口部有一流，当为炊器。另一类是夹细砂的罐，器体矮胖，口部甚小，表面经打磨，饰美丽的刻划纹，个别有黑色彩绘，整体大小相差悬殊，小的高仅 11.4 厘米，大的高 42.4 厘米，应是主要的存储器。

壶同小口罐十分相近，也是夹细砂，表面经打磨并饰刻划纹，只是小口长颈，器身相对较高，有的颈部有把，当是水器（图七三）。

盆多敞口，斜腹或折腹，口径一般在 30 厘米以上，最大的达 48.2 厘米，应是主要的盛器。个别的有烟熏痕，似亦可作为炊器（图七四）。

碗形略似盆，只是较小，当是饮食器。

7. 装饰品

卡若未发现墓葬，故装饰品发现不多，仅 50 件，种类却很复杂，计有笄、璜、环、珠、镯、项饰、贝饰、牌饰和坠饰等，所用质料有石、玉、骨、贝等（图七五）。大部分磨制精细，具有较高的工艺水平。其中最值得注意的有牌饰、项饰和贝饰。

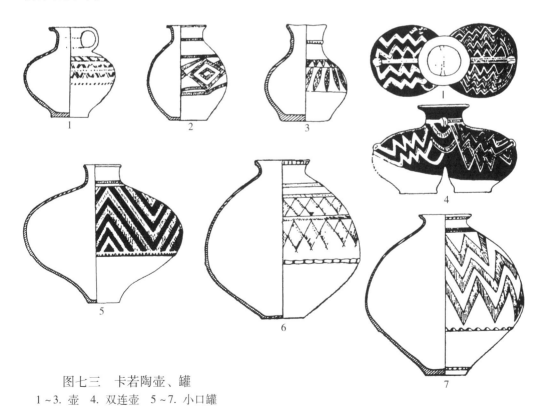

图七三　卡若陶壶、罐
1～3. 壶　4. 双连壶　5～7. 小口罐

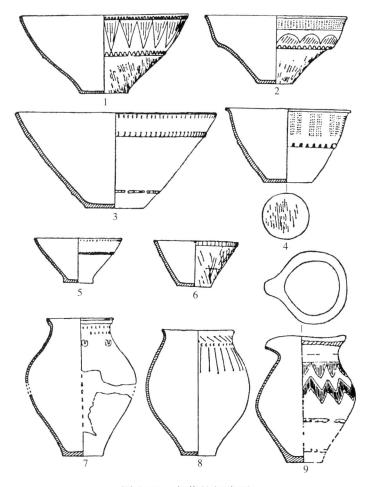

图七四　卡若的粗陶器

1～4. 盆　5、6. 碗　7～9. 砂罐

　　牌饰系用大小不同、形状各异的骨片制成，上面或有穿孔，或刻横槽，或刻花纹。如标本 T102③：10，为一梯形骨片，上端有穿孔，表面有圈点纹若干组成"十"字形，两侧刻成锯齿状，当为佩饰或服装上的缀饰。

　　项饰共有 2 串，由长方形珠和管状珠若干串缀而成，反映当时人的一种审美观念（图七六）。

　　贝饰 10 枚，系宝贝穿孔而成，也是坠饰。宝贝（Cowrie shell）产于南海，既出于卡若遗址，是当时存在远地交换关系（多半是间接关系）的证明。

8. 卡若文化的年代

　　在卡若遗址各地层和各房基址中采集的木炭标本，曾分别由中国社会科学院

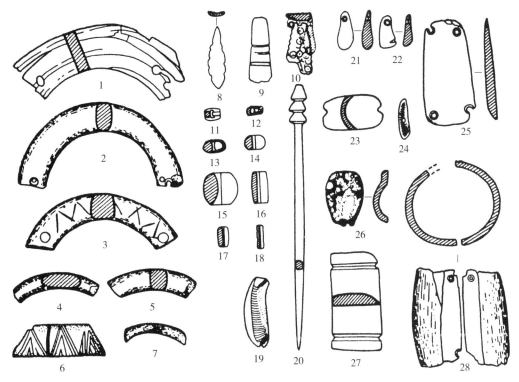

图七五　卡若的装饰品

1～3. 璜　4、5、7. 环　6、8～10、23、25～27. 牌饰　11～18. 骨珠　19、24. 贝饰　20. 骨笄
21、22、28. 骨镯

考古研究所碳十四实验室、北京大学考古系实验室和国家文物局文物保护科学技术研究所碳十四实验室测定，共获得41 个碳－14 年代数据，经树轮校正后最早为公元前 3955±310 年，最晚为公元前 2005±120 年；绝大多数落在公元前 3500 年至前 2300 年之间，这大概就是卡若文化的真实年代。换句话说，卡若文化大约持续了 1200 年。

9. 卡若文化同其他原始文化的关系

卡若文化是一种具有鲜明特征的地方性文化，但它毕竟不是孤立发展的，其中的一部分因素表明它同相邻原始文

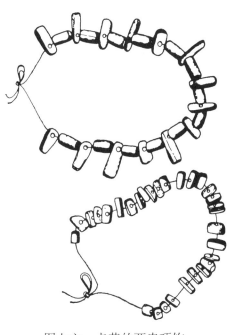

图七六　卡若的两串项饰

化有过多方面的联系。

卡若细石器中的锥状石核和柱状石核，以及从这种石核上剥离下来的细长石叶，在藏北高原有较多的发现，也同样见于甘肃地区的马家窑—齐家文化系统。卡若文化的磨制石器中颇有特色的长条形石斧和石锛也见于马家窑—齐家文化系统。卡若陶器均为平底，基本器形只有壶、罐、盆、碗；马家窑文化的陶器除极少数圈足器外，也基本是平底器，器形也以壶、罐、盆、碗为主。卡若文化陶器上的刻划纹饰，如波折纹、菱形纹、贝形纹、平行线纹、正倒三角纹和网格纹等，同样也是半山—马厂期彩陶的常见纹饰，只是装饰的手段不同罢了。卡若遗址多木骨泥墙的平顶房屋，马家窑—齐家文化也多见这种房屋。特别是卡若遗址发现了许多粟的朽灰和碳化物等，而粟作农业历来是中国北方的传统农业，南方历来种稻而很少种粟，卡若的粟作农业很可能是受马家窑文化影响而产生的。卡若文化与马家窑文化年代相若，相隔也不算太远，相互间发生某些关系是可能的。从总体来看，似乎马家窑文化对卡若文化具有更多的影响。

卡若文化对四川和云南的新石器文化具有明显的影响，如四川岷江上游汶川、理县等地的条形石斧和石锛，西昌礼州遗址的半月形石刀，陶器全部夹砂并用平行刺点纹组成三角纹和菱形纹的作风，以及罐、壶、钵等器形，都是卡若文化中常见的。云南宾川白羊村的平背弧刃半月形石刀、条形石斧和石锛、宽叶形石镞，陶器多夹砂并饰绳纹、刻划纹、剔刺纹、压印纹、附加堆纹等的作风，以及木骨泥墙的平顶房屋等，都与卡若文化中同类因素相似。云南元谋大墩子的凹背弧刃或直背弧刃石刀，两端开刃的石凿，柳叶形和三角形石镞，梯形石斧和石锛，骨抿子，陶器夹砂并饰绳纹、刻划纹、剔刺纹、篦纹、附加堆纹等，还有某些小口罐、盆、钵等器形，也都与卡若文化的同类因素相似。白羊村和大墩子的新石器文化均晚于卡若文化，显然是卡若文化通过澜沧江和金沙江河谷等南下影响云南的新石器文化而不是相反。

《新唐书·吐蕃传》说："吐蕃本西羌属，盖百有五十种，散处河、湟、江、岷间，有发羌、唐旄等，然未始与中国通。"按照这种说法，西藏居民当是北方迁去的。卡若文化以及西藏其他新石器文化乃至旧石器文化的发现，说明西藏居民有非常悠久的历史和自身的发展谱系，并不是从外地迁来的。但如果说在发展中曾受过北方民族的影响，甚至有部分羌人或氐人南下西藏，从而造成文化乃至种族的某种融合，那倒是符合历史实际的。

（原载《中国通史》第二卷《远古时代》，上海人民出版社，1994年。后更名为《中国远古时代》单独出版，上海人民出版社，2010年）

远古的北京

一　北京人及其文化

北京是我们远古祖先的故乡，也是世界人类的发祥地之一。

大约 50 万年前，在北京房山周口店地区，就有原始人类在那里劳动、生息，这就是举世周知的"北京人"。

北京人居住在周口店龙骨山北坡的山洞中，那里遗留着他们的骸骨化石，使用过的工具，用火的遗迹和大批哺乳动物的化石（图一）。这是一座打开人类起源之谜的历史宝库。

图一　北京周口店龙骨山全貌

人类的诞生可能已有 200 多万年的历史，北京人是原始人类发展过程中的一个中间环节。对北京人 40 多个个体的研究表明，他们的体质和外形已经同现代人差不多。他们主要用右手进行劳动，能自由地直立行走，这些都跟现代人一样。他们的头颅形状和内部构造还保留着很多原始的性质，脑量约为现代人的 80%。然而他们的大脑又比大猿发达得多，现代大猿的平均脑量只等于北京人平均脑量

图二　北京人复原像

的 40% 左右。他们的面部短并向前突出，额部低平又向后倾斜，眉骨粗壮，左右连在一起，颧骨高，鼻骨宽，嘴向前伸，没有下颏（图二）。他们已经有了简单的思维能力并开始有了最初的语言。

在北京人的时代，北京地区的地形基本和现在一样，但气候比现在湿润温暖，动物的种类比现在繁多。在周口店龙骨山的北面、西面和西南面是大大小小的山丘，山丘上密布朴树、紫荆之类的丛林。丛林里有虎、豹、狼、熊、梅花鹿、野猪和大猕猴。龙骨山的东麓，有一条宽阔的河，河的近旁有水草丛生的沼泽，巨大的水牛、水獭、河狸和水龟等动物时常在这里活动。沼泽地带的东南面是广阔的平原，平原上有草地，也有干旱的沙地。在草地上，一年四季都有成群的野马、野牛、野羊在那里奔驰追逐。秋末冬初，扁角肿骨鹿也从远方来到这里。在干旱多沙的地方，有缓慢移动的驼群，也有常常把头埋在沙里的鸵鸟。

北京人在几十万年的漫长岁月中，祖祖辈辈劳动、生息、繁衍在这样洪荒的世界里。为了争取和维持自己的生存，他们用壮实的双手，以木棒、石头作原料，制造了原始的劳动工具和武器，同自然界进行顽强的斗争。

北京人所处的时代，在人类经济文化史上属于旧石器时代初期。他们的石器是用原始的打制方法制成的，技术还不大熟练。他们在附近的河滩上选取石英岩、

图三　周口店出土石器
1. 尖状器　2. 砍砸器

绿色砂岩、火石等作原料，做成各种形状的石器，最大的是厚刃砍伐器，较小的有双刃尖状器，还有刃部锋利的刮削器和两端刃器等（图三）。这些工具分别用于砍伐树木，刮削兽皮和切割兽肉，同时也用作狩猎的武器。北京人在辛勤劳动和艰苦斗争中不断取得进步。

在周口店北京人居住洞穴的外面，发现了用火烧过的灰层和兽骨；在洞穴的里面，也发现了一堆堆很厚的灰烬、木炭、烧骨和朴树籽，这是北京人用火的遗迹。北京人破天荒地在亚洲大陆上燃起熊熊篝火，宣告了人类黎明时代的来临。

原始人是完全被生存的困难、与自然作斗争的困难所压迫着。北京人经常遇到猛兽的侵袭，遭受饥饿与寒冷的威胁。在艰难环境的折磨下，他们的寿命一般很短。根据对 38 个个体的北京人化石的研究，死于 14 岁以下的就有 15 人，死于 50 岁以上的仅有 1 人。

在当时，由于生产力水平低下，集体劳动是唯一可行的方式，这使他们结成了每群数十人的原始群。他们必须依靠群体的力量，才有可能战胜凶猛的野兽，必须成群地协作劳动，才有可能维持最低限度的生活。他们共同劳动，共同分享劳动成果，共同过着艰难但却是平等的生活。这种原始群体虽然还不大稳定，但正是这种群体，保证了他们在生存斗争中战胜艰难险阻，促使人类社会向前发展。原始群，是北京人时代唯一的社会形式。

采集和狩猎在北京人的生活中占有重要的地位。他们采集植物的根、茎、果实和鸟卵做食物。在他们居住过的山洞里，还残留下烧过的朴树籽、紫荆木炭、豆科植物种子和鸵鸟蛋化石。他们猎取的动物，多数是野生的鹿、马、牛、羊、猪等兽类，也有少数的虎、豹、狼等猛兽。鹿类是他们主要的猎获对象，夏秋之交猎取梅花鹿，冬春之际猎取肿骨鹿。此外，他们也捕食野鼠、水龟之类的小动物。

艰苦的生活折磨了北京人，但也锻炼了北京人。他们在集体的社会生活中，以创造性的劳动克服了后人不能想象的困难，缓慢却顽强地战胜了自然，在远古亚洲的原野上，揭开了人类历史的序幕。

北京人化石和文化遗存在北京周口店的发现，为北京的历史增添了光辉。北京人骸骨化石个体数目之众多，文化遗存之丰富，发掘记录之完整，在世界远古人类发展历史的研究上是独一无二的。这不仅是我国远古文化遗产的瑰宝，也是世界文化宝库中的奇珍。

二　从新洞人到山顶洞人

北京人在周口店居住了很长时间，在大约 20 万年以前，他们的体质特征发生了显著的变化，由猿人变成了早期智人——新洞人。

新洞人是在 1973 年发现的，其个体仅有一颗牙齿，为左上第一臼齿，形态比北京人的进步。在同一层位中发现了较厚的灰烬，有烧过的石头、石器、骨头和一颗朴树籽。烧骨中有最大的象和最小的食虫类，草食性动物多于肉食性动物。这些都是新洞人已经熟食的证明。

又过了若干万年，在大约 2 万年以前，北京出现了新的人类——山顶洞人，他们同北京人、新洞人虽然相隔了几十万年，却都生活在同一座小山的不同山洞中。

山顶洞人属于晚期智人，他们的体质特征已与现代人没有什么差别，从他们的脑容量看来，山顶洞人已经具有相当发达的智力（图四）。

一些外国学者曾把山顶洞人的三个头骨说成是分别属于蒙古人种、美拉尼西亚人种和因纽特人种，并说即使那个蒙古人种头骨也具有某些欧洲人种的特征。这是不正确的。实际上，这三个头骨都具有原始蒙古人种的特征，更细的种族在当时还没有分化定型，可以认为，他们是现代蒙古人种的祖先。

山顶洞人使用的石器发现甚少，器形可分为砍伐器、刮削器和两端刃器。这些石器的制造技术，虽比北京人和新洞人的进步，但仍然很粗糙。在山顶洞还发现了许多制造精致的骨角器。应该特别指出的是，骨针的发现证明，当时的居民已用兽皮缝制衣服，裸身露体的时代已经成为过去。

图四　山顶洞人复原像

在山顶洞人的经济生活中，狩猎起着极其重要的作用。他们的猎获物有兔、鹿、野牛、野羊、虎、豹、鬣狗、熊等共计50余种，数量最多的是兔和斑鹿，这反映了狩猎技术的进步和劳动组织的发展。劳动的自然分工在这时大概已经基本完成，狩猎的职务主要由男子负担，采集已成为女子、小孩和老人的专门职务。在山顶洞文化层中，曾发现了很多鲤鱼骨和一条长约三尺的青鱼骨，说明山顶洞人也从事渔捞。

生产力的发展要求人们结成更巩固的集体，以血缘关系为基础的母系氏族产生了。

山顶洞人时代，原始的交换关系已经出现，在山顶洞发现的渤海沿岸所产的蚶子壳、宣化一带所产的赤铁矿和黄淮流域以南所产的巨厚的蚌壳，说明当时北京地区的居民已经和很远的地区发生了交换关系。

山顶洞人不仅以骨角为原料制造生产工具、生活用具，还采用兽牙、鱼骨、蚌壳、鸟骨管，应用刮挖、钻孔、磨光和涂色等技术，做成大批精巧的装饰品，在原始艺术中表现了相当高的水平。山顶洞人的装饰品上，大都涂有红色，墓葬中也撒上赤铁矿粉末。或许红色在当时是人们最喜爱的颜色，也可能与他们原始的宗教信仰有关系。

三　北京的新石器时代

在距今大约一万年至四五千年期间，北京地区处于新石器时代。当时，人们以血缘为纽带结成原始氏族公社，在北京的周围，到处都遗留下先民们生活与斗争的足迹（图五）。

在门头沟区东胡林村西侧，发现了距今一万年左右的人类骸骨化石。这里，清水河蜿蜒东流，注入永定河，河两岸是重峦叠嶂，间或是依山面水的低矮黄土台地。先民的遗骸就掩埋在黄土台地上的墓葬里，这时，先民们的体质特征已与现代人基本一样。在生产与生活相对提高之后，先民们已有可能利用生产的余暇，制造装饰品来美化自己和点缀生活。妇女们的颈项上挂着用匀称的小螺壳穿系而成的项链，腕部佩戴着以小段牛肋骨磨制串连制成的手镯（图六）。这些装饰品首先被用于妇女的现象，意味着当时对于妇女的尊敬，是女权制的一种体现。

山顶洞人的居住洞穴也兼作墓葬，而东胡林的先民将他们的遗骸掩埋在黄土台地上。这个变化说明当时的人们可能已经离弃了祖先世代居住的岩洞故居，开始在谷地间的黄土台地上，开辟新的劳动和生活的区域。

随后，先民们沿着河流，走出谷地，来到平原上，在河流两岸的台地上或河流交汇处，选择高亢平坦的地方，建立起原始聚落。这些地方水草肥美，又有膏壤沃土，是种植庄稼、放牧牲畜、制造陶器的理想地点，有广阔的生活之源。这个时期的文化遗址，在北京地区星罗棋布，分布很广泛。海淀区中关村、朝阳区立水桥曾发现细石器。昌平马坊、林场，密云燕落寨发现了属于仰韶时代的遗址、遗物。昌平燕丹、曹碾还发现了属于龙山时代的遗址、遗物。昌平雪山村的古代文化遗址，代表了上自仰韶时代，中经龙山时代，下迄商周时代的基本线索，体现着北京的先民从氏族社会到奴隶制时代的步伐和进程。雪山村遗址保留着先民们丰富的文化遗物，有属于仰韶时代的手制红陶罐、红陶钵，有属于龙山时代的轮制黑陶罐、黑陶盆，有磨制精细的石斧。这都是农业聚落所特有的生活和生产的必需品。在北京西郊的西山，西南的房山，东南的通县，东面的平谷，东北的怀柔、密云，北面的昌平，以及地处塞外的延庆，都发现过新石器时代的石斧、石铲、石凿以及石纺轮等文化遗物。这些新石器时代的遗物，说明了四五千年以前的北京居民已经不是原始的猎人，他们已经开始从事农业生产了。这些远古时代的先民们，依靠氏族公社集体的力量，使用原始的木、石工具，砍伐树木，芟除草莱，播种谷物，进行原始的农业活动。同时，也开始饲养家畜，用以增加肉

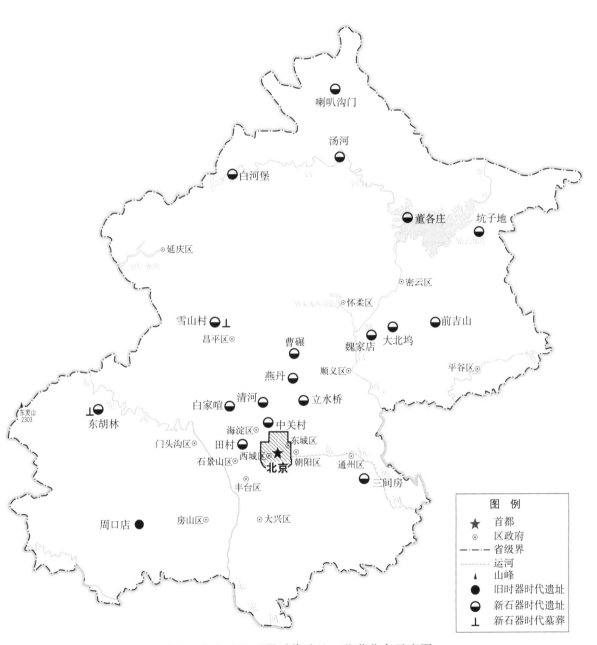

图五　北京地区石器时代遗址、墓葬分布示意图

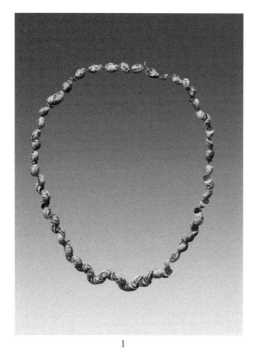

图六　门头沟东胡林村出土饰品
1. 螺壳项链　2. 骨镯

食和皮毛。他们还纺织麻类的纤维以为衣服，制作陶器以为生活用具。这一切都说明了，当时北京地区的居民已经走到了历史文明时代的入口处了（图七～图一〇）。

四　传说中的幽都

原始社会晚期生产力的发展，引起了社会分工和交换的发展，促进了私有制的出现和发展。氏族酋长和军事首领的权力加强了，他们不断侵吞氏族公社的集体利益，并在频繁的部落战争中掠夺大批财产。这些军事首领和酋长更将交通便利、经济发达的聚落作为自己的据点，建立起最早的都邑，并把这些都邑作为中心，逐步扩大部落的地域，发展部落的力量，征服弱小部落，结成部落间的联盟。传说中黄帝部落与九黎部落、炎帝部落之间的战争，黄帝、颛顼、帝尧等建立幽都和其他都邑，可能就反映了这一历史情况。

在我国传说时代，有一支强大的氏族部落崛起于我国北方，传说中的黄帝就是他们想象中的祖先。部落中各氏族均以动物命名，有熊氏族、罴氏族、貔氏族、貅氏族、貙氏族、虎氏族等，他们"往来迁徙无常处"，从事着原始的游牧生产。

相传黄帝曾"以师兵为营卫"进行南征北战。他率领本部落并与炎帝部落结成联盟，在北京以西的涿鹿打败了九黎部落，杀死了它的酋长蚩尤。后来，炎帝

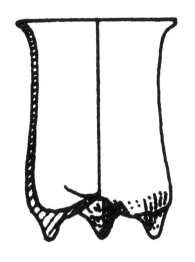

图七　雪山三期陶鬲
（琉璃河出土。高 17.5、口径 13.5 厘米）

图八　雪山三期陶簋
（密云燕落寨出土。高 16.8、口径 20 厘米）

图九　雪山一期红陶钵
（高 7.8、口径 16.5 厘米）

图一〇　雪山二期黑陶盆
（高 24、口径 24.5 厘米）

部落败盟，侵凌其他部落，争夺盟主地位，于是，黄帝部落与炎帝部落"战于阪泉之野"，经过三次大战，打败了炎帝部落。此后，黄帝部落又"北逐荤粥（獯鬻）"，并在涿鹿建立了都邑。这是有关北京附近都邑的最早传说。

传说黄帝的第三代继承者颛顼，曾到"幽陵"祭祀，"幽陵"就是幽州，是北京地区最早的名称。相传到了帝尧时代，在幽州建立了最初的都邑，称为"幽都"，帝尧还派和叔来管理幽都，治理北方。帝舜时，又曾把治水失败的共工氏流放到这里来。

所有这些传说，都跟原始社会时期的北京有着密切的关系。这些传说和考古发现结合在一起证明，远在三四千年以前，北京地区已经处于野蛮时代的末期，历史的文明时代即将来临。这说明，北京地区是全世界最早放出文明光辉的地区之一。

（原载《北京史》第一章，北京出版社，1985年）

中国史前艺术

前　言

中国史前艺术大致可以分为三类，即人物、动物和几何形图案，而以后者为多，研究的文章和书籍也比较多。前两类虽然也有所关注，但缺乏系统的介绍和研究。因此我想做一个初步的尝试，希望能引起有关方面的兴趣。中国有非常发达的岩画，其中多有人物和各种动物。一般刻画简单，艺术水平不高，特别是年代多不确定，难以取舍。

中国的传统文化是以人为本的，在史前的艺术品中，人体艺术占有重要的位置。早在新石器时代中期（约公元前7000～前5000年）之初或稍前，吉林的白城双塔一期文化中便发现陶片上有人面纹。稍后在燕辽地区的兴隆洼文化中便出现了石雕的人像和小型的人面形象。经过一段时期的酝酿，到新石器时代晚期达到了相当发达的状况。使用的材质有石、玉、骨、蚌、陶等。技法则有雕、塑、绘画、刻划和镶嵌等。不同地区有不同的风格，有的表现整体人形，有的只表现头部或面部，还有一些仅仅是像人面的面具。有的重在体形，有的重在表情，有的则高度模式化，似人似神，似乎有神秘的宗教意味。内容可谓丰富多彩。

按照各地不同的风格，可大致区分为三大系统，并且各自形成长久的传统。例如内蒙古赤峰地区与辽宁朝阳地区交界地方的红山文化多陶塑裸体人像，明显是秀肌肉。如今蒙古族的男子汉多膀大腰圆，摔跤的时候也是秀肌肉。仰韶文化的人面纹特重表情，陶塑人体和人头也重表情。现在北方的汉人也重情感和仪表。南方的良渚文化和石家河—肖家屋脊文化人头像多拟巫鬼，楚越人也重巫鬼，现在的南方人也多信鬼神。这三个系统也明显与罐文化、鬲文化和鼎文化三个系统密切相关。传统的力量多么神奇啊！

世界上许多地方的史前时期都有人体艺术，最早出现在旧石器时代晚期。到新石器时代进一步发展，各地都有一些特色。比较起来，中国史前艺术的特色更为鲜明。这里在前两期后面选了一些参照资料，对比一下就可以看得比较明白了。

中国史前艺术中的动物形象是多种多样的，有家畜家禽和野兽野鸟，有爬行动物、鱼类和昆虫等，还有想象中的龙凤。艺术手法有绘画、刻画、石雕、玉雕、陶塑、泥塑和模仿动物的各种陶器皿。有时与人物形象的艺术相互配合，相得益彰。

我国史前人体和动物形象艺术的发展具有明显的阶段性。就全国而言，大致可以区分为四个时期，每个时期的年代和相应的考古学分期如下。

萌芽期：新石器时代中期，约公元前7000～前5000年；

发展期：新石器时代晚期，约公元前5000～前3500年；

繁荣期：新石器时代末期，约公元前3500～前2500年；

转型期：铜石并用时代，约公元前2500～前1800年。

第一章　萌芽期

本期人体和动物形象的艺术仅见于我国东部地区，吉林白城双塔一期陶片上刻划的人面纹是现知年代最早的，似人似猴，稍晚在燕辽地区的兴隆洼文化中多次发现人面形牌饰，造型多比较草率。个别人体石雕也十分简陋，动物形象艺术也很原始，可见还处在一种萌芽的状态。

吉林白城双塔一期遗存主要分布于嫩江中下游地区。双塔遗址出土了现知年代最早的人面纹陶片，一件以重圈勾勒眼睛，有须，鼻孔与口均挖成凹窝；另一件以窄细泥条堆塑人面（图一）。

一　兴隆洼文化

兴隆洼文化主要分布于内蒙古东南和辽宁西部乃至河北的东北部。发现有人面形牌饰和石雕人体等。

内蒙古敖汉旗兴隆沟第一地点是一个兴隆洼文化的大型聚落，其中的 22 号房址出土了许多器物，包括四个人面形牌饰。两个是用人头盖骨做的，眼睛呈倒"八"字形，底端两个鼻孔中间一小孔似为人中。第三件是石牌饰，眼睛和

图一　白城双塔遗址一期遗存出土人面纹陶片

眉毛都用圆孔表示，嘴里面的牙齿用贝壳镶嵌。第四件是蚌壳做的人面形牌饰，眼睛、鼻子和嘴都用圆孔表示（图二）。这几件人面形牌饰都做得不十分像，只是略具其意而已。在内蒙古林西白音长汗出土了一件石人面牌饰，牙齿用贝壳镶嵌，獠牙突出。另一件为蚌壳做的人面形牌饰，牙齿是刻出来的。二者在形态上跟兴隆沟所出类似（图三）。

在林西白音长汗的一座房子里，在火塘旁竖立一块略有加工的石头，发掘者认为是裸体女性石雕像。头和手臂还可以勉强看出来，下肢则做成尖锥形插入地下，整体比较模糊难以看清（图四、图五）。

图二　兴隆沟遗址出土人面形牌饰

图三　白音长汗遗址出土石人面（左）和蚌人面（右）牌饰

图四　白音长汗遗址 A 区 19 号房址

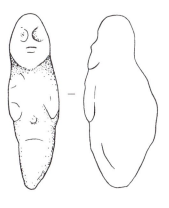

图五　白音长汗遗址 A 区
19 号房址出土石雕人像

图六　西山遗址出土石雕人像

在林西西山也发现有两个石雕人像，形态跟白音长汗的石人差不多，下肢也呈尖锥形。西山遗址以红山文化遗存为主，也有兴隆洼文化的遗存。这两个石人有可能属兴隆洼文化（图六）。

在赤峰博物馆还收藏有一件女性坐像，一位坐在座椅上的妇女，双手抚摩圆鼓的腹部，雕刻手法稚拙、简单，显示出与兴隆洼文化时期其他石雕作品类似的特征（图七）。此外，在宝鸡北首岭遗址还出有老官台文化晚期的陶塑人物坐像，有着类似的风格（图八）。

兴隆洼文化的动物形象艺术主要是龙和猪龙。在辽宁阜新查海遗址发现了摆塑的"龙"。它是在一座 120 平方米的大型房址南面的基岩上，用石块摆放成龙的形象，昂首张口，背部弯曲。全长近 20 米，蔚

图七　赤峰博物馆藏石雕人像

图八　北首岭遗址出土陶塑人像

图九　查海遗址出土摆塑龙
（东南—西北）

为壮观（图九）。同一遗址中出土一件平底陶罐上还有一个蟾蜍的附加堆纹（图一〇）。这是在中国史前文化中最早出现的龙的形象，它既是一种原始的艺术，更可能是一种出于原始宗教信仰的巫术作品。因为现实世界上是没有龙的，可是这种想象中的龙从此绵延不断，几乎成了中国的象征。

在内蒙古敖汉旗兴隆沟第一地点的第 35 号灰坑中，发现有两个猪首龙，在猪头后用陶片和石块等摆放成躯体模样。发掘者推测是最早的猪首龙。可能是后来赵宝沟文化和红山文化中猪龙的原型。

二　赵宝沟文化

赵宝沟文化是继承兴隆洼文化发展起来的，人面像和石雕像都比兴隆洼文化进步，动物形象则更为精彩。

敖汉旗赵宝沟遗址的 103 号房址中就出土了两件陶塑人面而不像是假面了

图一〇　查海遗址出土蟾蜍纹陶罐

图一一　赵宝沟遗址出土陶塑人面

图一二 那斯台遗址采集玉人面

图一三 那斯台遗址采集石雕人像

（图一一）。两个陶塑人面的五官都做得很真实，比兴隆洼文化的人面牌饰进步多了。离赵宝沟不远的小山遗址中出土的一件石钺的一头还雕刻了一个人面形，很是别致。

巴林右旗那斯台遗址有 150 万平方米，由于历年自然和人为破坏，已经是面目全非了。大量遗物暴露在地面。曾经采集到许多玉器和石器等，文化属性复杂，可能包括兴隆洼文化、赵宝沟文化和红山文化，而以后者为主。其中有玉人面和石雕人像等（图一二）。玉人面跟赵宝沟所出陶塑人面十分相似，邵国田认为应属于赵宝沟文化。

那斯台有两尊石雕像，都是裸体，一为跪坐，高 19 厘米余，另一为蹲坐的姿势，高 35 厘米余（图一三、图一四）。两人双手均交接于胸前，一人面部清晰，左眼略残，头顶有两个小突。另一人头顶挽髻。面部造型奇特。一般认为这两尊石像属于红山文化。因为是地表采集，没有地层根据。如果从形态演变规律来看，虽然比白音长汗的石像进步多了，但比后述红山文化的石像还差得多。倒是与河北滦平后台子的石像比较接近，有可能属于赵宝沟文化。

后台子的下层发现了 6 件石雕像，刘国祥论证属于西寨文化，与赵宝沟文化年代相当，文化面貌也有相近之处。6 件石雕像都是裸体，其中 4 件鼓腹，双手抱腹，似为孕妇。下身交代不大明确，似为蹲坐。2 件为跪坐，两手扶膝。前者高 30 余厘米，后者稍低（图一五）。

图一四　那斯台遗址
采集石雕人像

图一五　后台子遗址下层出土
石雕人像

　　动物形象的艺术造诣主要在黑陶尊的刻划纹上面。例如在内蒙古敖汉旗小山遗址出土的一件黑陶尊的腹部，用非常纤细而均匀的线条刻划出"神鹿""神猪""神牛"和"神龙"，线条之灵活多变，简直如行云流水。每种生灵都在似像非像之间，给人以神秘莫测的感觉。这种黑陶尊在小山、南台地和赵宝沟已经发现多件，风格完全一致，内容则以神鹿纹为主（图一六～图一八）。

图一六　南台地遗址
出土陶尊

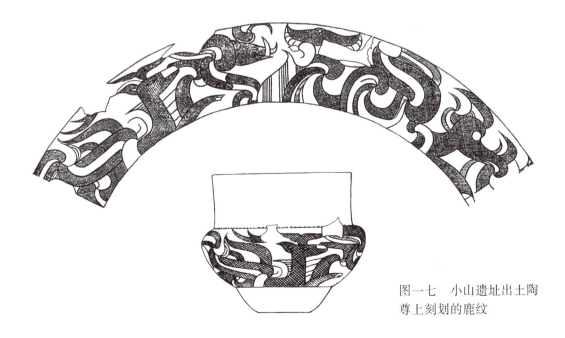

图一七　小山遗址出土陶
尊上刻划的鹿纹

图一八　南台地遗址出土陶尊及其刻划纹

三　北福地文化

在河北易县北福地一期出土大量陶假面具，数量达 145 件之多，完整或可以复原的也有十几件（图一九）。多数出于房址地面，少量出于灰坑中。一般用直筒罐腹壁改制而成，只有一件是用薄石片制成。因为个体较大，周围又有系绳的穿孔，很可能是实际使用的，是举行巫术仪式的道具。

图一九　北福地遗址一期文化陶假面具

四　后李文化、顺山集文化和双墩文化

这几个文化遗存都不丰富，艺术品更少。后李文化分布于山东省，顺山集文化分布于江苏北部和安徽交界的地方，双墩文化分布于安徽蚌埠。三者都发现有陶塑人面。后李文化的陶塑人面出土于章丘西河遗址，五官明确，眼眉上翘呈倒"八"字形，头顶呈尖锥形，似为发髻（图二〇）。顺山集出土的两个陶塑人面均为圆头形，两眼镂空，似人似猴，做得比较粗糙（图二一）。但都比兴隆洼文化的人面形牌饰更接近真实。

图二〇　章丘西河遗址采集陶塑人面

图二一　顺山集遗址出土陶塑人面

图二二　双墩遗址出土陶塑人面

安徽蚌埠双墩文化是继承顺山集文化发展起来的，那里也发现了一个陶塑人面，形象接近真实，面部两边有表示文面的许多小点（图二二）。

五　河姆渡文化

浙江余姚河姆渡遗址第二、三期分别出土小型陶塑人头，做得很草率，好像是给小孩子捏的玩具（图二三）。河姆渡文化的动

图二三　河姆渡遗址出土陶塑人头

物艺术则比较发达，且多用刻画纹表现。主要刻在陶器上，也有刻在木器、骨器或象牙上的。内容主要是猪、鹿和鸟。见于浙江余姚河姆渡和附近的田螺山遗址。河姆渡有多件陶钵上刻画猪纹（图二四），有一件陶盆上更刻画出稻熟猪肥的丰收景象。有一件象牙"蝶形器"上刻画双凤朝阳，是一幅不可多得的浪漫主义的作品！还有鸟头长尾的骨匕。田螺山是一个中心聚落，房屋建筑规格高，每根木柱都是 40 厘米见方，那原木该有多大！房屋的木构件都很大气。有窗棂，有多件高水平的木刻，其中有两件带轴的大型木板，上面刻画一头似鹿非鹿的动物，上下

图二四　河姆渡遗址出土陶钵上刻画的猪纹

用树叶纹镶边（图二五）。田螺山出土一件陶盉，顶部为龟背形，满背刻画排列有序的稻谷纹；腹部刻画三猪二鹿，猪向右走，鹿向左走，相向而行，不知有何寓意。真是一件不可多得的艺术珍品（图二六）。河姆渡还有少量陶塑的猪、羊、鱼等小品，艺术水平不高，可能是小孩子的作品（图二七）。另有一件陶塑怪兽，满身刻画几何纹，也非常奇特（图二八）。

图二五　田螺山遗址出土木构件上刻画的动物纹

图二六　田螺山遗址出土刻画稻谷纹、猪纹和鹿纹的陶盉

图二七　河姆渡遗址出土猪、鱼、羊等小型陶塑

图二八　河姆渡遗址出土陶塑怪兽

参照一

　　在黎凡特地区新石器时代早期纳吐夫文化的耶利哥遗址中，发现有在人头骨上敷泥用海贝嵌入眼窝的标本（图二九）。在耶利哥附近的 Ain Ghazal 遗址更发现了约公元前 6700 年的 12 个泥塑裸体人像，每个高约 1 米。旁边还有 13 个泥塑半身像（图三〇、图三一）[1]。

　　在安纳托利亚著名的恰塔尔休于遗址出土一件非常著名的陶塑女神坐像（图三二）。她有着肥硕的身躯，端坐在有豹子形扶手的座椅上，与赤峰博物馆收藏的兴隆洼文化的石雕女性坐像有着异曲同工之妙。

图二九　耶利哥遗址出土泥敷人头

图三〇　耶利哥附近 Ain Ghazal
遗址出土泥塑人像

---

〔1〕　Bruce D. Smith，1995. *The Emergence of Agriculture*，Scientific American Library. New York，p. 80.

图三一　耶利哥附近 Ain Ghazal
遗址出土泥塑人像

图三二　土耳其恰塔尔休于遗址出土陶塑女神坐像

第二章　发展期

发展期是人体艺术发展并臻于完善的时期，资料比较分散，主要集中于中原偏西的仰韶文化和燕辽地区的红山文化，其他地区比较少。

一　仰韶文化

仰韶文化分布于中原的大部分地区，是一支处于核心地位的强势文化。本身又可以分为早中晚三期，或再加上一个末期。就人体和动物艺术而言，主要见于早期的半坡类型，中期和晚期仅有很少的资料。

（一）早期

仰韶文化早期有半坡类型、后冈类型、东庄类型、鲁家坡类型和下王岗类型等，而人形和动物纹艺术主要见于半坡类型，位置比较偏西。后冈类型中仅见人形和几种动物形象的摆塑。

半坡类型的分布范围主要在陕西的渭水流域和汉中盆地，西及甘肃东部。本身又可分为早晚两期，晚期有时称为史家类型，在这种情况下半坡类型就专指早期。

半坡类型的人体和动物形艺术有多种表达方式，包括彩画、线刻画、陶塑和仿生陶器等。彩陶中流行的人面纹主要见于渭河流域的西安半坡和临潼姜寨，以及汉中盆地的西乡何家湾和南郑龙岗寺等处。但渭河流域与汉中盆地的艺术风格略有不同。鱼纹则仅见于渭河流域的半坡和姜寨。

1. 渭河流域

半坡和姜寨的人面纹和鱼纹主要画在陶盆上（图三三～图三六），作为埋葬婴儿的瓮棺盖子的陶盆则都画在盆内。一般画两个相互对称的人面纹，两者之间则画两个鱼纹，也相互对称。个别的则以渔网纹代替鱼纹。此外还有个别陶盆和圜底罐外面画一个人面纹的。所有人面纹都为圆形，双目紧闭，仅姜寨有一个睁眼的

图三三　半坡遗址出土人面纹彩陶盆　　　　图三四　半坡遗址出土鱼纹彩陶盆

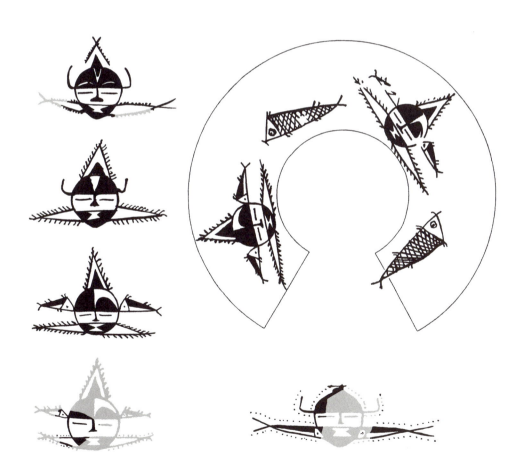

图三五　半坡遗址出土陶器上的人面纹

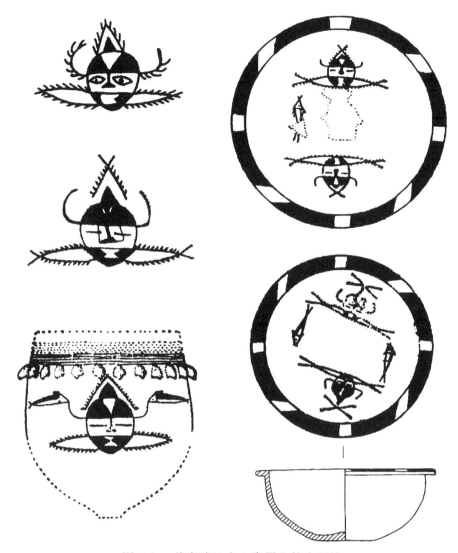

图三六　姜寨遗址出土陶器上的人面纹

例子。前额涂黑，头顶戴尖帽，两耳画一对鱼或一对弯钩上翘。嘴两边伸出两条小鱼或两个毛茸茸的东西。总体给人以神秘感（图三七）。

　　半坡遗址发现人面纹彩画之初，有人推测画的是蚩尤的形象，有人认为是金龟子，后来又有人认为是婴儿头刚露出母体的形象。其实通观全部人面纹，表现方式和具体细节虽略有不同，面部却无例外都为圆形，可以说是高度模式化的，而真正的人面没有一个是正圆的。我倒是倾向于画的是巫师作法时使用的面具。面具可以根据需要画出不同的表情，也可以加上不同的装饰。可见这种人面纹不

是单纯的艺术品，还应该具有一定
的宗教含义。

　　陕西洛南县出土一件小口瓶，
口部塑成一个人头，五官齐备，像
一个女人仰头朝远方张望，又好像
在沉思的样子。是一件高水平的艺
术品（图三八）。洛南县位于陕西
东南的洛河上游，北距渭河不远，
文化上还是属于半坡类型渭河圈的
范围。

2. 汉中盆地

　　汉中盆地人面纹的风格跟渭河
流域的有所不同。何家湾的人面纹
虽然也画在陶盆内，但这些陶盆没
有做瓮棺的盖子。其中一个盆内有
五个人面纹，盆底一个较大，周围
四个相互对称。另一个陶盆因底部
残缺，仅剩周围四个人面纹，原本
也可能是五个。前者所画圆形人面
没有装饰，后者头顶则有毛茸茸的
尖帽。两个陶盆里面都没有画鱼纹
或其他装饰。还有一件盆内底画一
个圆形人面，头顶一侧画一角状束
发（图三九）。

　　龙岗寺一件尖底罐上面画了两
排各六个人面纹，总共有 12 个之
多。每个人面都是圆形，没有装
饰。有趣的是无论从左右看还是从
上下看都是一个睁眼一个闭眼，两
两相间。人面纹下面则有一圈莲花
瓣承托（图四〇）。

　　龙岗寺有一件细颈壶，口部捏

图三七　姜寨遗址出土人面纹陶罐

图三八　洛南出土陶细颈瓶上的人头像

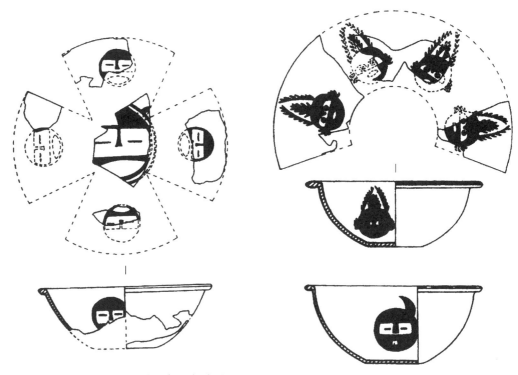

图三九　何家湾遗址出土彩陶盆内的人面纹

图四〇　龙岗寺遗址出土彩陶罐上的人面纹（右为展开图）

塑成人头形，是半坡类型早期所见唯一的陶塑人头。面部因为太小，略具其意而已（图四一）。

　　半坡类型的动物花纹中有很多鱼纹，其次有鸟纹、蛙纹、鹿纹和鱼鸟合纹等。鱼纹的形象变化多样，却都不画鱼鳞。主要画在深腹盆的外壁（见图三四），也有画在尖底罐上的。蛙纹、鹿纹和有鳞鱼纹都画在瓮棺盖内壁（图四二、图四三）。临潼姜寨还发现一件陶塑动物，比较粗糙，不知道是什么动物（图四四）。

图四一　龙岗寺遗址出土陶细颈壶上的人头像

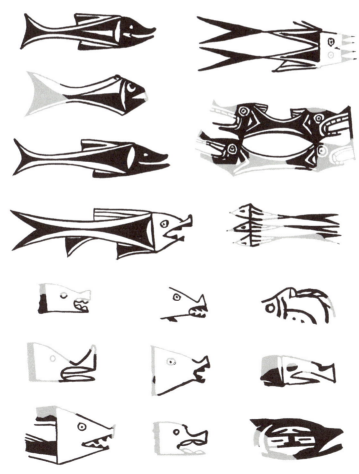

图四二　半坡遗址出土彩陶上的鱼纹

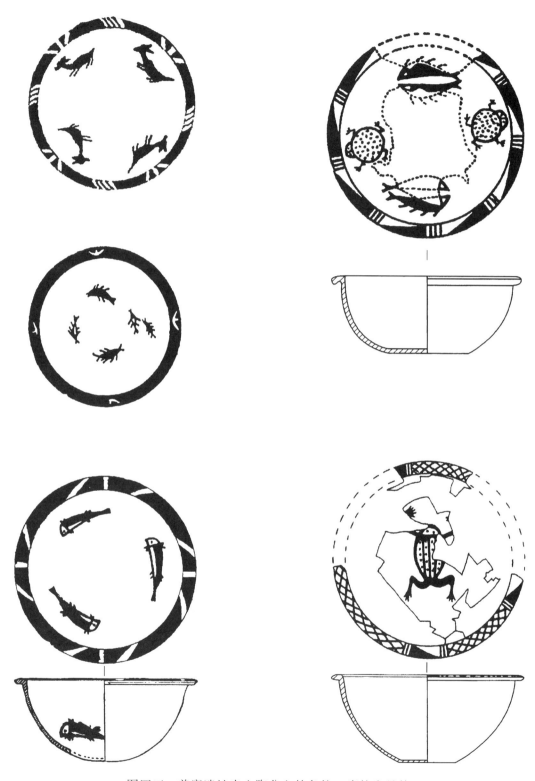

图四三　姜寨遗址出土陶盆上的鱼纹、鹿纹和蛙纹

（二）史家类型

半坡类型晚期或称为史家期，这时各种艺术的风格都有很大变化，总体上趋于活泼流畅。人面纹的风格也是如此。发现于甘肃正宁东坪和陕西临潼马陵的葫芦瓶上都满画人面纹，一个是大鼻子，面带笑容；一个龇牙咧嘴，怒目圆睁（图四五、图四六）。跟早期人面纹毫无表情的情况完全不同。更有趣的是在西乡何家湾发现一个骨筒，上面刻画三个人面三种表情，一个大鼻子面带笑

图四四　姜寨遗址出土陶塑动物

图四五　陶葫芦瓶上的人面纹
上：正宁东坪　下：临潼马陵

图四六　临潼马陵遗址出土陶葫芦瓶

图四七　何家湾遗址出土刻画三个人面纹的骨筒

图四八　何家湾遗址出土刻画三个人面纹的骨筒

容，一个龇牙咧嘴怒目圆睁，另一个则一副十分悲哀的样子，眼睛都哭得肿起来了（图四七、图四八）。前两个跟葫芦瓶上面的彩画人面纹非常相像，可能是同一位工匠的作品。这个骨筒只有 4 厘米余高，当时没有金属工具，而骨头的硬度又是相当高的，在这么一个硬度很高的小小圆柱体上进行刻画，刻出的线条却是那样纤细，均匀流畅。三个人面都用夸张的手法把人的喜怒哀乐表现得淋漓尽致，作者应该是一位技艺高超的艺术天才，在当时那种条件下竟然能做出如此珍贵的作品。

　　何家湾还出土了一件骨雕人头，各部位的比例适当，也是一件不可多得的艺术珍品（图四九）。

　　史家类型的动物艺术仍然以鱼纹为主，也有鸟纹和鱼鸟合纹。纹样流畅活泼，一扫半坡类型早期那种循规蹈矩、一丝不苟的严谨作风（图五〇、图五一）。

图四九　何家湾遗址出土骨雕人头

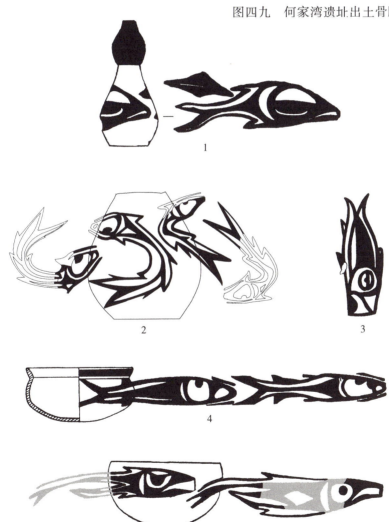

图五〇　史家类型的鱼纹
1、5. 姜寨　2. 王家阴洼　3. 临潼马陵　4. 龙岗寺

图五一　史家类型的鱼鸟合纹
1、2. 姜寨　3. 北首岭　4. 武功游凤

（三）后冈类型

这个类型分布于河南北部和河北南部。目前仅见濮阳西水坡的摆塑艺术。其中 45 号墓人体左右用贝壳摆塑龙和虎的形象，似乎是后世东青龙西白虎信仰的源头（图五二）。在该墓的南面还有几组贝壳摆塑的动物形象（图五三）。

图五二　西水坡遗址
45 号墓（北—南）

图五三　西水坡遗址
45 号墓南面用贝壳摆
塑的动物形象

（四）泉护类型

泉护类型分布于渭河流域，是继承史家类型发展起来的。其人形艺术种类有多样化的倾向。动物形艺术则以鸟类为主，包括鹰、猫头鹰和不知名的鸟类。还有蛙、蜥蜴、鲵和龙等。

甘肃秦安大地湾出土的一件彩陶小口瓶，口部塑成一个人头形，五官比例适当，头发下披，额部头发则不知用什么法子剪短了，既方便又美观（图五四）。陕西临潼邓家庄出土一件小型胸像，五官清晰，头戴软帽，颇有精神（图五五）。陕西高陵杨官寨和山西吉县沟堡各出土一件器台，在一面镂刻出一个人面，非常别致（图五六、图五七）。杨官寨还出土一件陶盘底部有一完整的人面，两颊微鼓，

图五四　大地湾遗址出土人头形彩陶小口瓶

图五五　邓家庄遗址出土陶塑戴帽胸像

图五六　沟堡遗址出土陶器台

图五七　杨官寨遗址出土陶器台

也很别致（图五八）。扶风姜西村出土一件夹砂陶罐的口部残片，上面有一个捏塑的人面（图五九）。陕西黄陵县出土一件陶塑人头，口部大张，是一件写意的作品，年代可能稍晚（图六〇）。安康柳家河出土一件陶塑人头，为一中老年男子形象（图六一）。宝鸡博物馆有一件当地出土的小口尖底瓶的口部，口外各塑出两个男根和两个女阴，很是特别（图六二），是否象征生殖崇拜也很难说。

　　泉护类型的动物艺术以鸟类为主，还有蜥蜴等。泉护遗址和附近的太平庄出土的鹰鼎和猫头鹰器盖，造型优美，是不可多得的工艺品（图六三、图六四）。泉护还有一件彩陶盆画上一个鸟首飞龙纹，非常奇特（图六五、图六六）。秦安大地湾遗址出土的蜥蜴纹陶瓶，蜥蜴弯身灵动，头部拟人（图六七）。

图五八　杨官寨遗址出土陶盘底部人面

图五九　扶风姜西村出土夹砂陶罐上
　　　　捏塑的人面

图六〇　黄陵县出土陶塑人头

图六一　柳家河遗址出土陶塑人头

图六二　宝鸡出土小口尖底瓶口部陶塑

图六四　泉护遗址出土猫头鹰陶器盖

图六三　太平庄出土陶鹰鼎

图六五　泉护遗址出土彩陶盆上的鸟纹

图六六　泉护遗址出土鸟首飞龙纹彩陶盆　　　　图六七　大地湾遗址出土蜥蜴纹陶瓶

图六八 阎村遗址出土瓮棺上画的
钺鹳鱼组合图

（五）阎村类型

阎村类型大致与泉护类型同时，分布于伊洛流域。那里流行一种直筒形陶缸的瓮棺葬。因为首先发现于伊川县，故被称为伊川缸。人体和动物艺术主要发现在河南汝州的伊川缸上。其中汝州阎村的一座大型瓮棺葬上面画了一幅钺鹳鱼组合图（图六八），可能是表现一个重大的故事，我曾写了一篇《鹳鱼石斧图跋》。汝州洪山庙一个大合葬墓中埋了一百多个瓮棺，许多瓮棺上有彩绘。其中一个画的似乎是面具，另一个画裸体人下蹲的样子，由于瓮棺上部残缺，人体也仅剩下半身了（图六九）。还有一个瓮棺上面画了人、鸟、龟等，好像是要表现一个故事，只是画得太草率了（图七〇）。

图六九 洪山庙遗址 1 号合葬墓中瓮棺上画的人面纹（左）和裸体人形纹（右）

图七〇　洪山庙遗址 1 号合葬墓中瓮棺上画的人追逐龟纹

二　红山文化

红山文化因内蒙古赤峰郊区的红山而得名。主要分布在内蒙古东南的赤峰地区和辽宁省西部的朝阳地区。从兴隆洼—赵宝沟到红山文化应该是一脉相承的，但红山文化明显受到了仰韶文化的影响。这个文化的中心在大凌河上游的牛河梁。比较仰韶文化和红山文化，二者明显有不同的风格。仰韶文化多彩绘，人体艺术以人面和人头为主，特别注意表情的变化。红山文化多陶塑，人体艺术以整体人形为主，且多裸体，重视肌肉感，艺术水平高于仰韶文化。在整个史前人体艺术中也是水平最高的。红山文化的动物艺术似乎继承了赵宝沟文化的龙形传统，有玉猪龙或熊龙，还有天鹅、猫头鹰和龟等。

（一）　牛河梁

牛河梁是一处低山丘陵，地处凌源、建平和喀左三县市之交。在大约 50 平方千米的范围内发现有多处积石冢、祭坛等遗迹，东北部分的山台上有多座房屋遗迹，其南面有一座"女神庙"。整个遗址中遗迹的编号将近 50 处。规模之大和规格之高前所未见，明显是红山文化的中心。在牛河梁的第 1、2、3、5、13 和 16 地点等多处都发现有人体形状的雕塑，有泥塑、陶塑和玉雕等。尤以第 1 地点"女神庙"中的泥塑最为突出。

1. "女神庙"的塑像

所谓"女神庙"是一个通俗的说法，那座建筑是不是庙，里面的泥塑人像是不是神，是不是都是女性，都是难以确定的。它是一个半地穴式的建筑，样式奇特，平面看起来好像一只展翅翱翔的飞鸟。壁面有戳印纹饰的条带和彩绘等装饰（图七一）。从各种迹象看地面以上还应该有较高的墙壁，否则那些巨大的塑像怎

图七一　牛河梁遗址女神庙全景图

么立起来呢？为了保护，这座建筑至今还没有清理完毕，如果全部发掘，应该还会有更多的发现。

在女神庙中发现有许多泥塑人像的残件，至少属于 6 个人像的个体，还有熊和鸮的泥塑，个体都很大，可惜都非常残破，仅有一个人头还保持完整。按照比例推算，最大的人像应相当于真人的三倍。这些塑像都是贴在墙壁上的，其中一个完整人头的后部有清楚的贴附的痕迹（图七二～图七四）。

图七二　牛河梁遗址女神庙泥塑人头
　　　　及出土情况

图七三　牛河梁遗址女神庙泥塑人头
　　　　贴墙壁的情况

图七四　牛河梁遗址女神庙出土泥塑熊吻、熊爪、鸟翅和鸟爪

图七五　牛河梁遗址第 1 地点灰坑中
出土陶塑人像

2. 第 1、3 地点的陶塑和泥塑人像

女神庙所在就是第 1 地点，旁边的一个灰坑中发现有一个小型人头像，样子似乎有点像猴（图七五）。

在第 3 地点发现一块人脸的残件，丰满的脸蛋富有肉感，鼻子和嘴唇简直惟妙惟肖，可惜只剩了一个残块（图七六）。

3. 第 5 地点

在第 5 地点出土的全身泥塑是一件艺术珍品。全身裸体，但性征不甚明确，难辨男女。脚穿一双高筒靴。身体各部位表

现得十分准确，显得壮实，肌肉丰
满，可惜缺乏头部（图七七）。该地
点 M1 还出土两件玉龟，形象写实，
刻画了头、尾和四足（图七八）。

4. 第 16 地点

在第 16 地点的积石冢中有一个
大墓（M4），其中随葬了许多玉器，
包括一个天鹅和一个完整的玉人
（图七九、图八〇）。玉人裸体直
立，双足并拢，两臂弯肘紧贴于胸
前。另一个墓内还发现了玉鸟，造

图七六　牛河梁遗址第 3 地点出土陶人面残部

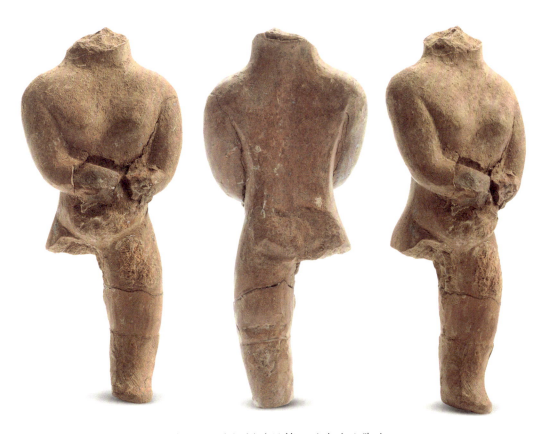

图七七　牛河梁遗址第 5 地点出土陶人

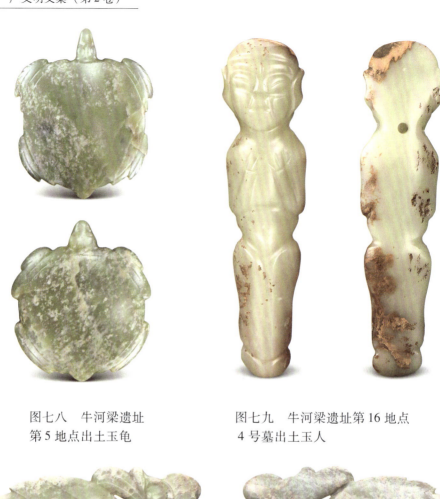

图七八　牛河梁遗址
第5地点出土玉龟

图七九　牛河梁遗址第16地点
4号墓出土玉人

图八〇　牛河梁遗址第16地点4号墓头顶出土玉天鹅

型简练，在辽宁阜新胡头沟积石冢也发现了风格类似的玉鸮，刻画更加精细（图八一）。该地点积石堆积内还发现玉龟，造型简略，用精简的手法表现出蜷足、缩尾、伸颈（图八二）。还发现一只陶手的残件，指甲盖都做得十分清晰（图八三）。

　　牛河梁遗址发现的红山文化玉熊龙，造型特别，工艺精美（图八四）。同类器物还有翁牛特旗三星塔拉遗址出土的"C"形玉龙，个体较大，打磨精细，栩栩如生（图八五）。

图八一　红山文化玉鸟、玉鸮
左：牛河梁遗址第 16 地点 2 号墓出土玉鸟　　右：胡头沟积石冢出土玉鸮

图八二　牛河梁遗址第 16 地点积石
堆积内出土玉龟

图八三　牛河梁遗址第 16 地点 Z1
西墙出土残陶手

图八四　牛河梁遗址采集玉熊龙

图八五　三星塔拉出土玉龙

（二）喀左东山嘴

东山嘴就在牛河梁附近，在一个小山头上发现有祭坛，可能也有积石冢。在那里发现有多个陶塑偶像。有的肚子鼓起，像怀孕的妇女（图八六）；有的盘腿而坐，有的好像坐在某种墩子上。所有偶像都是裸体的，可惜都不完整（图八七）。

图八六　东山嘴遗址出土陶塑孕妇像

图八七　东山嘴遗址出土陶塑双腿盘坐人体残件

（三）敖汉旗四家子和兴隆沟

内蒙古敖汉旗有多处红山文化遗址，是红山文化的另一个中心。在该旗四家子草帽山一座较大的积石冢中发现有一个完整的石刻人头像。另外还有两个石刻头像的脸部残片。这个石刻头像的五官端正，头上挽髻。眼睛微闭，似乎在思考什么问题，很是传神，是一件不可多得的艺术珍品（图八八）。

最重要的发现是在兴隆沟第 2 地点一个环壕聚落中，当地农民偶然在一座房子里发现了许多陶人的碎片。拼对起来是一个完整的人形。此人同样全身裸体，头上挽髻，盘腿而坐，双手相握于下腹前。眼睛圆睁，口部张开，似乎在讲述什么事情，或进行某种巫术活动（图八九）。

（四）通辽南宝力皋吐

这里有一个环壕聚落，文化遗物中有部分红山文化因素，年代应该晚于红山文化。出土一件陶壶上面捏塑成一个人形，只是没有下身（图九〇）。

三 北庄文化

山东长岛北庄是一个较大的聚落遗址，北庄一期文化面貌相当于大汶口文化早期。遗址中出土一件泥塑人面，背面粗糙，可能是附着于墙壁上的，与牛河梁女神庙的情况相似，只是规格较低（图九一）。北庄还出了一个鸟鬶，很像浮游在海面的水鸟，十分别致（图九二）。

图八八　草帽山遗址出土石雕人头像

图八九　兴隆沟遗址第 2 地点房址
内出土陶塑人像

图九〇　南宝力皋吐遗址出土陶壶　　　　图九一　北庄遗址出土泥塑人面

图九二　北庄遗址出土陶鸟鬶

四　马家浜文化和崧泽文化

马家浜文化和崧泽文化都分布于上海、江苏南部和浙江北部，人形艺术都不甚发达。嘉兴马家浜一件残陶器的耳上刻画了一个人面，跟真人面颇为接近（图九三）。桐乡罗家角出土一件整体人形的陶塑，但十分粗糙（图九六）。上海青浦崧泽墓地下层出土一件马家浜文化的陶猪（图九四），墓中出土的一件陶盖上刻塑出一个人面形（图九五）。浙江嘉兴大坟遗址出土一件人头陶瓶，但人头甚小，略具其意而已（图九七）。

五　大溪文化

大溪文化分布于湖北、湖南和重庆的交接地带。人形雕塑比较发达。湖北秭归柳林溪出土一件黑石雕裸体坐像，头顶挽髻，双手贴胸，双肘置膝上，神态自若。是一件不可多得的艺术珍品。年代应属大溪文化或略早（图九八）。

大溪文化还有几件石雕，其中一件为1959年在四川巫山大溪遗址的64号墓出土的牌饰，高6厘米。系黑色火山岩两面雕刻人面，顶上有两个穿孔以便穿挂（图九九）。

在大溪遗址附近的巫山人民医院遗址出土一个石雕人像，好像是母亲背着小孩的样子（图一〇〇）。这两个遗址之间还有一个大溪文化的遗址也出土石雕像，为椭圆形，中间有点像人，但很简陋。

图九三　马家浜遗址出土
人面形陶器耳

图九四　崧泽墓地出土
马家浜文化陶猪

图九五　崧泽墓地出土
人面陶盖

图九六　罗家角遗址出土陶塑偶像

图九七　大坟遗址出土崧泽文化人头陶瓶

图九八　柳林溪遗址出土石雕坐像

图九九　大溪遗址 64 号墓出土石牌饰　　　图一〇〇　巫山人民医院遗址出土石雕像

参照二

在西亚、中亚、南亚和东南欧的
史前文化中常有泥塑、陶塑或石雕的
人体艺术品出土。其中有的特别突出
乳房和臀部，明显表示女性的特征，
但也有不少性别不明的。多数人像缺
乏头部，看不出有任何表情。这跟中
国史前人体艺术是大不相同的。

1. 西亚

在西亚伊拉克萨拉卜遗址出土的
陶塑妇女像乳房和臀部特别突出，一
看便知是成年的妇女，但都不见头
部，也许原来是用有机物做的，早已
腐烂不存了（图一〇一）。伊拉克耶

图一〇一　伊拉克萨拉卜遗址出土
陶塑妇女像

里姆 2 号土墩出土人形陶扁壶，甚为别致，还有妇女陶塑，都属哈拉夫文化
（图一〇二）。欧贝德文化的陶人全身直立，跟特里波列文化的陶塑人像颇为相

图一〇二　哈拉夫文化陶塑妇女像

图一〇三　伊拉克欧贝德文化陶人

似[1]（图一〇三）。

2. 南亚

在南亚巴基斯坦俾路支省 Mehrgarh 主丘出土的陶塑妇女像，整个姿态跟萨拉卜遗址所出十分相似，只是乳房和臀部没有那么突出。其年代为公元前四千纪中后期（图一〇四）[2]。公元前 2700 年以后印度河文明出土的陶塑妇女像与之前的一脉相承（图一〇五）。

3. 中亚

中亚土库曼斯坦亚兰伽其土墩位于阿什哈巴德附近的安诺遗址东南约 180 千米，是格阿克苏尔系列土墩遗址之一。其中出土了 35 件妇女像和牛、羊、狗等动物的陶塑。妇女像为坐姿，乳房和臀部突出，跟伊拉克和巴基斯坦所出相似，只

---

〔1〕　杨建华：《两河流域：从农业村落走向城邦国家》，科学出版社，2014 年，63、120、126 页。

〔2〕　Maurizio Taddei, 1979, *South Asian Archaeology – 1977*, Volume 1, Naples, p. 463.

图一○四　巴基斯坦俾路支省 Mehrgarh 出土陶塑妇女像

图一○五　印度河流域陶塑人像（公元前 2700～前 2500 年）

是身上还有圆圈形彩绘，是不可多得的艺术品（图一〇六）[1]。

4. 东欧

　　在东欧的乌克兰有发达的特里波列文化。据 T. S. 帕谢克研究，该文化可大致分为三期，每期都发现过一些陶塑或泥塑人像。其中在布格河地区的符拉基米罗夫克是该文化中较大的聚落遗址，曾经发掘过 352 座房址，围成重环形状。在属于特里波列文化中期的底层中出土了彩绘陶偶的半身像。其一五官明确，脸部涂红，后背披长发。另一个十分抽象，两眼和两肩处穿孔，可能是系在某种物体上的（图一〇七）[2]。

　　不过特里波列文化的陶偶大多数是直立的姿势，双足并拢（图一〇八）。例如罗马尼亚博托沙尼县（Botoşani）德拉古谢尼村（Drăguşeni）出土的早期陶偶和亚姆茨县（Neamt）格拉耶斯蒂（Gheláieşti）遗址出土的晚期陶偶都是如此（图一〇九）。

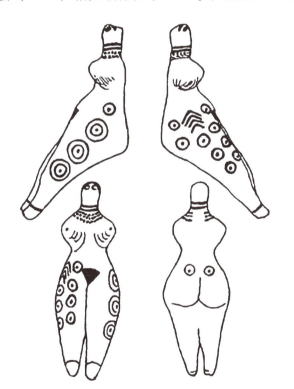

图一〇七　乌克兰符拉基米罗夫克落遗址出土

图一〇六　土库曼斯坦亚兰伽其遗址出土陶塑妇女像
（约公元前 3500 年）

〔1〕　I. N. 赫洛宾：《铜石并用时代的阿克苏尔居址群》，苏联科学出版社，1964 年（俄文版）。
〔2〕　T. S. 帕谢克：《特里波列文化的分期》，苏联科学出版社，1949 年，彩版第 7 页（俄文版）。

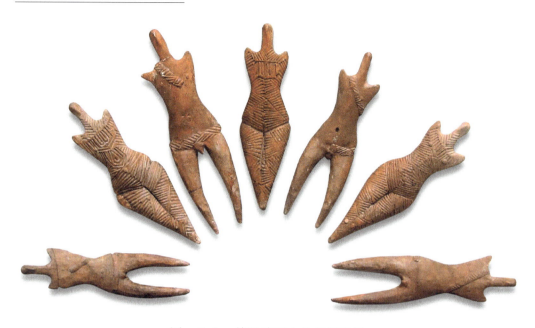

图一〇八　特里波列文化早期陶偶

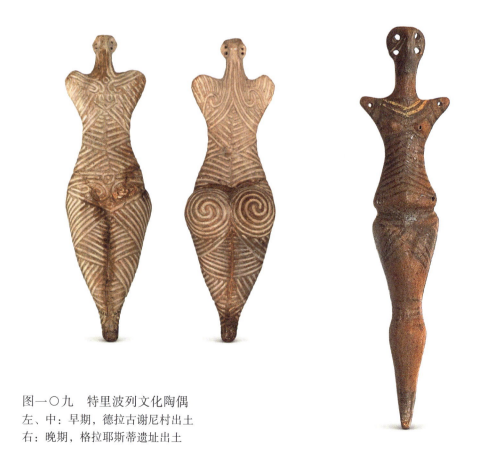

图一〇九　特里波列文化陶偶
左、中：早期，德拉古谢尼村出土
右：晚期，格拉耶斯蒂遗址出土

第三章　繁荣期

　　繁荣期有两层意思，一是内容和风格的变化，二是分布地域的转移。内容方面多模式化，与真实人体明显有距离。材质高档化，以玉雕为主，陶质其次，基本上不用彩绘。在分布地域上有向南转移的趋势，见于江淮地区的凌家滩文化，其次是崧泽文化和良渚文化。黄河流域在仰韶文化晚期则更加偏西，主要分布于甘肃和青海东北部。燕辽地区则几乎不见了。

一　大汶口文化

　　大汶口文化分布于山东、江苏北部、安徽北部和河南东部，是一个很发达的文化，手工业技术水平比仰韶文化和红山文化都高，但人体艺术并不发达。滕州岗上村出土一个玉人面牌饰（图一一〇）。在栖霞杨家圈也发现一个大汶口文化晚期的陶塑人头，做得比较粗糙（图一一一）。大汶口文化的动物艺术主要是陶牺尊，包括狗鬶和猪鬶等，做工都很讲究（图一一二）。

图一一〇　岗上遗址出土玉人面　　　　　图一一一　杨家圈遗址出土陶人头

图一一二　三里河遗址 M267 出土陶狗鬶

二　凌家滩文化

这个文化分布于安徽东部，中心聚落是含山凌家滩。遗址北部的墓地中有两座较大的墓葬出土玉雕人像。一座在南部正中的大墓区，出土三个站立的玉人（87M1）；一座在南部偏西，出土三个坐着的玉人（98M29），六个人装束完全相同。都是裸体，嘴有胡须，当为男性。各人头戴"介"字形帽，耳佩玉玦，腰系宽带。双臂各佩一大串臂环，同时上屈开掌贴于胸前。每个玉人都很扁薄，背后有一对隧孔，当为穿缀在织物上的。可能是巫师作法时使用的道具（图一一三～图一一五）。出土三个坐姿玉人的墓中还有一只非常特殊的玉鹰，其头部侧向，双翅张开，翅膀末端却雕刻成两个猪头。身体部位刻出两个同心圆，两圆之间雕刻八角星纹（图一一六）。这样奇特的造型可能也是用作进行巫术活动的道具。此外，还出土玉龙、玉兔形梳背与虎头璜等（图一一七～图一一九）。

三　良渚文化

继承崧泽文化的良渚文化则别具一格，在高档的玉器上往往刻画出高度模式化的神人兽面纹。此外仅在南京浦口营盘山发现一件面带微笑、头戴软帽的陶人

图一一三　凌家滩遗址出土玉人
左：98M29　中、右：87M1

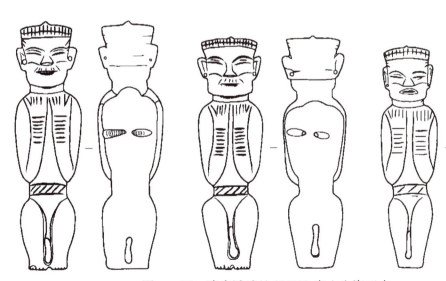

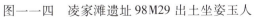

图一一四　凌家滩遗址 98M29 出土坐姿玉人

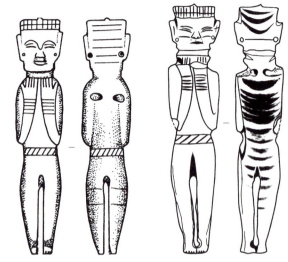

图一一五　凌家滩遗址87M1出土立姿玉人

图一一六　凌家滩遗址98M29出土玉鹰

图一一七　凌家滩遗址出土玉龙

图一一八　凌家滩遗址出土玉兔形梳背

图一一九 凌家滩遗址出土玉虎头璜

头（图一二〇）。良渚文化刻画神人兽面
纹的玉器有琮、璧、钺、柱形器、梳背和
三叉形器等，以玉琮为主。例如一件最大
的玉琮四面各刻画两个神人兽面纹，每个
人头戴大帽，两臂平抬，臂肘往内拐。胸
部有一个兽面纹护胸，或解释为神人骑在
虎背上。满身饰云纹或是表示皮甲。口中
的牙齿和手上的指甲盖都刻画出来了。可
是整个神人兽面纹不到 3 厘米见方，简直
就是高水平的微雕作品（图一二一、图一

图一二〇 营盘山遗址出土良渚文化陶人

图一二一 反山墓地 12 号墓出土大玉琮

图一二二　反山墓地 12 号墓出土大玉琮上的神徽或神人兽面纹

二二）！良渚文化的这种神人兽面纹还有各种不同层次的简化作品，整个良渚文化分布地区的贵族墓中都有随葬，是良渚文化唯一的宗神，再没有别的人像作品了（图一二三~图一二六）。

图一二三　瑶山墓地出土玉牌饰上刻画的简化神人兽面纹

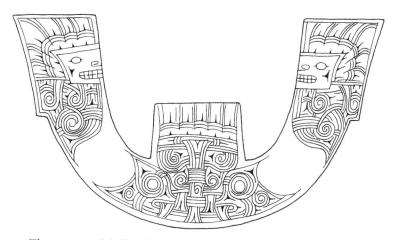

图一二四　瑶山墓地出土玉山形器上刻画的简化神人兽面纹

图一二五　反山墓地出土镂雕玉梳背上刻画的简化神人兽面纹

图一二六　良渚文化礼服上穿缀的各种玉饰

四　石家河文化

这个文化因湖北天门石家河遗址而得名，主要分布于江汉平原，中心就在石家河。那是一个以石家河古城为中心的聚落群。城外的肖家屋脊出土的一件陶罐上用细线刻画着一个武士的形象，他头戴花翎帽，腰围短裙，脚穿高筒靴，右手高举一把石钺或玉钺，俨然是一位军事领袖的样子。可惜刻画过分草率，但毕竟是一件难得的作品（图一二七）。城内西北角的邓家湾有几个灰坑中出土了大量陶塑动物和人体偶像。因为火候太低，绝大部分都破碎了，估计原本有几千件之多。能够看出形状的也有几百件，其中人偶有十几件。有的头戴软帽，身穿长袍，双手抱一条大鱼并跪坐着，好像在进行祈祷。有的人好像在跳舞，有的背着什么东西，姿态多种多样，十分难得（图一二八～图一三○）。

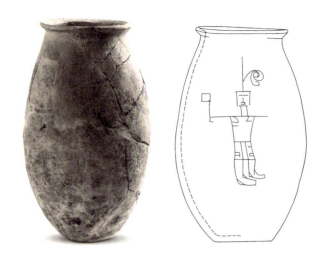

图一二七 肖家屋脊遗址出土陶罐上刻画的武士像

图一二八 邓家湾遗址出土陶塑动物

图一二九　邓家湾遗址出土陶塑动物

图一三〇 邓家湾遗址出土陶塑人偶

五 仰韶晚期和马家窑文化

　　仰韶文化晚期很少见到人体艺术品，仅在陕西扶风案板二期遗存中发现九件陶塑小人。多数仅头部略呈人形，一件头上歪戴平顶帽，有两件虽然缺头和手臂，上身还算完整。乳房和肚脐突出，似有女性特征（图一三一）。

　　甘肃庆阳南佐遗址出土的小型陶人头，头顶挽了一个很高的发髻，值得注意（图一三二）。天水柴家坪出土的陶人面，可能是附贴在某件陶器上的（图一三三）。而礼县高寺头遗址出土的陶人头，头发是否剪掉了不大清楚，从额际到后脑

图一三一　案板二期出土陶塑小人

图一三二　南佐遗址出土陶塑人头　　　　图一三三　柴家坪遗址出土陶塑人面

勺装饰了一串珠子，看来是很讲究美观的（图一三四）。在秦安大地湾遗址出土一件陶人面小口瓶（图一三五）。还在一座白灰地面的房子里发现有一幅地画，画着两个人在摆着祭品的案子旁跳舞，大概是表现一种巫术的仪式。这是一个非常难得的重要发现，可惜人体画得很草率，保存也不大完整（图一三六）。

马家窑文化的彩陶特别发达，盆钵类彩画内外兼施。人形纹仅见于彩陶盆内部。青海大通上孙家寨的彩陶盆内绘有三组人，每组五人，每个人脑后都留有辫子，相互手牵手，似乎在跳集体舞（图一三七）。青海宗日出土有两个画有人形的

图一三四　高寺头遗址出土陶塑人头　　　图一三五　大地湾遗址出土陶人面小口瓶

图一三六　大地湾遗址 411 号房址白灰地面上的彩画摹本

彩陶盆。一个彩陶盆里面有四组人，每组两人相向而立，共同抬一个圆形的物体，但不知是什么物体（图一三八）。另一个彩陶盆里面画两组人，分别有 11、13 人，每个人都穿着短裙，也是手牵手地跳集体舞（图一三九）。所有这些人体都画得十

图一三七   上孙家寨遗址出土彩陶盆上的五人舞

图一三八   宗日遗址出土二人抬物彩陶盆

图一三九　宗日遗址出土舞蹈纹彩陶盆

图一四〇　师赵村遗址出土人面陶片　　　图一四一　师赵村遗址出土彩陶罐上的人面

图一四二　马家窑文化彩陶盆内的蛙纹

分简陋，勉强可以辨别人体的动作而已。在天水师赵村遗址出土有人面陶片和彩陶罐上涂红的人面（图一四○、图一四一）。动物纹主要是彩陶中的蛙纹，满饰于盆钵内部，个别的也有饰于彩陶瓶腹部的（图一四二）。

第四章 转型期

转型期人体艺术资料比较零散，原先比较发达的地区几乎都已断档。在内容上几乎没有整体人形，主要是人头或人面，并且显得很神秘以致被称为神祖像。动物艺术则比较丰富，尤以肖家屋脊文化和石峁文化为最，技术上也有所进步。其他文化的资料则比较贫乏。

一 龙山时代

龙山文化主要分布在山东和江苏北部。人体艺术不甚发达。仅在潍坊姚官庄发现一件陶人面（图一四三）。

河南渑池不召寨曾经出土一件小型陶塑人像，制作比较粗糙。在山东日照两城镇出土一件玉圭，制作精致，柄部两面均刻画拟人面的形象，头顶有"介"字形标志，论者多与良渚文化和石家河文化的所谓神人或神祖相联系（图一四四）。其实江苏溧阳洋渚就出土一件与两城镇同样的玉圭，上面的刻画纹也很相似，但那个遗址中出土的其他器物多为良渚文化的。由此看来，这种玉圭的年代还需要进一步研究。台北故宫博物院也有两件玉圭，柄部刻画得更近乎人形。其中一件刻画为苍鹰展翅，身体部位也刻画人面，也许体现着某个神话故事（图一四五）。另外，山西陶寺则有所谓龙纹盘（图一四六）。

图一四三 姚官庄遗址出土龙山文化陶人面

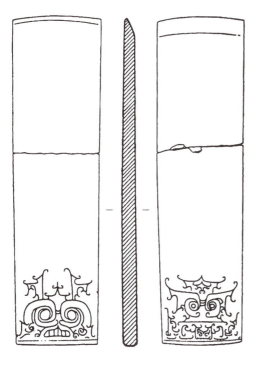

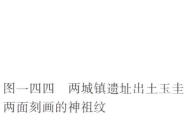

图一四四　两城镇遗址出土玉圭
两面刻画的神祖纹

图一四五　台北故宫博物院
藏玉圭上的神人面纹

图一四六　陶寺遗址出土龙纹陶盘

二　肖家屋脊文化

肖家屋脊文化或称为后石家河文化，人体和动物艺术载体主要为小型玉雕。
20世纪50年代在石家河罗家柏岭的瓮棺中就出土过玉凤。80年代在肖家屋脊的
一个瓮棺中出土有56件小型玉器，其中有多件玉人头。一般头戴平顶、圆顶或尖
顶帽，耳佩玉玦。有的口露獠牙。明显不是人头的写实，而是某种膜拜的神像，
或称为神祖像（图一四七）。同样的玉人头在荆州枣林岗和钟祥六合也有出土。石

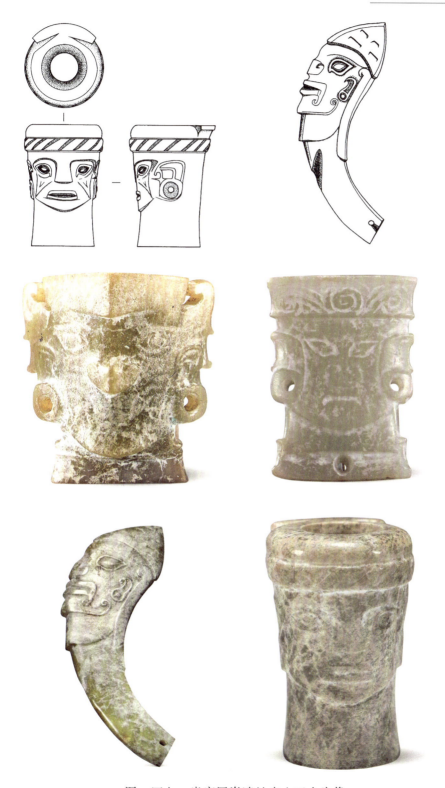

图一四七　肖家屋脊遗址出土玉人头像

家河的谭家岭9个瓮棺中出土了240多件玉器，其中有圆雕连体双人头像和几个神人头像。动物形象有鹰、凤、虎、鹿头和蝉等（图一四八~图一五六）。湖南澧县孙家岗也有玉龙和玉凤随葬（图一五七）。

图一四八　谭家岭遗址出土玉人头像

图一四九　谭家岭遗址出土玉双鹰

图一五〇　谭家岭遗址出土玉鹰牌饰

图一五一　肖家屋脊遗址出土玉虎头

图一五二　肖家屋脊遗址出土玉鹿头
（鹿角残断）

图一五三　谭家岭遗址出土玉虎

图一五四　肖家屋脊遗址出土玉蝉和玉鹰

图一五五　肖家屋脊遗址出土玉鹰头笄

图一五六　罗家柏岭遗址出土玉凤

图一五七　孙家岗遗址出土玉龙和玉凤

图一五八　边家沟遗址出土人头形陶盖

图一五九　柳湾遗址出土人像彩陶壶

三　半山—马厂文化

甘肃、青海的半山—马厂文化过去因为彩陶发达曾经被归入甘肃仰韶文化，后来又归入马家窑文化。实际上其年代甚晚，大约与龙山文化相当，故此独立出来列入人体艺术的转型期。

（一）半山期

因甘肃宁定半山墓地而得名。早在20世纪20年代初，安特生就在半山边家沟发现了三个捉手为人头形的彩陶瓮盖，全部是半山期的。三个人头各有特色，一个有胡须，一个似有文面，一个除文面或在面部画彩外，从头顶到脑后有一根长长的辫子。或解释为蛇的图腾（图一五八）。

（二）马厂期

马厂期是继半山期发展起来的，分布地区更广也更向西，直到河西走廊的西段。人体艺术多样，主要是在彩陶瓮上连画带塑做成整体人形，青海柳湾就出土两件。柳湾还有在彩陶壶口部塑出人头形的（图一五九、图一六〇）。此外在临夏和永昌鸳鸯池遗址还出土陶人面和石人面等（图一六一、图一六二）。

图一六〇　柳湾遗址出土人头彩陶壶

图一六一　临夏市出土马厂期陶塑人面

图一六二　鸳鸯池遗址出土马厂期石雕人面

四　石峁文化

石峁文化主要分布于陕西北部的黄土丘陵地带，以神木石峁古城为中心。在古城遗址皇城台上，与礼制性建筑相关的遗迹中，出土了较大的石雕人像和人头像，表情夸张。同出的还有人体和各种动物的浮雕，大概是宫墙上的装饰。其中

图一六三　石峁遗址出土41号石雕

图一六四　石峁遗址出土34号石雕

图一六五　石峁遗址出土 26 号石雕

图一六六　石峁遗址出土 8 号石雕

图一六七　石峁遗址
出土 30 号石雕

图一六八　石峁遗址出土 6 号石雕

图一六九　石峁遗址出土石刻人面

很是奇特的有两只虎对着一个人头而立,那虎不像是要咬人的样子。还有两匹马对着一个牛头而立,另有一个人弯弓射马。那时中国就有马吗?牛头的双角像是水牛的,那时塞北有水牛吗?两虎对立和两马对立,还有两条对称的虫或龙,看来当时是很讲究对称艺术的,会不会有西方对兽纹的影响呢(图一六三~图一六八)?动物艺术中还有一个雄姿直立的大陶鹰,高达 90 多厘米,可惜头部有些破损。石峁发现了大量羊骨,动物艺术中没有羊,却是颇耐人寻味的。此外还有大量小型石雕人像或人头像，似乎与北方草原地带的游牧文化有关，艺术水平不高，也许是表达某种巫术信仰（图一六九）。

五　四坝文化

四坝文化以甘肃山丹四坝滩遗址得名，主要分布于河西走廊，已进入早期青铜文化。在玉门火烧沟墓地曾出土一个人形陶罐，形象逼真，两臂似乎像插入裤兜的样子，实际是陶罐的双耳。头顶与身体相通，可以容纳液体等，是一件高级的工艺品（图一七〇）。另一个双耳罐只有腿脚做成像人的下身，主要做容器，也是一件工艺品（图一七一）。

图一七〇　火烧沟墓地出土四坝文化人形陶罐

图一七一　火烧沟墓地出土四坝文化人形陶罐